# 鑑定不正

## カレーヒ素事件

河合　潤［著］

日本評論社

# はじめに

　本書は，鑑定不正による冤罪を扱った本だ．普通は暗い内容になる．事件犠牲者や被害者に加え，今も大阪拘置所の death row（並んだ死刑囚監房を指す英語）に座って死刑執行を待つ林真須美もいるからだ．ところが1審の不正をあばかれた鑑定人たちの言い逃れや，それを弁護する再審請求審の決定を引用したところ，本書は裁判と鑑定の滑稽さを際立たせるものになってしまった．犯罪や冤罪への怒りはひとまず置いて，鑑定不正の真実を知ってほしい．

　1998年に発生した和歌山カレーヒ素事件の殺人犯として逮捕され，和歌山地裁，大阪高裁を経て最高裁で2009年に死刑が確定した林真須美は，現在に至るも犯行を否認し続けている．自白がなくても，分析化学手法を用いた科学鑑定が有罪を立証したことになっている．私は最高裁判決の1年後に当たる2010年から1審の鑑定書を読み始めた．鑑定書が難しすぎるから解説してほしい，と再審請求弁護団から頼まれたのがきっかけだ．プラズマ原子発光（ICP-AES），還元気化（水素化物生成）原子吸光（HG-AAS），シンクロトロン蛍光X線（SR-XRF），イオンクロマトICP質量分析（IC-ICP-MS），走査電顕X線分析（SEM-EDX），電子線プローブX線マイクロアナライザ（EPMA）など，様々な鑑定方法が使われていた．2010年からの10年間で，検察側鑑定のほとんどが不正なものだったのみならず，中立なはずの裁判官職権命令による鑑定も不正なものだったことを示してきた．カレーヒ素事件とかかわるようになって満10年の今，鑑定不正の実態を，学術的なレベルを落とさず，分析化学専門家以外にもわかりやすく説明すべきだと考えたのが本書執筆の理由だ．

　警察庁科学警察研究所（科警研）の鑑定書は，林真須美の夫健治がシロアリ駆除業に使っていた亜ヒ酸A〜Eと，カレーに亜ヒ酸を投入したときに殺人犯が使った紙コップに付着した亜ヒ酸Gの不純物5元素（Se，Sn，Sb，

i

Pb，Bi）のヒ素 As に対する濃度比を 100 万倍して対数を計算して比較していた．濃度比や 100 万倍や対数計算は，紙コップの亜ヒ酸が林家由来の亜ヒ酸とは組成が違うことを知りながら，同じであるかのように見せるためのトリックだった．対数などの数値操作を取り除くと，亜ヒ酸は別物だとわかった．科警研は亜ヒ酸が違うことさえ知っていた．

　このはじめににも分析化学用語や元素記号が出てきたが，本書では，化学が全く不得意だという人にも理解できるように説明した．

　確定判決には，混ぜ物が多い亜ヒ酸を紙コップで汲むと高純度化するという矛盾もあった．数々の不正な鑑定書が裁判に提出され，科学的に起こり得ない事象が「合理的な疑いを入れる余地がないほど高度の蓋然性を持って認められる」（2002 年和歌山地裁判決）と判示されて死刑が確定した．蓋然性は法律専門家以外には難しい言葉だが，本書では蓋然性≒可能性と解釈した．

　鑑定に不正があったことを，再審請求弁護団を通じて裁判所へ指摘したところ，混ぜ物が多い亜ヒ酸が高純度化してもよいという趣旨の決定を裁判官が書き始めた．論理そのものが破綻した抽象的理由によって再審請求を棄却し始めたのだ．法廷を開いて言い渡すのが判決で，法廷を開かないのが決定だ．2002 年の和歌山地裁判決から 2009 年の最高裁判決までの裁判官は，それと気付かずに不正な鑑定書に騙されて，起こり得ない事象が高度の蓋然性を持って起こったとする判決を書いたが，2020 年大阪高裁即時抗告棄却決定では，濃度などというものは確定できないから，紙コップの亜ヒ酸（ヒ素濃度 75％）が，汲む前の亜ヒ酸（例えばヒ素濃度 49％）より濃くなってもよい，紙コップと林家の亜ヒ酸の元素組成が有意に異なってもかまわないなどとする趣旨の決定を書き始めた．亜ヒ酸は「同一物」だと SPring-8 で鑑定されたから死刑が確定したはずだ．裁判所にとって，証拠はもはやどうでもよいらしい．事件当時の鑑定で「分析できた」とされた化学分析は，本書

を書き上げた 2021 年現在でも，原理的に実現不可能な鑑定だらけだ．

　林真須美頭髪に亜ヒ酸が付着したという鑑定が，鉛をヒ素だと間違えた鑑定だったことを 2018 年 10 月の学会で発表すると（本書第 6 章），シンクロトロン放射光施設では「ビームラインに鉛が多用されているので微量の鉛やヒ素《林真須美の頭髪に付着したヒ素を指す》を分析してはならないことは常識だ」（大学准教授），頭髪は 10％近い硫黄を含むが「林真須美頭髪を分析したにもかかわらずイオウ X 線が出ていないということは，頭髪にシンクロトロンビームが当たっていなかったことを示している」（別の准教授），本書第 6 章の図表 18 を見て「スペクトル全体を示すべきだ．周辺の金属に X 線が当たっていたのではないか」（X 線メーカー研究者），「これはすごい．家に帰ってお母さんに話そう」（若手研究者），本書図表 7 の「科警研の五角形のレーダーチャートのゴマカシと，今回の鉛をヒ素だと間違えた鑑定は，カレーヒ素事件の 2 大衝撃鑑定だ」（准教授）等の分析化学研究者の反応があった．本書を通じて河合の補足は《 》で，鑑定人等の所属・職位は文書の日付時点でのものを用いた．

　2021 年 3 月 31 日

## 第4章　科警研鑑定と中井鑑定の関係　　76

## 第5章　第2審から再審請求まで　　100

## 第8章　世界の動向と裁判の問題点　　178

# 第1章 カレー毒物混入事件 (1998年7月25日)

　カレーヒ素事件は，1998年7月25日，和歌山市内の自治会の夏祭りで，亜ヒ酸が混入されたカレーを食べた67人が急性ヒ素中毒になり，そのうち4人が死亡した殺人事件[1]だ.

　当初は集団食中毒，次いで農薬中毒の可能性が浮上し，7月26日午前5時30分にはシアンが誤検出されて原因特定は迷走した．そのため和歌山カレー毒物混入事件などと「ヒ素」を除いた事件名が使われている．この事件名からして鑑定ミスの隠蔽だ.

　事件当時中学生だった三好万季さんは，新聞報道やインターネットと，お小遣いで買った毒物中毒の専門書をもとに，保健所，警察，病院に先んじてヒ素中毒だと突き止めた．当時，月刊誌文藝春秋に出た三好さんのレポート[2]を読んで大学生レベルを超えていると思ったことを憶えている．「砒素が検出された後も，「青酸」は長く尾を引いた．実際には通常の食品にも含まれる程度でしかなかった「青酸」とは何桁も違う多量の砒素が検出されたにもかかわらず，「捜査本部は，工業用の青酸ソーダ（青酸ナトリウム）などの薬剤の不純物として混入していたヒ素が検出されたとの見方も捨てていない」（毎日新聞8月3日）」「これでは量を全く無視し，青酸に固執し続けていると思われても仕方がない.」（文藝春秋 p.314）と捜査本部がヒ素検出後も青酸にこだわり，「今回の事件が，食中毒，青酸中毒，毒物カクテル，そして砒素単独中毒と，二転，三転するうちに，実は日本の救命救急医療には，恐るべき落とし穴が潜んでいることが明らかになった.」（p.315）と毒物特定ができない和歌山県警科学捜査研究所（科捜研）の鑑定や救命救急医療体制の欠陥を指摘していた．現場に残された少量のカレーを，湿らせた十円玉に載せてみて，本来の銅のピカピカの光沢になればカレーに青酸が入っていたことがわかる（p.317），という化学分析の知識が中学生の三好さんに

1

はあった．和歌山県警科捜研の誰かにこの知識があったなら毒物の特定に迷
走することはなかったはずだ．

　和歌山県警科捜研吏員の証言によると「8月2日の午後3時35分ごろに，
鑑定嘱託していた科学警察研究所より，……砒素が検出されたという連絡が
科捜研所長に入り，以後，科捜研においても，その予備検査を行っていきま
した．」[3]．警察庁科警研がヒ素を検出したというのに，和歌山県警の上司
はこの吏員たちに「8月の下旬まで」[4]シアン検査を命じたという．毒物と
して何を検査するかというようなことは「もちろん意見は言いますけども，
最終的に上司の指示に従います．」[4]ということだ．

　「兵庫県尼崎市の運送会社倉庫から7月25日に『シアン化金カリウム』が
紛失していたことが発覚，念のためにこの分の成分についても調べていた．
金は検出されなかったが，その検査の過程でヒ素が見つかった」という記事
を8月3日の朝日新聞夕刊から引用して「砒素を検出しようとして，砒素が
検出されたのではないのだ．」（p.314）と三好さんは書いている．このこと
から最初にヒ素を検出した分析方法は，河合が専門とするX線分析だった
ことがわかる．金は9.7keVと11.4 keVにX線ピークが出るが，ヒ素はそ
の中間の10.5 keVにピークが出るからだ．私が読んだ鑑定書には「シアン
化金カリウム」のことは出てこない．検察が提出した証拠文書は林真須美を
有罪とするのに都合がよいものに限られているからだ．

　keVはキロエレクトロンボルト，またはキロ電子ボルトと読む．元素に
固有なX線の波長を表す尺度だ．専門的にはX線のエネルギーを表す単位
だと言った方が正確だが，エネルギーと言うとX線の強さのことだと誤解
する人がいる．エネルギーと強さは専門的にはX線スペクトル（例えば次
章図表2のグラフ）の，それぞれ，横軸と縦軸に相当する．だからここでは
あえて「波長」と書いた．X線を含めて光の波長（単位はオングストローム
Å，1Åは$10^{-10}$m）とエネルギー（単位はkeV）には，

　　（波長）×（エネルギー）＝ 12.4

という反比例関係がある．以後は波長のことは忘れてもらってよい．縦軸の

強さとは X 線粒子が検出器に衝突する頻度のことだ．京大の私の研究室の学生は X 線のエネルギーと強度とをたいていは間違わないが，図表 2 の横軸の右側の高いエネルギーの X 線のことを，強い X 線だと間違える学生が 20 人に一人くらいの割合で卒論配属されてくる．「強い X 線」は縦軸の上方だ．大学院生は間違わない．

　オウム真理教は 1994 年に裁判官宿舎を狙って松本サリン事件を起こし，1995 年には霞が関の官公庁の通勤ピークを狙った地下鉄サリン事件を起こした．ともに大量殺人を意図したと思われるカレー事件とサリン事件とは，20 世紀末の日本人に大きなストレスを与えた．サリン事件とカレー事件とを合わせて，PTSD（Post Traumatic Stress Disorder，心的外傷後ストレス障害）やテロ対策などの専門論文が多数みつかる [5]．

　カレーヒ素事件前年の 1997 年に一千億円をかけて完成したスプリングエイト（SPring-8）という円周約 1.5km の大型シンクロトロン放射光施設の世界最高強度でエネルギーも高い X 線ビーム（グラフの縦軸も横軸も大きな数字になる X 線）を使って，東京理科大学中井泉教授が科学鑑定を行い「放射光蛍光 X 線分析を使って得られた鑑定結果は，2009 年 4 月の最高裁判所の判決において，本事件の最も重要な物的証拠として採用され，有罪の判決が下された．」[6]．日本の高い科学技術が犯人を特定できたことに安心した人も多かったはずだ．しかし，最高裁はどの証拠がその事件における最重要物的証拠だったかという判示はしないはずだ．

　1998 年 12 月中旬の SPring-8 での鑑定を終えた 12 月 26 日の記者会見で中井教授が「悪事は裁かれるという科学の力を示す」（p.10）と発言したことを，サイアス誌 [7] はレポートした．中井教授は 2012 年に日本分析化学会の学会賞を受賞したがその理由は「SPring-8 の 116keV の高エネルギー放射光を用いて，ウランまでの全重元素を K 線で分析できる高エネルギー蛍光 X 線分析法を世界に先駆けて開発した．同手法を和歌山毒カレー事件の鑑定に応用し，証拠資料の亜ヒ酸の微量成分の組成的特徴が一致するという鑑定書を検察庁に提出し，2009 年の最高裁判決の最重要物的証拠として採用された．」[8] というものだ．最高裁は，どの証拠が「2009 年の最高裁判決の最重要物的

証拠」だったかという判示もしないはずだ.

　カレーヒ素事件で重要な役割を担ったとされる化学分析は，しかし，そのほとんどが見せかけの鑑定だった．再審請求弁護団の安田好弘弁護士は「鑑定不正」と呼ぼうと提案した．本書のタイトルだ．犯人逮捕につながったという不正な鑑定が正しいとされてきたことで，分析化学という学問分野の進歩を過去20年以上阻害し続けている．科学では不正やゴマカシをすると，その分野の発展は止まる．20年以上経った今でもまだ不可能な鑑定を，裁判では「できた」として死刑判決の理由としたから，学会はその分析が正しいかどうかの議論を避け，中井教授は多くの権威ある学術誌[9]に，カレーヒ素事件鑑定を成功事例として学術論文を発表したから，学問の進歩は止まってしまった．いまさら当時の鑑定が不可能だと誰も言えなくなってしまった．

註

　本書ではできる限り註をつけて出典等を明示した．註は無視してかまわない．欧米の書籍には註が多いが，翻訳書ではそれを省略して出版することが多い．翻訳書を読むとエビデンスに欠ける印象を受けるが，原書を読むと充実した註がついていて本の印象が全く変わる．本文中の「　」で示した引用文は，さりげなくプライバシー処理をし，証拠亜ヒ酸を示す記号 ABCDEFGI を加えた．判決や決定の元号は西暦に書き換えた．データベースから判決や決定の引用箇所を検索する場合には原典とは少し違うことに注意してほしい．判決や決定のページは原典のもの．

[1]　例えば，石塚伸一：和歌山カレー事件，『冤罪白書 2019』燦燈出版（2019）pp.94-97 には事件経過が4ページでまとめられている．著者の石塚は，再審請求弁護団の弁護人であると同時に龍谷大学教授だ．Wikipedia の「和歌山毒物カレー事件」（2020 年 8 月 25 日アクセス）は著者不詳だが，目を通した限りでは間違いはない．

[2]　三好万季：毒入りカレー殺人犯人は他にもいる，文藝春秋，1998 年 11 月号，pp.300-320；単行本は，三好万季：『四人はなぜ死んだのか──インターネットで追跡する「毒入りカレー事件」』文藝春秋社（1999）．良い本や専門の原著科学

雑誌にさえも必ず優秀な編集者がついている．このことを知らない人たちが三好さんをネットで中傷したのは残念だ．

[3] 和歌山県警科捜研吏員：和歌山地裁第 24 回公判調書，p.27，2000 年 3 月 9 日．

[4] 和歌山県警科捜研吏員：和歌山地裁第 26 回公判調書，pp.13-15, 2000 年 3 月 24 日．

[5] J. Kawai：Forensic analysis of the Wakayama arsenic murder case, in "Forensic Analysis - From Death to Justice", Eds. B. Suresh Kumar Shetty, Jagadish Rao Padubidri, IntechOpen, https://doi.org/10.5772/63531 にカレーヒ素事件に関連した PTSD の論文などをまとめた．DOI は Digital Object Identifier System の略で https://www.doi.org/ にアクセスしてコード 10.5772/63531 を入力してもこの論文に直接アクセスできる．DOI の論文は，新聞記事などと同様に，無料で読めるもの（オープンアクセス）と有料のものとがある．有料論文はクレジットカード番号を入れると購入できるが，高額だ．ResearchGate を通じて著者から論文原稿を無料で送ってもらうこともできる．ResearchGate については次節「裁判の経過」の註 [6] を参照．

[6] 中井泉，寺田靖子：和歌山毒カレー事件の法科学鑑定における放射光 X 線分析の役割，X 線分析の進歩，44，73-80（2013）の p.80 にこの記述がある．

　　本書では学術論文をおおむね「著者名：論文題目，雑誌名，巻，始頁 - 終頁（年）」で示す．

[7] 鍛治信太郎：カレー毒物事件でヒ素鑑定，古典的元素分析法に新たな可能性，サイアス，1999 年 4 月号，pp.10-13．

[8] 宮村一夫：2012 年度日本分析化学会 学会賞受賞者中井泉氏，ぶんせき，2012 年 8 月号，p.451. http://www.jsac.or.jp/bunseki/pdf/bunseki2012/201208jyusyou.pdf

　　受賞理由は選考委員（この場合は東京理科大学宮村教授）が書いたことになっているが，たいていは受賞者自身が書いた文章を選考委員が手直しして　ぶんせき誌用原稿とする．中井教授はカレーヒ素事件鑑定（1998 年）以来「116keV の高エネルギー放射光を用いて，ウランまでの全重元素を K 線で分析できる高エネルギー蛍光 X 線分析法を世界に先駆けて開発した．」と国内外で発表してきたが，外国のある研究者が，M. E. A. Robertson（英国）の米国特許 5,020,084（1991 年 5 月 28 日）の存在を知らせてくれた．この特許は英国で PCT 出願（特許協

力条約 Patent Cooperation Treaty に従って加盟国に同時出願したことと同じ効果を与える出願制度）したもので，115keV の X 線を用いてウラン以下の元素を分析する方法の特許だ．偏光を用いて高感度化することも含まれている．中井鑑定方法はこの特許とトリビアルな違いがあるにすぎない．K 線は主に 2p → 1s 電子遷移によって発生する元素に固有な X 線を指す．K 線から始まり，強度順に L 線，M 線と続く．A 線から始まらないのは，最初に発見した K の前に H, I, J などの未発見の線があってもよいように K から始めたからだ．結局 K が最初だった．原子核の一番近くを周回する 1s 電子を K 殻電子と呼ぶのは K 線に対応している．

[9] たとえば，中井泉：物質史から過去を読む——鑑定の科学，学術月報，59 (3), 179-186（2006）．学術月報誌は当初文部省発行，後に日本学術振興会発行．中井教授は，後述する応用物理誌（応用物理学会発行）や化学と工業誌（日本化学会発行）などにもカレーヒ素事件鑑定に関する論文を発表している．

## ● 裁判の経過

本書執筆中の 2020 年末までの経過は以下の通り [1]．河合がかかわった項目は＊で示した．

1998 年　7 月 25 日 カレーヒ素事件発生．
　　　　10 月　4 日 林健治・真須美夫妻，詐欺と殺人未遂で逮捕，10 月 25 日起訴．
　　　　11 月 17 日 別件逮捕・勾留後，起訴．
　　　　12 月　9 日 林真須美，殺人と殺人未遂容疑で逮捕．
　　　　12 月 29 日 カレー毒物混入事件で林真須美起訴．
1999 年　5 月 13 日 第 1 審和歌山地裁第 1 回公判．
2002 年 12 月 11 日 和歌山地裁，死刑判決（一部無罪）[2,3]．被告人控訴．
2005 年　6 月 28 日 第 2 審大阪高裁，控訴棄却 [4]．被告人上告．
2009 年　4 月 21 日 最高裁第 3 小法廷，上告棄却 [5]．
2009 年　7 月 22 日 和歌山地裁に再審請求．

*2010 年　9 月 29 日 再審請求弁護団が京大河合研を訪問し鑑定書の解説を依頼.

*2012 年　3 月 31 日 カレー事件に関する河合の最初の論文[6]を出版.

*2013 年　5 月 19 日 カレー事件に関する河合の最初の学会発表[7].

*2014 年　1 月 26 日 河合『和歌山カレー事件鑑定書』[8]を和歌山地裁へ提出.

*2014 年　9 月 15 日 河合『鑑定書補充書——頭髪鑑定』[9]を和歌山地裁へ提出.

*2015 年　2 月 28 日～2016 年 9 月 3 日　河合意見書(1)～(20)を和歌山地裁へ提出[10-12].

2017 年　3 月 29 日 和歌山地裁, 再審請求棄却決定[13]. 大阪高裁に即時抗告申立て.

2017 年　4 月 3 日 大阪地裁に中井, 山内鑑定人を被告とする損害賠償請求訴訟を林真須美が提起.

*2017 年　4 月 17 日～2019 年 1 月 20 日　河合意見書(21)～(51)を大阪高裁へ提出.

*2020 年　1 月 31 日 大阪地裁民事裁判, 主尋問（河合, 中井, 山内）.

*2020 年　2 月 14 日 大阪地裁民事裁判, 反対尋問.

2020 年　3 月 24 日 大阪高裁即時抗告棄却[17]. 最高裁に特別抗告申立て.

2020 年　7 月 10 日 大阪地裁民事裁判, 口頭弁論結審予定だったところ, 裁判長と左陪席が突然変わったので 2021 年 1 月 27 日「弁論の更新」の期日が入ったが, コロナのため 3 月に延期, さらに 4 月 16 日に延期.「4 月 13 日, 原告本人から当部の裁判官 3 名《田口治美裁判長裁判官, 甲元依子裁判官, 丸林裕矢裁判官》の忌避を求める申立てがされたことにより, 本件訴訟手続きが停止されたため」4 月 16 日公判も中止となった.

*2020 年　6 月 6 日～　河合意見書(52)以降を最高裁へ提出.

註 ———————————

[1] 石塚伸一：和歌山カレー事件年表，『冤罪白書 2019』燦燈出版（2019）p.97.

[2] 和歌山地方裁判所刑事部 裁判長裁判官 小川育央，裁判官 遠藤邦彦，裁判官 藤本ちあき：『和歌山地裁判決』2002 年 12 月 11 日；判例タイムズ，No.1122（2003 年 8 月 30 日号），pp.464(1)-133（332）；LEX/DB28085175.

[3] 　白取祐司：和歌山毒入りカレー事件第一審判決，事実認定上の論点について，法律時報，75（3），72-75（2003）．「《中井》鑑定経過にかなりずさんな点が認められる．」「通常行われている写真撮影による証拠保全がまったくなされていない．」「裁判所から《谷口・早川》両鑑定人に対して補充要請があった．」「本判決は，本件『補充要請は形式的な点検に過ぎない』と釈明するが，十分な説得力があるようには思われない．」等，本書で扱う問題点がすでに指摘されている．

[4] 大阪高等裁判所第 4 刑事部 裁判長裁判官 白井万久，裁判官 畑山靖（裁判官 的場純男はてん補のため署名押印なし）：『大阪高裁判決』2005 年 6 月 28 日；判例タイムズ，No.1192，p.186（2005）．

[5] 　最高裁判所第三小法廷 裁判長裁判官 那須弘平，裁判官 藤田宙靖，裁判官 堀籠幸男，裁判官 田原睦夫，裁判官 近藤崇晴：『最高裁判決』2009 年 4 月 21 日；

https://www.courts.go.jp/app/hanrei_jp/detail2?id=37539

https://www.courts.go.jp/app/files/hanrei_jp/539/037539_hanrei.pdf

[6] 河合潤：和歌山カレー砒素事件鑑定資料――蛍光 X 線分析，X 線分析の進歩，43，49-87（2012）．https://www.researchgate.net/publication/312291256
　　ResearchGate は，研究者の SNS．著作権や出版権の点で公開できる河合論文は ResearchGate で公開している．ReserachGate には非公開の論文も保存されており，ResearchGate を通じて請求すれば著者が個人的に応ずる場合もある．

[7] 河合潤：和歌山カレーヒ素事件鑑定資料の軽元素解析，第 73 回分析化学討論会，2013 年 5 月 19 日，函館市．

[8] 再審請求審に提出した河合鑑定書新弁 32 号証.

[9] 再審請求審に提出した河合鑑定書新弁 35 号証.

[10] 上羽徹，河合潤：和歌山カレーヒ素事件における亜ヒ酸鑑定の問題点，X 線分析の進歩，47，89-98（2016）．河合意見書(1)〜(10)の要約．同誌付録の CD-

ROM と ResearchGate には河合意見書(1)〜(10)とともに収録している．

https://www.researchgate.net/publication/312214239

第1著者の上羽徹弁護士は再審請求弁護団のメンバー．

[11] 上羽徹，河合潤：和歌山カレーヒ素事件における水素化物生成原子吸光頭髪鑑定捏造，X 線分析の進歩，48，38-51（2017）．河合意見書(11)〜(15)の要約．CD-ROM 版には河合意見書(11)〜(15)も収録している．

https://www.researchgate.net/publication/315747305

[12] 上羽徹，河合潤：和歌山カレーヒ素事件再審請求審における検察官意見書の問題点，X 線分析の進歩，49，9-23（2018）．河合意見書(16)〜(20)の要約．CD-ROM には河合意見書(16)〜(20)も収録している．

https://www.researchgate.net/publication/324079201

[13] 和歌山地方裁判所刑事部 裁判長裁判官 浅見健次郎，裁判官 田中良武，裁判官 藤田洋祐：『再審請求棄却決定』2017 年 3 月 29 日；判例時報，No.2345（2017年 11 月 11 日）pp.6-66；LEX/DB25545342．この決定の問題点は本書でも指摘するが，次の [14-16] も参照．

[14] 石塚伸一：和歌山カレー毒物混入事件，再審請求と科学鑑定，科学証拠への信頼性の揺らぎ，法律時報，86(10)，96-103（2014），

[15] 石塚伸一：和歌山カレー事件再審請求棄却，科学と論理を歪曲した和歌山地裁決定，季刊刑事弁護，92，106-113（2017）．

[16] 河合潤：鑑定不正の見抜き方（7・最終回）和歌山地裁再審請求棄却決定書，季刊刑事弁護，92，129-134（2017）．

[17] 大阪高等裁判所第4刑事部 裁判長裁判官 樋口裕晃，裁判官 森岡孝介，裁判官 柴田厚司：『即時抗告棄却決定』2020 年 3 月 24 日．

https://www.courts.go.jp/app/files/hanrei_jp/486/089486_hanrei.pdf

## 第2章 2017年和歌山地裁決定における重大な転換

図表1.　亜ヒ酸A〜Gの写真.

A 緑色ドラム缶

B ミルク缶

C 重記載缶

D 茶色タッパー

E ミルク缶（林旧宅ガレージ）

正八面体

F 林真須美台所プラスチック製小物入れ（新宅）
（中央）付着粒子 1 粒の電子顕微写真．写真の横幅は約 215μm.

写真85　紙コップから取り出した鑑定資料7である付着物から作成した
SPring-8検査資料（拡大）　（資料36－5－A－1）
（最小の目盛りは0.1mmである）

G（青色）紙コップ

　　A の写真の出典は不明だが弁護団による．B ～ G は谷口早川再鑑定書[2] の
写真．F 電子顕微鏡写真は検甲 23[3] による．正八面体（F に示した）の形状
の微結晶が認められる．G から取り出した粉体の拡大写真は谷口早川再鑑定書[2]
のもの．赤の正方形は中井鑑定で用いた SPring-8 のビームサイズを示す一辺
2mm の大きさを示す．薬剤をミルク缶などの食品容器に入れてはならない．

　　カレーヒ素事件の凶器は亜ヒ酸だった．本件の最大の争点は「林真須美の
自宅及びその周辺から発見された亜砒酸 ABCDEF とカレー鍋中の亜砒酸 G
の同一性である．確定審では，科警研異同識別鑑定，中井異同識別鑑定，谷
口早川鑑定の三鑑定の分析結果に基づき，亜砒酸 A ～ G は，製造段階にお
いて同一のものであると断定された．」[1] と 1 審の主任弁護人だった大阪弁
護士会元会長の山口健一弁護士がわかりやすくまとめている．林真須美関連
亜ヒ酸 A ～ F と，カレーに亜ヒ酸を投入したとされる亜ヒ酸の付着した（青
色）紙コップ G の写真等を図表 1[2,3] に示す．

中井鑑定には，亜ヒ酸の異同識別能力がなかったことを，本章で明らかにする．

和歌山地裁浅見健次郎裁判長らは 2017 年再審請求棄却決定において，住友金属鉱山製亜ヒ酸 25 缶の中井鑑定（検甲 1300）に基づき，中井鑑定には亜ヒ酸の異同識別能力がなかったことを明確に判示した．このことは意外に見逃されている．浅見裁判長らは目立たないようにさりげなく決定に記載したからだ．しかし，カレーヒ素事件裁判においてこの判示は極めて重大な転換点だ．

註 ─────────

[1] 山口健一：和歌山カレー毒物混入再審請求事件について──鑑定の信用性判断，証拠開示命令のあり方を中心に，判例時報，No.2345，pp.67-69（2017）．同号のpp.6-66には，2017 年 3 月 29 日付和歌山地裁「和歌山カレー事件再審請求棄却決定」の全文が掲載されている．

[2] 谷口一雄，早川慎二郎：『再鑑定書』職権 6，2001 年 11 月 5 日．

[3] 鈴木真一，太田彦人（科学警察研究所，警察庁技官）：『鑑定書』検甲 23，1998年 12 月 22 日：この鑑定書の F プラスチック容器亜ヒ酸の電子顕微鏡像と X 線スペクトルは，河合潤：和歌山カレーヒ素事件における卓上型蛍光 X 線分析の役割，X 線分析の進歩，45，71-85（2014）の図 B，図 C として引用してあり，正八面体の微結晶が多数見える．https://www.researchgate.net/publication/312315473

## ● 中井鑑定の結論

カレーヒ素事件では，高輝度放射光施設スプリングエイト（SPring-8）が鑑定に使われた．SPring-8 は事件の前年（1997 年）に兵庫県播磨科学公園都市に一千億円かけて完成したばかりの高エネルギー加速器だ．世界最高強度でかつ高いエネルギーの X 線を発生する．この X 線を用いて，東京理科大学の中井泉教授が様々な鑑定を行った．強度も「強く」エネルギーも「高い」ということが何を意味するかは第 1 章で説明したが，たぶんよくわからなかったと思う．実はあまり本質的ではないからだ．京大の私の研究室では，懐中電灯並みの弱い X 線でかつ低いエネルギーの X 線の方が高感度に化学

分析できるという特許がある．夏の強い日差しの下では本の字が読めないが，白すぎず適度な照明の室内では読書しやすいのと似た理屈だ．

　林家に由来するＡ～Ｆという６つの林真須美関連亜ヒ酸と，カレー鍋近傍のごみ袋に捨てられていた紙コップ付着亜ヒ酸Ｇ，さらにスプリング８で鑑定中に中井教授がカレー中から発見した白色結晶粒子Ｉに2mm × 2mmの大きさのスプリング８のＸ線ビーム（図表１Ｇに赤の正方形で大きさを示した）を照射して鑑定した．1998年12月中旬のことだ．証拠亜ヒ酸Ｈは中井教授が「カレーに含まれる重元素を硫化物として沈殿」[1]させたものなので異同識別には適さず，本書では扱わない．中井鑑定書で鑑定資料Ａ～Ｇ（図表１に写真を示す）とＩは「同一物，すなわち，同一の工場が同一の原料を用いて同一の時期に製造した亜ヒ酸であると結論」[1]した．中井教授によれば，これが死刑判決の「最も重要な物的証拠」となった．

　資料（＝証拠）と試料（＝検体）とは意味も漢字も異なるが，本書では区別しない．

　事件当時，東京都千代田区にあった警察庁科学警察研究所は，中井教授が鑑定する前に，亜ヒ酸の異同識別鑑定を試みたが，林家台所から見つかったプラスチック容器Ｆは洗浄されており，微小な数粒の粒子が付着するだけだったから，Ｆの異同識別鑑定は不可能だとして行わなかった．Ｉも科警研鑑定時には未発見だった．科警研は1999年初めに千代田区から千葉県柏市に移転した．引っ越しは林真須美起訴の直後だ．

　科警研はＡ～Ｅと紙コップＧの亜ヒ酸が「同一のものに由来するとしても矛盾はないものと考えられる．」[2]と結論した．通常は「矛盾はない．」と結論する．「と考えられる．」が加わると，結論が弱くなる．詳しくは「科警研鑑定書の「矛盾はないものと考えられる．」の意味」と題する節で述べる．

　事件から２か月経た10月４日に林健治・真須美夫婦を逮捕し，和歌山県警は大規模な家宅捜索を行い，黒マジックで「白アリ薬剤」と書いたプラスチック製小物入れＦを台所から発見した．図表１Ｆをよく見ると白アリ薬剤と読める．プラスチック容器Ｆには先述した通り亜ヒ酸粒子が数粒付着していた．電子顕微鏡にＸ線検出器が付属したSEM-EDX(セム・イーディー

エックスと読む）[3] と呼ぶ分析装置によって科警研は付着粒子1粒（と言っても多数の微結晶粒子からなる）を分析した．SEM-EDX で測定した X 線スペクトルからヒ素を検出した．電子顕微鏡で正八面体（ピラミッド2つを底面で接合した立方体，図表1 F）の結晶が見えたからヒ素の中でも亜ヒ酸であることが判明した．

　ヒ素は元素 As を指し，亜ヒ酸は化合物 $As_2O_3$ を指す．三酸化二ヒ素 $As_2O_3$ の固体粉末を亜ヒ酸と呼ぶのは俗な言い方だが，本書では $As_2O_3$ を亜ヒ酸と呼ぶ．判決で亜砒酸と呼ばれたからだ．砒は常用漢字に無いので引用以外ではカタカナで書く．化学で亜ヒ酸と呼ぶ物質は $As_2O_3$ を水に溶かしたときに生じる $H_3AsO_3 \rightleftarrows 3H^+ + AsO_3^{3-}$ などを指す．水に溶けて $H^+$ イオンを放出して酸性を示す．食用酢がすっぱいのは $H^+$ イオンのせいだ．だから「亜ヒ酸」の酸は酸素の酸ではなく酸性，つまり水素イオンを放出する物質という意味だ．

　亜ヒ酸と林真須美とを結びつけるためには，亜ヒ酸だというだけでは不十分で，林新宅の台所にあったプラスチック容器 F と紙コップ G の亜ヒ酸が同一だと立証する必要があった．A ～ D は事件当時「被告人の親族の家」[4] にあり，E は新宅に引っ越す前に住んでいた旧宅のガレージにあったから，A ～ E の亜ヒ酸を林真須美がカレーに直接入れることは不可能だった．

　林真須美が住んでいた新宅の，しかも台所から見つかった白アリ薬剤と書かれたプラスチック製小物入れ F に付着した僅か数粒の微粒子が，紙コップ G と同一であることを立証するためには，世界最高強度の高エネルギーX 線を照射できるスプリングエイトで鑑定する必要があると中井教授は考えた．しかしこれが鑑定不正の原点だ．たとえば科学衛星はやぶさが小惑星イトカワから持ち帰った微粒子は，F より小さい微粒子を含むが，その解析は，「表面電離型質量分析計，誘導結合プラズマ（ICP）質量分析計による全岩定量・同位体分析，安定同位体質量分析計および希ガス同位体質量分析計による定量・同位体分析，走査電子顕微鏡，透過電子顕微鏡，電子プローブマイクロアナライザ，二次イオン質量分析計などによる局所分析を総合的に実施できる体制」[5] で行なわれた．複数の分析方法を組み合わせることが化

学鑑定には必須だ．瀬田季茂科警研元副所長は，「同一性の証明は非常に難しい」「現場でみつかったものが被害者のものか，被疑者のものか，これらは単一の分析データだけではまず解決できることはほとんどありません．一つの分析データだけでこの物件の異同性を決めてしまおうとすると無理が生じますから，色々な学問領域のデータを総合させて答えを導き出す必要があります．」[6] と述べている．瀬田元副所長のこのインタビュー記事[6] は中井教授の論文と同じ雑誌の同じ号に，中井教授の論文を読んだうえでのインタビュー記事として出版されたものだ．科警研元副所長として中井鑑定を正面から批判することは立場上できないにもかかわらずここまで述べたのは中井鑑定に対する痛烈な批判だと解することができる．

註 ————————————

[1] 中井泉（東京理科大学教授）：『鑑定書』検甲 1170，1999 年 2 月 19 日．

[2] 丸茂義輝，鈴木真一，太田彦人（科学警察研究所，警察庁技官）：『鑑定書』検甲 1168，1998 年 12 月 15 日，p.8．科警研が鑑定に用いたのは主に ICP-AES（indusctivly-coupled plasma atomic emission spectrometer）という分析装置，直訳すると高周波誘導結合プラズマ原子発光分光分析装置．長いので本書では ICP-AES（アイシーピー・エーイーエス）と書く．高周波か電子レンジの電波をアルゴンガスに照射してプラズマの炎を作り，そこに亜ヒ酸粉末を硝酸や塩酸に溶解した水溶液を噴霧する．含有元素に応じた色で光ることを用いて元素分析する．ICP-OES と略すこともある．O は optical．「ICP プラズマトーチ」で検索すれば写真などが見つかる．針金の先を食塩水にチョッとつけて台所でガスレンジの炎にかざすと炎が黄色くなる．ナトリウムが含まれているからだ．元素によって炎の色が変わる．このとき，食塩水に浸けてない針金の反対側の先も炎にかざして違いを比べることを忘れてはならない．これをブランクテスト（空試験）という．カレーヒ素事件の多くの鑑定ではブランク試験がされなかった．ガスの炎よりプラズマの方が高温だという違いはある．

[3] SEM-EDX は scanning electron microscope-energy dispersive X-ray spectrometer という分析装置．日本語で言えば走査型電子顕微鏡・エネルギー分散型 X 線分光分析装置．電子線プローブ X 線マイクロアナライザや EPMA

（イーピーエムエー）と言うこともある．電子ビームが当たった粒子に含まれる 0.1％（重さ基準の％なので 0.1 重量パーセントなどと言うこともある）程度の元素までは検出できるが，ppm の元素は検出できない．0.1％ = 1000ppm.

[4] 中井泉，寺田靖子：和歌山毒カレー事件の法科学鑑定における放射光 X 線分析の役割，X 線分析の進歩，44，73-80（2013）.

[5] 中村栄三，牧嶋昭夫，森口拓弥，小林桂，田中亮吏，国広卓也，辻森樹：はやぶさ回収試料初期分析に至るまで：地球惑星物質総合解析システムの構築，表面科学，33（12），681-686（2012）. https://doi.org/10.1380/jsssj.33.681

[6] 瀬田季茂，現代化学編集グループ：アカデミックの分析科学と科学鑑定の違い，元科学警察研究所副所長瀬田季茂博士に聞く，現代化学，2013 年 8 月号，pp.32-34. 後述の「2017 年和歌山地裁決定」と題する節でも再び引用する.

## ● 逮捕直後の家宅捜索

　逮捕後の家宅捜索では，台所から白アリ薬剤と書かれたプラスチック製小物入れ F を発見しただけでなく，林家の台所や洗面所などの排水管が集まる下水会所という枡にたまった汚泥なども採取した．会所の汚泥はマンホールのふたを開けて掻き出すことができる．IC-ICP/MS 分析装置[1] によって，亜ヒ酸に相当する 3 価無機ヒ素を汚泥から検出した[2,3]．林新宅の下水排水管構造全体の実物大模型を，風呂おけ，台所シンク，洗濯機などの実物を使って組立て，洗面所や台所などから酸化マグネシウム粉末を流して大規模実験を行い[4]，林真須美が証拠隠滅のために亜ヒ酸 F を流しなどから捨てたことを裏付けるデータも計量された．

　これだけ大規模に実験を行っても，単なる状況証拠にすぎない．林台所プラスチック容器付着亜ヒ酸 F と紙コップ付着亜ヒ酸 G とが同一物だという証拠がどうしても必要だった．自白しないからだ．

註 ─────────

[1] IC-ICP-MS とも書く．IC-ICP/MS は ion chromatography-indusctivly coupled plasma/mass spectrometer という分析装置，日本語で言えばイオンクロマトグラフ - 誘導結合プラズマ質量分析装置．イオン交換樹脂を詰めたパイプに水溶液

を流して水溶液中の陽イオン・陰イオンを分離するのが IC だ〔津村ゆかり:『図解入門よくわかる最新分析化学の基本と仕組み』第 2 版, 秀和システム (2016)〕. IC で分離したイオンに電波を照射して電離させる装置が ICP, その重さをはかる装置が MS. IC-ICP/MS はこれら 3 つの装置を直列につなげたもの.

[2]  丸茂義輝, 角田紀子, 東川佳靖 (科学警察研究所, 警察庁技官):『鑑定書』検甲 49, 1998 年 12 月 24 日.

[3]  丸茂義輝, 角田紀子, 東川佳靖 (科学警察研究所, 警察庁技官):『鑑定書』検甲 52, 1998 年 12 月 25 日.

[4]  堀田光彦 (和歌山東警察署司法警察員巡査部長):『実況見分調書』検甲 57, 1998 年 12 月 14 日.

## ● シンクロトロン放射光

中井泉教授は 1998 年 12 月 11 〜 13 日と 18 〜 19 日に先述した兵庫県にある SPring-8 で鑑定を行った. 12 月 14 〜 16 日にはつくば市にある高エネルギー加速器研究機構の Photon Factory でも鑑定を行った. 中井教授は実験機材を積んだ車を自分で運転してつくば市と兵庫県とを 2 往復したことになる. スプリングエイトもフォトンファクトリーもシンクロトロン放射光施設だ. SPring-8 は Super Photon ring-8 GeV に由来する固有名詞だ. 事件前年に完成したばかりで, 世界最強の X 線を発生した. 8GeV は電子を 8 ギガボルトの電位差で加速したときの運動エネルギーを意味する. ギガ (1,000,000,000) という接頭語も USB メモリやハードディスク等の大容量化に伴って常識となったから説明の必要はないだろう. 3 桁大きくなるごとにキロ, メガ, ギガ, テラという接頭語がつく. eV (エレクトロンボルト, 電子ボルト) は電子の電荷 e (= $1.602 \times 10^{-19}$ クーロン) と加速電圧 V の積を意味し, 電子 1 個を 1 ボルトの電位差で加速したときの運動エネルギーが 1eV だ.

フォトンファクトリーは光子の工場を意味する固有名詞で, つくば市にある 2.5 ギガ電子ボルトのシンクロトロン放射光施設だ. 1982 年に稼動し始めた. 私はフォトンファクトリーが稼働し始めたらどんな実験ができるかを

1981 年 4 月～ 1982 年 3 月の東大工業化学科の卒論テーマとした．中井教授が選択励起と呼ぶ方法（第 6 章参照）の可能性を示し，どんな結果が得られるかという予備実験を，X 線管を用いて行なった [1]．稼働する直前からフォトンファクトリーにも行っていた．

スプリングエイトやフォトンファクトリーから発生する X 線は，シンクロトロン放射光と呼んだり，単に放射光と呼んだりする．synchrotron radiation の訳だ．ベルリンにはベッシー II，パリ郊外にはソレイユ（太陽）という名前の放射光施設がある．広島大学なども独自の放射光施設を持っている．廃止されたり，移転した施設もある．ベルリンのベッシー I は中東のヨルダンに移転した．数え方にもよるが，世界中に 50 を超える放射光施設があるはずだ．そのほとんどに SPring-8 のような固有名詞がついているから憶えきれるものではない．

雨傘を回転させると，円の接線方向へ水滴が飛ぶ．電子を光の速度に近い高速で円運動させると，電子の運動エネルギー，すなわち電子に絡みついた光子の雲が，ラジオ波として電子からちぎれて接線方向へ飛んで行く．電子は光速とほとんど同じスピード（光速の 99.999…% の速度）まで加速されるから，電子からちぎれたラジオ波の波長がドップラー効果によって縮まり X 線となる．電子の軌道を曲げるためには磁石を使う．光は磁石で曲がらず，電子からちぎれて接線方向へ直進する．これがシンクロトロン放射光だ．

スプリング 8 の X 線が誤ってステンレス板に当たって飴のように融けて固まったものを見せてもらったことがある．

註 ────────────

[1] 河合潤，合志陽一：励起法による蛍光 X 線スペクトルのプロフィル変化，X 線分析の進歩，15, 173-187 (1984)．https://www.researchgate.net/publication/313563873

## ● 中井放射光鑑定は実質 1 日と 6 時間だけだった

中井教授は事件の年の 12 月 11 日から SPring-8 で鑑定を開始し，「12 月 13 日のスプリングエイトから東京に帰る途中，和歌山地検に立ち寄って，大谷検事に中間報告をした．」この時の報告は「紙コップの白色粉末 G とカ

レーに加えられた亜ヒ酸I，台所の小物入れの白色粉末Fは，重元素組成から判断して同一物と考えられ，これらは親族の家にあった亜ヒ酸ABCDとも同一の製造元のものと考えられる.」[1]というものだった．最終的な鑑定書[2]は亜ヒ酸A〜GとIは「同一物，すなわち，同一の工場が同一の原料を用いて同一の時期に製造した亜ヒ酸であると結論づけられた.」として翌年2月19日に和歌山地検へ提出した．大谷検事への中間報告から「考えられる」などのあいまいな単語を排除し，「同一の製造元」は「同一物」「同一の工場が同一の原料を用いて同一の時期に製造した亜ヒ酸」に変わった．この鑑定書は，中井教授によれば，先述したとおり「最高裁判決の最重要物的証拠として採用された.」しかし科警研瀬田季茂元副所長が言う通り，同一物と結論する鑑定は，異なると結論することに比べると，格段に難しい．

　私が中井鑑定の問題点を指摘し始めると，中井教授は，現代化学誌[3]では「われわれの鑑定だけで判決が下せるものではありません.」（p.31），2012年11月2日の名古屋大学での第48回X線分析討論会では「私の鑑定だけで決めるわけではなくていろいろな状況証拠がたくさんあって総合的に裁判ではそれを判断するわけですから，これだけで決めているわけではありません.」[4]とも講演した．死刑判決は裁判官の心証によるものだから，自分に責任はないという趣旨の発言も繰り返すようになった[5]．判決が裁判官の心証によるということは中井教授の講演を聞いて初めて知った．

　中井教授は，1998年12月11日朝9時にSPring-8で実験を開始後，迷光を鉛ブロックや鉛板で防ぐなどの「最適の分析状態にするための調整，セッティングにかなりの時間を要し」た（2002年和歌山地裁判決p.121）．多数のビームラインのうちのBL08Wというビームラインを中井教授が使うのは初めてだったから，このビームラインに慣れたSPring-8の研究者2名も協力したが，鑑定書に掲載できるスペクトルが初めて記録されたのは，裁判に提出されたフロッピーディスクによれば12月12日13時30分だ．

　私が中井鑑定を批判し出すまでは，SPring-8の研究者2名の協力を中井教授が言及したことは私が知る限りなかった．鑑定不正を私に指摘されると，裁判官の心証を持ち出したり，SPring-8の協力者の名前を言うようになった．

SPring-8鑑定批判を私がするようになってしばらく後に，サンフランシスコ空港で関空行きの飛行機を待っていたら，SPring-8の石川哲也放射光科学研究センター長にばったり出会ったので，最近お騒がせしていて申し訳ありませんね，とあいさつすると，SPring-8は放射光を提供しただけで，責任はユーザーにあるから何も迷惑はしていないと言ってくれた．私は先述のように，フォトンファクトリーが1982年に稼働し始める直前から実験ホールへ出入りし始めたが，石川さんはそのころには実験装置をほとんど組み上げていた．ステッピングモーターのパルスノイズを低減させるためにはこういうふうに配線を撚るのが良いんだよ，などと教えてもらったことを憶えている．石川さんは当然ながらビジネスクラスだから，エコノミー席の私は搭乗口で別れた．

　1スペクトルを40分で測定し，提出したフロッピーディスク以外に測定していなければ，12月13日18時22分に最後のデータをフロッピーディスクに保存後，中井教授は和歌山地検へ向かったはずだ．その12時間前の13日午前5時ごろにはデータが順調に出ていたらしく，中井教授は実験の様子をホームビデオで撮影した．この動画は裁判に証拠として提出された．12日の昼から13日18時までの30時間で最重要物的証拠が得られたことになる．1日と6時間だ．

　1審43回公判中井証言（p.76）によれば，X線スペクトルを「取ってみたら取れなかったとか，《シンクロトロン放射光ビームが》当たってなかったとか，そういうデータは多分あるんじゃないかと思いますけれど，常識的に考えて1時間に1個データ取れれば非常に効率いいというようなそういう実験だったと思います．」1回しか測定しなかった証拠亜ヒ酸があったことが42回公判で弁護人に指摘されると（p.129），43回公判では「今回の放射光を使った蛍光X線分析が1回であっても正確であるといったことは，科学的に何か言えることはあるんでしょうか．」と検察官に聞かれた中井教授は，「はい，今回のこの測定に要した時間は2400秒です．例えば科警研の皆さんがICP-AESで分析してる場合は，多分，10秒程度だと思います．ですから，10秒程度の計測時間ですと大きな統計誤差が入りますので繰り返し

測定することが必要ですが，私のような蛍光 X 線分析の場合，10 秒に対して 2400 秒，240 倍の時間を積算してるということがあります．それはとりもなおさずそういった変動を含めて長時間測定してることですから，1 回測定すれば十分であるということです．」(p.203) と証言した．この証言を分析化学研究者が聞くと一瞬で嘘だとわかる．科警研が 10 秒でできた分析を，SPring-8 では 40 分もかかったことがわかるからだ．ある ICP-AES の専門家は，ICP で 40 分かけて測れと言うならいつでもそうすることができると中井証言に怒っていた．科警研が鑑定に用いたセイコーインスツルメンツ社製 SPS-1700 型 ICP-AES 装置はシーケンシャル型（一元素ごとに順次分析していく方式）なので，科警研が証拠亜ヒ酸を溶かして調製[6]した 25mℓ の検液を毎分 0.5mℓ で流したので[7]，分析時間は 50 分まで長引かせることができる．希釈すればさらに何十倍も長引かせることができる[8]．

　1998 年 12 月の鑑定から約 1 年後の 1999 年 11 月 18 〜 23 日に，住友金属鉱山製亜ヒ酸 25 缶を SPring-8 で測定した中井鑑定書[9]のデータを詳細に解析すると，次節で述べるように，最初の鑑定の 11 か月後であっても SPring-8 の鑑定精度は異同識別ができるような精度ではなかったことがわかった．1998 年 12 月の最初の鑑定で測定したスペクトルは 25 缶のスペクトルに比べて明らかに粗悪で，林家関連亜ヒ酸 A 〜 F と紙コップ G とが同じか異なるかを言うことさえできないデータだった．

　精度が悪い測定では，異なるものが同じに見える．例えばピントがぼけた白黒カメラで撮影したひき逃げ車両の画像をみて，同じ車種を所有する容疑者を特定した後に，別の高解像度の画像が見つかって，ナンバーが違うことがわかれば，それだけでアリバイが成立する．さらに別のカラー画像が見つかって車の色も違うことがわかれば，それもアリバイになる．このようなアリバイは 1 つあれば十分だ．粗悪なデータを使えば，容疑者に不利な証拠はいくらでも捏造できる．これが SPring-8 で亜ヒ酸は同一物だとした中井鑑定の本質だ．

註 ─────────────

[1]　中井泉：『回答書』検 3，2018 年 4 月 4 日，p.3.

[2] 中井泉（東京理科大学教授）:『鑑定書』検甲 1170, 1999 年 2 月 19 日.

[3] 中井泉, 寺田靖子:放射光 X 線分析による和歌山毒カレー事件の鑑定, 鑑定の信頼性に対する疑問に答える, 現代化学, 2013 年 8 月号, pp.25-31.

[4] 第 48 回 X 線分析討論会, 2012 年 11 月 2 日, 名古屋大学. この時の中井教授の講演は, 私への一方的な攻撃になりそうだったので, 掟破りだが, とっさにiPhone で録音した.

[5] 河合意見書(20), 2016 年 9 月 3 日, pp.251-252.

[6] 試料を準備することを分析化学では「調製」と書く. 薬の調剤と似たような意味だ.

[7] 丸茂義輝, 鈴木真一, 太田彦人（科学警察研究所, 警察庁技官）:『鑑定書』検甲 1168, 1998 年 12 月 15 日.

[8] 河合意見書(42), 2018 年 8 月 26 日.

[9] 中井泉（東京理科大学教授）:『鑑定書』検甲 1300, 2000 年 3 月 28 日.

## ● 住友金属鉱山製亜ヒ酸 25 缶の中井鑑定

　和歌山地方検察庁小寺哲夫検事は, 林真須美逮捕から 1 年後の 1999 年 10 月 15 日に中井泉教授に対して, 住友金属鉱山製亜ヒ酸 25 缶の鑑定を嘱託した [1]. 中井教授は同年 11 月 18 〜 23 日に SPring-8 でこの 25 缶の蛍光 X 線を測定した. この結果が中井鑑定書検甲 1300 だ [2]. すでに裁判も 5 月に始まって, 6 か月も経た 11 月に, 事件とは無関係の住友金属鉱山製亜ヒ酸を 25 缶も鑑定する必要があったのはなぜか？　林真須美関連亜ヒ酸 A 〜 F と紙コップ亜ヒ酸 G が同一物であると前年の 12 月に中井教授が鑑定したのと同じ鑑定手法で, 住友金属鉱山製亜ヒ酸の缶が見分けられることを立証する必要があることに小寺検事が気付いたからだ. 住友金属鉱山製の亜ヒ酸 25 缶は 1999 年 2 月 3 日から 3 月 19 日までの間に製造されたものだ [3]. 検察が東京都港区新橋の住友金属鉱山本社で技術担当部長から同社が製造する亜ヒ酸についての説明を聞いたのは 1999 年 2 月 19 日（検甲 90）と 7 月 21 日（検甲 1229）だった. だから, 検察は林真須美起訴（1998 年 12 月）後でかつ 2 月 3 日以前には, 中井異同識別鑑定の妥当性のチェックが不足していること

に既に気付いていたことがわかる．なお2月19日は，亜ヒ酸は同一物だと結論したSPring-8中井鑑定書（検甲1170）の提出日でもあった．

　住友金属鉱山技術担当部長によれば，25缶は別子事業所東予工場で製造した60kgと100kg入りのドラム缶からなる．化学反応はバッチ（反応槽）単位で行う．異なるバッチの亜ヒ酸が一つの缶に混在することもあれば（バッチの境目），同一バッチの亜ヒ酸が複数の缶にまたがって封入されることもある．ジョバン・イボン（Jobin Yvon）社製JY48P型ICP-AES装置によって5回分析した25缶のアンチモン（Sb）濃度表が技術担当部長から1999年7月21日付で検察に提出された（検甲1229）．同部長によればJY48P型分析装置は5ppm以上のSb濃度が定量可能だという．

　Sbがアンチモンの元素記号だというのはわかりづらい．$Sb_2S_3$の鉱石を輝安鉱（stibnite）というが，もともとは古代エジプトで黒いアイシャドーを意味するセデムと呼ばれた物質だ．クレオパトラのメイクとして知られる目の化粧だ．ギリシャ語スティンミ，スティビ，ラテン語スティビウム（stibium）となり，元素記号Sbとなった．一方，ギリシャ語スティビがアラビア語に入ったとき定冠詞アルがついて（al-ithmid），それがアンチモンになったという[4]．

　中井教授は25缶の亜ヒ酸の蛍光X線スペクトルを測定し，ヒ素のピーク高さを1にそろえてスペクトルを鑑定書[2]に示したうえ，アンチモンのピーク高さが異なるから，異なる缶が区別できるという趣旨の証言をした．例えば図表2に示した図7と図8のスペクトルのSb濃度は別子事業所東予工場の分析によればどちらも120ppmだが，中井教授は第34回公判で，図7と比較して「ちょっと《図》8は増えてます」と証言した．ところがアンチモン濃度が増えているように見えるのはAsのピーク高さを1としたときのグラフを縦軸のフルスケールがそれぞれ0.008と0.004とでプロットしたからだ．Sbのピーク高さが「ちょっと8は増えてます」というのが実験事実に合致するかどうかを調べるためには，Sbの純ピーク強度を知る必要がある．Sbの純ピーク高さ（Sbピークの両側を直線で結んでその直線から測った高さ）を求めてみると，図8の高さは図7よりわずかに低い．証言とは逆だ．またその差はわずかだから，図7と図8を見ただけではわからない．私は開

図表2. 中井鑑定書検甲 1300 の住友金属鉱山製亜ヒ酸の図7と図8のスペクトル.

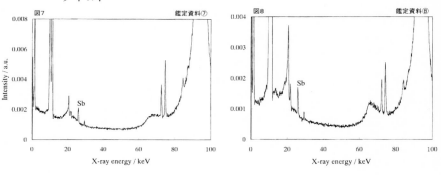

示された数値データを解析して中井証言には逆転が多いことを見つけたが，まさかそれがグラフの縦軸 0.008 と 0.004 との違い（図表2の図7は 0.008，図8は 0.004 が縦軸の最大値＝フルスケール）にあったとは気付かなかった．民事裁判になって岩井信弁護士らが，フルスケールと中井証言との相関を見つけた．異なる缶が見分けられるという趣旨の中井証言は，なんと，グラフの縦軸のフルスケールの違いだった．

　As Kα（10.5keV）と Kβ（11.7keV）領域の亜ヒ酸 25 缶のスペクトルを重ねてプロットしたものを図表3[5]に示す．K 線は複数の線からなり，強い順に α，β などの添え字をつける．図表3の 10.1keV のピークが As Kα 線，11.3keV が Kβ 線だ．Kα 線は 2p → 1s という電子遷移によって発生し，Kβ 線は 3p → 1s によって発生する．中井教授の測定は，横軸が 0.4keV 左にずれている．図表3は弁護人に開示された検甲 1300 鑑定書の数値データを用いて河合がプロットしたものだ．図表3の図1〜図 25 は中井鑑定書の 25 缶の亜ヒ酸スペクトルに対応する．中井教授が 1998 年 12 月に測定した亜ヒ酸A〜G のスペクトル[6]は，図表2よりもはるかに粗悪なスペクトルだった．

　住友金属鉱山製亜ヒ酸 25 点を別子事業所東予工場が ICP-AES で分析した結果によれば，25 缶とも 99.8〜99.9％という高純度の亜ヒ酸 $As_2O_3$ だ．図表3を見ると，測定ごとに，ヒ素 Kα のピーク高さはバラツいて，最大

図表3.　住友金属鉱山製亜ヒ酸25缶をSPring-8で中井教授が測定した中井鑑定書検甲1300のヒ素Kα（10.1keV），Kβ（11.3keV）領域の図1～図25の比較．横軸が0.4keVずれている．

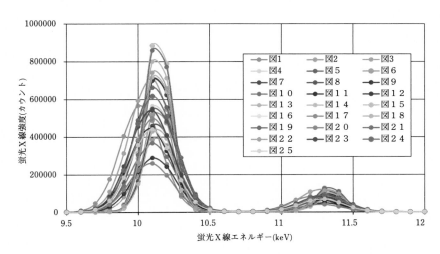

で3倍以上も高さが変化している（最弱は図20の261038，最強は図15の884503カウント）．3倍も変化した理由は，試料に照射した放射光強度が変動したり，試料厚さなどがそろっていなかったことを意味する．

　X線管方式の装置で通常の蛍光X線分析を行う場合には，粒度（粒子の大きさ）をそろえた試料の重量を正確に秤量し，同じ圧縮スピードで圧縮し，一定時間保持し，同じスピードで圧開放した同じ形のブリケット（粉体試料を平板状の錠剤に成型したもの）の蛍光X線を測定するので，高い定量精度が保証される．プログラム方式で加圧・減圧する錠剤成型装置も市販されている．分析装置の電源電圧もゆっくり上げるなど十分にウォームアップして装置を安定化させる．中井教授は，当然行うべきこうした条件設定を怠った．中井異同識別鑑定が信頼できるものではなかったことを図表3は示している．

　X線分析の専門家としては，図表3のピーク高さが変化することよりも，ピーク形状が変化すること，弱いピークが左側に非対称に膨らんでいること

の方が実は重大問題だ．信号の飽和や測定中の横軸のシフトを意味するからだ[5].

註 ────────

[1] 小寺哲夫（和歌山地方検察庁検察官検事）：『鑑定嘱託書』検甲 1299，1999 年 10 月 15 日.

[2] 中井泉（東京理科大学教授）：『鑑定書』検甲 1300，2000 年 3 月 28 日.

[3] 藤杜雅也（和歌山地方検察庁検察事務官）：『捜査報告書』検甲 1298，1999 年 9 月 3 日.

[4] 原島広至：『13 ヵ国語の周期表から解き明かす元素単』岩村秀監修，NTS（2019）.

[5] 河合潤，岩井信：和歌山カレーヒ素事件における住友金属鉱山製亜ヒ酸 25 缶の SPring-8 鑑定の問題点，X 線分析の進歩，51，119-140（2020）.
https://www.researchgate.net/publication/340272289

[6] J. Kawai: Forensic analysis of arsenic poisoning in Japan by synchrotron radiation X-ray fluorescence, X-Ray Spectrometry, 43（1/2 月号）2-12（2014）.
https://doi.org/10.1002/xrs.2462 （オープンアクセス）に亜ヒ酸 A と F の中井鑑定書のスペクトルなどを示した.

## ● 2017 年和歌山地裁決定

住友金属鉱山製亜ヒ酸 25 缶の中井鑑定（検甲 1300）の裁判における意味を考察する．

Sb の純 Kα ピーク高さ（面積強度ではない）と As 高さの比を，東予工場の Sb 分析値に対してプロットしたものを図表 4 に示す．ここでピーク高さを使うのは，中井鑑定書（検甲 1300）がピーク高さを使ったからだ．図表 4 の横軸は上述した東予工場のジョバン・イボン社製 ICP-AES 装置で分析した Sb 濃度だ．プロットに用いた●印の横幅は，ICP-AES の定量誤差を表す．東予工場の ICP-AES 分析値は，例えば 120 ± 5ppm を四捨五入して 120ppm としたからだ．25 点の●を最小 2 乗フィッティングした回帰直線も重ねた．回帰直線とは，横軸の東予工場の Sb 濃度には誤差がないと仮定し，縦軸の SPring-8 カウント数比には誤差があるとして，最小 2 乗フィティン

図表4. 中井 SPring-8 鑑定の 25 点の蛍光 X 線 Sb/As ピーク強度比（SPring-8）を，住友金属鉱山東予工場が ICP-AES 分析した Sb 濃度に対してプロットした検量線．（前節註 [5] の文献による）

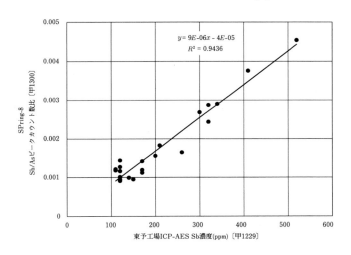

グした直線だ．

　図表 4 の●印は，きれいに回帰直線に載っている．しかし●がこの程度の相関を示すだけでは異同識別鑑定は無理だ．この程度の相関では，せいぜい同一工場製ということしかわからない．ドラム缶の違いはバラツキに隠れてしまうからだ．

　林真須美関連亜ヒ酸の中で，例えば緑色ドラム缶 A の Sb 濃度はドラム缶内の 5 か所からサンプリングした 5 個の試料を各 1 回ずつ ICP-AES 分析した結果として 27 ± 1ppm という定量値が科警研丸茂鑑定書検甲 1168 に記載されていたから（次章の図表 5），120ppm では濃度が濃すぎる．科警研丸茂鑑定については次章で述べる．

　図表 4 で横軸が 120ppm と 170ppm の縦に並んだ複数のデータ点を比べると，縦軸の大小関係が逆転したデータが複数あることがわかる．120ppm のものが 170ppm より X 線強度（縦軸）が強くなるものがあるという意味だ．

こんな精度のX線強度（縦軸）しか得られないSPring-8データに拠った鑑定を死刑判決の根拠にすることはできない．亜ヒ酸が異なるという結論は数値が違えばよいが，同一であることを立証するためには，2017年和歌山地裁決定で浅見健次郎裁判長らが「科警研副所長であった瀬田季茂博士も，「現代化学2013年8月号」と題する雑誌のインタビュー記事において，ユークリッド距離法により覚せい剤の出所を判定する際には何百種類という覚せい剤のデータをあらかじめ出しておかなければならない旨述べている．」（p.86）と引用する通り容易ではない．

　そのうえ，検甲1300の測定は，1999年11月だったので，亜ヒ酸A～Gの異同を鑑定した1998年12月（検甲1170）の11か月後だ．11か月前の粗悪なスペクトルによって，分析化学専門家の中井教授が，亜ヒ酸A～Gは同一物だとした結論は，本来，結論することができない結論だ．

　図表4が粗いながらも直線状の相関を示したのは，住友金属鉱山社製亜ヒ酸25缶が$As_2O_3$としてほぼ100%だったからだ．林真須美関連亜ヒ酸A～Eの場合には，次章の図表5に示すように，主成分ヒ素濃度が49～78%の範囲で変化したから，蛍光X線強度は図表4のような粗い直線にも載らなくなり，満天の星のようになる．直線とならずバラついたから中井教授は後述するように「パターン認識」と称したのだ．

　和歌山地裁小川育央裁判長らは2002年判決で「同一工場で，同一製造方法で，製造時期が近接していても，製造日が異なると微量元素の含有状況が異なることは，中井教授による分析＜甲1300＞によっても裏付けられている．」（p.197）と判示した．この1審の判示を引用したうえで，和歌山地裁浅見健次郎裁判長らは2017年の決定において，検甲1300が「中井証言によれば，中井は，同じ工場で同じ製造方法で製造された亜砒酸であっても，製造時期が異なれば微量元素の組成が異なることを証明しようとしたと理解するのが自然である」（p.83）が，「中井は，分析した前記亜砒酸25点の入っていた缶の中に製造時期の異なる亜砒酸が混在したり，製造時期の同じ亜砒酸が異なる缶にまたがって存在する場合があることを認識しないまま前記亜砒酸25点に係る微量元素の組成を分析している[1]．よって，中井意見書に

おける前記指摘は相当でない面がある.」(pp.83-84) と判示した. これは1審判決と比べると, 極めて大きな転換だ.「中井教授による分析＜甲 1300 ＞によっても裏付けられている.」(p.197) という1審の判示を覆したからだ. 中井教授が行った嫌疑亜ヒ酸 A ～ G の異同識別鑑定 (検甲 1170) の妥当性を否定したことになる.

2017 年和歌山地裁浅見裁判長らの決定の判示どおり, 住友金属鉱山製亜ヒ酸 25 缶の中井鑑定 (検甲 1300) は, 中井鑑定 (検甲 1170) には嫌疑亜ヒ酸 A ～ G の異同を識別する能力がなかったこと, 中井鑑定が不適切だったことを立証している.

浅見裁判長らのこの判示まで, 私自身, 中井鑑定書検甲 1300 の意味をよく理解できなかった.

再審請求弁護団の安田好弘弁護士は検甲 1300 こそが再審のカギになると常々主張していたが, 分析化学の専門家の私からすると, 事件とは無関係な亜ヒ酸を 25 缶も分析したところで何か意味があるとは思えなかった. 本書を書いていて, 検甲 1300 の妥当性を否定した和歌山地裁浅見裁判長らの決定を読み, 安田弁護士が検甲 1300 に対して常々指摘していたのと同じことを, 和歌山地裁浅見裁判長らも指摘していたことに気付いた. 分析化学専門家は, とかく数値の細部にこだわるので, 検甲 1300 が, 亜ヒ酸 A ～ G の SPring-8 中井異同識別鑑定 (検甲 1170) の妥当性を判定する重要な証拠だという視点を見失いやすい. そういう意味では小寺哲夫検事も, 安田好弘弁護士も, 和歌山地裁浅見健次郎裁判長らも, 住友金属鉱山製亜ヒ酸 25 缶の中井 SPring-8 鑑定の意味を的確に把握しており, しかも浅見裁判長らは「中井も製造日が異なっても組成が同じ亜砒酸の存在することを否定しなくなっていることに照らせば, 同一の工場で製造された高純度の亜砒酸であっても, 製造時期の違いが微量元素の組成から分かるとはいいがたい.」(p.85),「科警研及び中井は, 異同識別鑑定に当たり, 嫌疑亜砒酸 A ～ G 以外の亜砒酸の微量元素の含有状況について分析し, 嫌疑亜砒酸とは微量元素の含有状況が異なることが判明しているが, 科警研又は中井によって分析された嫌疑亜砒酸以外の亜砒酸の数が 65 点であることに照らせば, 嫌疑亜砒酸と微量元

素の含有状況が同じ亜砒酸が大量に流通しておらず、嫌疑亜砒酸と微量元素の含有状況が同じ亜砒酸を入手するのは非常に困難であるとは認められるものの、嫌疑亜砒酸と同一工場で同一の原料鉱石を用いて、同一工程で同一の機会に製造された亜砒酸以外に微量元素の含有状況が嫌疑亜砒酸と同じ亜砒酸が存在しないかについて確固たる専門的知見を得るにはほど遠い状況にあるといわざるを得ない.」(p.86) と記載して、中井教授の異同識別鑑定を否定した. これは和歌山地裁浅見裁判長らが、1審の鑑定には、後述する第2のトリック (同一製造会社製の亜ヒ酸 Q の隠蔽) があったことに気付いたことをも示している. 嫌疑亜ヒ酸 A〜G「以外の亜砒酸の数が65点」の中には、緑色ドラム缶 A と同じ製造会社製の亜ヒ酸が含まれていないことに浅見裁判長らは気付いたのだ.

　しかし浅見裁判長らは上で引用した通り「嫌疑亜砒酸と微量元素の含有状況が同じ亜砒酸を入手するのは非常に困難であるとは認められる」とも述べている. これは検察が同じ製造会社製の別の緑色ドラム缶入り亜ヒ酸 (本書では仮に Q と呼ぶ) の存在とその分析結果を隠蔽したからだ.

　図表4は分析化学では検量線と呼んでいるものだ. 検量線とは分析対象元素の濃度と蛍光 X 線の信号強度との相関を示す図だ. ●のバラツキが定量精度の良し悪しを示す. 中井鑑定書検甲1300 は、中井教授による亜ヒ酸 A〜G の異同識別鑑定検甲1170 が妥当性を欠くものだったことを立証していた. 蛍光 X 線分析に用いる検量線は、通常、測定値を示すすべての●が、最小2乗直線に接するほど直線性が良い.

註 ──────────

[1] 住友金属鉱山製亜ヒ酸25缶は、亜ヒ酸60kgと100kg入りのドラム缶があったが、和歌山地方検察庁藤杜雅也検察事務官の『捜査報告書』(検甲1298, 1999年9月3日) によると、愛媛県西条市住友金属鉱山株式会社別子事業所東予工場で亜ヒ酸25点を領置した時点で、「亜ヒ酸25点については、いずれもプラスチック容器に入れられていたため、これをさらに段ボール箱に入れて梱包の上、手提げ鞄に入れて当庁まで搬送した.」とあるから、25個のプラスチック瓶をまとめて梱包しても「手提げ鞄」に入るほど小さな瓶だったことがわかる. たと

え「25 点の入っていた缶の中に製造時期の異なる亜砒酸が混在」したとしても，小瓶の中の亜ヒ酸は均一な組成だとみなせるほど少量だったことになる．ジョバン・イボンの ICP-AES 分析も，検甲 1300 中井鑑定も同じ小瓶の亜ヒ酸を分析したはずだから，分析結果はドラム缶の中に「製造時期の異なる亜砒酸が混在」したことによる影響はないはずだ．

# 第3章 亜ヒ酸は同一ではなかった

　カレー鍋近傍のごみ袋の中から発見された紙コップ G に付着した亜ヒ酸が林家の緑色ドラム缶 A をルーツとするものではなかったとする河合鑑定はわかりづらく，あまり知られていない[1-3]．河合が裁判所へ提出した意見書(1)〜(53)では，最終的に，紙コップ付着亜ヒ酸 G は，林真須美関連亜ヒ酸 A 〜 F に由来するものではなかったことを結論した．（i）CDEF の亜ヒ酸濃度より G の亜ヒ酸濃度が濃いから，CDEF が除外できるという確実なところから可能性を絞り始めた．（ii）次いで Se，Sn，Sb，Pb，Bi，As 6 元素の六角形のレーダーチャートを根拠にして BDE は A をルーツとするが C と G は A をルーツとしないことを結論した．（iii）さらに重記載缶 C のルーツが A ではないように見えたのは，科警研が分析をやり直す前の鑑定書の数値を用いて判断したからであって，科警研技官が証言で訂正した数値を使うと，B 〜 E は A をルーツとするが，紙コップ G だけは A をルーツとするものではなかったことを結論した．(iv) 6 元素に加えて亜鉛 Zn やモリブデン Mo も G だけが異なること，(v) Sn/Sb 濃度比も {A 〜 E}，{G}，{Q} という異なる 3 つのルーツの亜ヒ酸があったことを示した．このように河合鑑定は意見書の番号が進むにつれて次第に確実なものとなる．したがって，ナマの河合意見書(1)〜(53)を(1)から読み始めても，最後まで読まない限りは全体像を把握することはできない．そこで本章では A 〜 F の林家由来の亜ヒ酸と，紙コップに付着した亜ヒ酸 G とが異なるドラム缶をルーツとしたものであったことを，現在わかっている証拠を用いて解説する．しかしその過程は複雑だ．一筋縄では理解できない複雑なトリックによって異なる亜ヒ酸があたかも同一であるかのように鑑定書で結論されていたからだ．

　本章では，亜ヒ酸 ABCDEG の異同識別をした科警研鑑定書には 2 つのト

リックがあったことを明らかにする．第1のトリックは対数などの数値操作
だ．第2のトリックは，同一製造会社製の別のドラム缶の隠蔽だ．同一製造
会社製で A とは別のドラム缶を本書では亜ヒ酸 Q と呼ぶ．A で始まる証拠
亜ヒ酸とは別系統の証拠化されなかったという意味で離れたアルファベット
の Q を用いた．中井泉教授が書いた 2005 年の応用物理学会誌の論文には Q
の蛍光 X 線スペクトルと分析値が掲載されていた．これらのトリックがわ
かると，紙コップ付着亜ヒ酸 G は林家由来の亜ヒ酸ではなかったことがはっ
きりする．

註 ─────────

[1] 下條竜夫（兵庫県立大学准教授）：『物理学者が解き明かす重大事件の真相』ビ
ジネス社（2016）.

[2] 城戸義明（立命館大学特任教授）：『科学とは何か 科学はどこへ行くのか』デザ
インエッグ（2016）.

[3] 田中ひかる（歴史社会学者）：『毒婦，和歌山カレー事件 20 年目の真実』ビジネ
ス社（2018）.

## ● 科警研の異同識別鑑定

　1998 年 12 月の中井 SPring-8 鑑定（検甲 1170[1]）の少し前に行われた科
警研鑑定（検甲 1168[2]）では，証拠亜ヒ酸 A 〜 E と G に含まれる元素 Na，
Mg，Al，Si，P，Cr，Mn，Fe，Ni，Zn，Se，Sn，Sb，Pb，Bi，As，Ca
をセイコーインスツルメンツ社製 ICP-AES 装置で最初に各1回分析し，A
〜 E については「外界由来の汚染や，他の物質の添加による変動が予想さ
れた元素を除いた Se，Sn，Sb，Pb，Bi」を指標元素としてさらに4回試料
採取を繰り返して分析し，異同識別鑑定を行った．科警研はデンプンなども鑑
定したが，ヨウ素デンプン反応と赤外吸収分光によるデンプンの有無が一致せ
ず，鑑定書の記載ミスなのか，本当に不一致だったのかを明らかにしていない．
鑑定書の記載ミスかどうかは実験ノートをチェックすれば済むことだ．こんな
ことさえ科警研は隠している．開示できない理由が何かあるのだ．
　図表5には A 〜 E の6元素各5回の定量値を平均したもの，その標準偏

図表5. 科警研丸茂鑑定書鑑定結果.

| 亜ヒ酸 | Se(ppm) | Sn(ppm) | Sb(ppm) | Pb(ppm) | Bi(ppm) | As(%) |
|---|---|---|---|---|---|---|
| A | 99±19 | 23±3 | 27±1 | 198±4 | 57±6 | 76.95±3.37 |
| B | 96±24 | 23±2 | 27±1 | 195±3 | 55±3.2 | 77.57±4.03 |
| Cb | 104±13 | 24±6 | 28±7 | 175±8 | 62±20 | 68.60±2.20 |
| Ca | 94±19 | 22±2 | 25±1 | 167±2 | 53±2 | 67.54±1.26 |
| D | 96±2 | 20±2 | 23±2 | 166±3 | 49±1 | 65.65±1.62 |
| E | 62±7 | 14±2 | 16±2 | 124±5 | 35±2 | 48.73±0.82 |
| G | 111 | 25 | 23 | 180 | 55 | 74.78 |

第35回公判で科警研鈴木真一技官の証人尋問調書（2000年7月14日）pp.43-44において
Cの濃度が訂正された. Cb：訂正する前のC（重記載缶）の濃度，Ca：訂正後の濃度.

差 $\sigma_{n-1}$，Gの6元素1回の定量値，を科警研鑑定書[2]から抜粋して示した.
$\sigma$ はシグマと読む. $\sigma_{n-1}$ は，統計学的に言うと，母標準偏差の不偏推定量だ
が，本書では，高校の統計で習う標準偏差 $\sigma_n$ の安全を見込んで少し大きめ
に見積もった誤差だと考えてよい. 5回の計測では，$\sigma_{n-1}$ は $\sigma_n$ の1.1倍大
きい誤差だと評価したことになる.

　分析した6元素（As, Se, Sn, Sb, Pb, Bi）は，周期表（図表6）で互

図表6. 周期表.

*1 ランタノイド，*2 アクチノイド.
周期表のテンプレートは，http://www.chem.ous.ac.jp/~gsakane/Syuukihyou.pdf
©2001-2016 Genta Sakane から許諾を得て利用.

図表7. 科警研鑑定書検甲 1168 に掲載された五角形レーダーチャート.

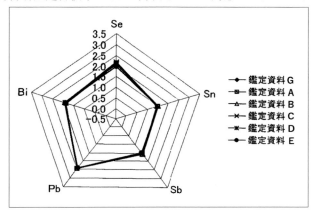

いに近傍に位置し，化学的性質が似ているから，先天的に混ざっていた元素
が亜ヒ酸工場で完全には分離しきれなかったということができる．

　周期表は，原子番号が 8 番ごと，または 18 番ごとに似た性質の元素が出
現することを示すものだ．原子には，太陽系の惑星のように，K 殻，L 殻，
M 殻などの電子軌道があり，K 殻には 2 個，L 殻には 8 個，M 殻には 18 個
の電子が入る．8 番ごとや 18 番ごとに性質の似た元素が現れる．各元素か
ら発生する X 線には K 線，L 線などがあるが，K 殻や L 殻に対応している
ことは先述した．

　原子（atom）と元素（element）は紛らわしい．原子は水素原子 1 個，2
個と数えることができる可算名詞だ．元素は「2 種の元素」や「ボンベ 1 本
の水素」のように数えることができるが，元素自体は「水素」のように物質
だから数えることはできない．

　科警研は先天的不純物 5 元素（5 種の元素）のレーダーチャート（図表7）
やユークリッド距離などを鑑定書[2]に示し，A 〜 E と G が重なることを示
した．図表7のレーダーチャートで A 〜 E を示す五角形が重なるのは，林
家由来の亜ヒ酸 B 〜 E が，中国から輸入した「被告人の親族」[3]が保管し
ていた緑色ドラム缶 A の 1 缶から取り分けたことを意味する．カレーに亜
ヒ酸を投入するのに使われた紙コップ G に付着した亜ヒ酸のレーダーチャー

図表8. 対照亜ヒ酸標準品の五角形レーダーチャート（検甲 1168 による）.

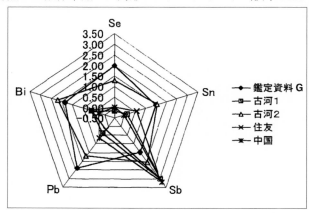

トも A 〜 E と重なるから，カレーに投入された亜ヒ酸 G は，林真須美関連亜ヒ酸 A 〜 E のどれかに由来することが示された．本事件と無関係の古河製 2 点（古河 1，古河 2）と住友製 2 点（住友，中国）の亜ヒ酸は，図表 8 に示すとおり，G とは重ならない．（i）図表 7 に示すレーダーチャート ABCDEG が重なること，一方で，（ii）図表 8 の古河製や住友製は G と重ならないこと，という 2 つの事実は，カレー内の亜ヒ酸が林家の亜ヒ酸に由来するものであって，他の亜ヒ酸には由来しないことも立証したとされた．しかしこの科警研の鑑定には 2 つのトリックがあった．

ユークリッド距離[4] にも多くのトリックがあったが本書では省略する．レーダーチャートのトリックに限って次節以降で説明する．

註

[1]　中井泉（東京理科大学 教授）:『鑑定書』検甲 1170，1999 年 2 月 19 日.

[2]　丸茂義輝，鈴木真一，太田彦人（科学警察研究所 警察庁技官）:『鑑定書』検甲 1168，1998 年 12 月 15 日.

[3]　中井泉，寺田靖子：和歌山毒カレー事件の法科学鑑定における放射光 X 線分析の役割，X 線分析の進歩，44，73-80（2013）.

[4]　各元素の濃度の差の 2 乗和の平方根をユークリッド距離と定義して，ユークリッド距離が近いことを同一性の根拠とする鑑定書が横行しているが，ゴマカシだ.

カレーヒ素事件でもこのゴマカシが使われた．元素の数は，ユークリッド空間の次元だと考えることができるが，次元数を多くすればするほど，無関係な亜ヒ酸のユークリッド距離を近づけることができる．

## ● 科警研の第１のトリック

科警研鑑定書の第１のトリックを理解するためには，図表７のレーダーチャートを科警研がどのようにプロットしたかを理解する必要がある．例えばドラム缶 A の Se，Sn，Sb，Pb，Bi の５元素濃度を，ドラム缶 A の As 濃度で割り，その商 Se/As を 100 万倍して，その対数を計算してプロットする．ミルク缶 B は B の Se 濃度を B の As 濃度で割った商を 100 万倍して対数を計算する．CDEG についても同様の計算をしてレーダーチャートにプロットしたものが図表７だ．

対数または log は高校の数学で習うが，文系の人にはわかりづらい．

ノンフィクション作家の魚住昭は週刊現代の連載[1]で「数日前から科学論文を読んでいる．京大大学院の河合潤教授が「X 線分析の進歩」という専門誌に寄稿したものだ[2]．わずか 20 頁の論文だが，難解な用語ばかり出てきて，私にはとんと意味がわからない．」「どうしても対数の意味が理解できなかったので」東大理系出身の N 君という編集者に「恥を忍んで訊ねると，N 君は「エッ，これもわからないの」と言わんばかりの顔をした．」と書いている．

１審裁判官は，判決に「100 倍」と書いたが「100 万倍」の間違いだ．1000000 の対数は 6 だが 100 の対数は 2 だ．大雑把に言えば，対数とは桁数を意味する．科警研鑑定書は，どのような数値操作を行ったのか一読しただけでは理解できない文章で書いてあり，１審裁判官も科警研の鑑定書が理解できなかったことがわかる．私も当初 100 倍だと思った．ノンフィクション作家には対数だけでも難解だったが，100 万倍して対数を計算するという数値操作が加わると，１審の裁判官にも，対数を普段から使っている河合にも容易に理解できる鑑定書ではなかった．１億倍，１兆倍にすると図表８の古河製や住友製の亜ヒ酸も同一の亜ヒ酸であるかのように見せることができ

る.

　科警研が，割り算をしたり，100万倍したり，対数を計算したり，という複雑な計算を，Ａ〜ＥとＧの6点の証拠亜ヒ酸について行って，プロットしたものが図表7だ．このことを説明した部分を2002年和歌山地裁判決から引用すれば「資料の特徴を比較する目的で，鑑定資料GABCDE《図表7》及び対照資料4点《図表8》の対砒素比の平均値を100倍し，元素間の値の差異が大きいことから対数を取って作成したレーダーチャートや3次元折れ線グラフを作成したところ，そのパターンは，鑑定資料GABCDEはよく類似しており，同一資料内で多く存在する傾向のある元素と少なく存在する傾向のある元素がほぼ一定していた．他方，鑑定資料GABCDEと対照資料4点との指標5元素の含有パターンは明らかに異なっていた．以上のことから，丸茂法科学第3部長は，鑑定資料Ｇと鑑定資料ＡないしＥの亜砒酸は，同一のものに由来すると考えても矛盾しないと判断した．」（pp.110 - 111）．裁判官は確かに「100倍」だと間違えている．ここで引用した文章で「GABCDE」となってアルファベット順でないのは，判決のこの部分の記号は科警研鑑定書の記号で書いてあるからだ．それをＡ〜Ｇに置き換えた．図表7がアルファベット順でないのも同じ理由だ．紙コップＧは科警研鑑定書では「鑑定資料(1)」だ．

　科警研が対ヒ素比を100万倍して対数を計算した本当の理由はＧがＡ〜Ｅと異なることを隠蔽するためだ．科警研鑑定書のICP-AES分析をしたのは，科警研ではなく，JR海浜幕張駅の近くにあった「セイコーインスツルメンツ社」（2002年和歌山地裁判決p.103）のＫさんだ．セイコーインスツルメンツ社はICP-AES装置を製造販売していた．Ｋさんは産総研と言われるようになる前のつくば市の国立研究所を定年退職後，セイコーインスツルメンツ社に移った．海浜幕張にあったこの会社の分析装置部門は別会社に売却されて現在は存在しない．たまたま2015年5月のプラズマ分光分析研究会第94回講演会で私の依頼講演を聞いたその会社の元社員が，Ｋさんがこの科警研鑑定を引き受けたことを，講演後に教えてくれた．私は海浜幕張のその会社へ講演のために行ったこともあり，Ｋさんを学生時代から知ってい

たから，Kさんの自宅に電話してみた．Kさんは電話に出るとすぐに，科警研には，対数で違うくらいでなければ同一物だとしなさいとアドバイスしたので，紙コップGの亜ヒ酸が林家の亜ヒ酸A～Eと同じだということにできて林真須美を逮捕できたのだ，そのアドバイスがなければ，林真須美を逮捕できなかったという趣旨の自慢話をしてくれた．逮捕ではなく起訴のことだろう．起訴なら，林台所プラスチック容器Fと紙コップGの亜ヒ酸を同一物としたSPring-8 中井鑑定の貢献が大きいはずだ．当時，鑑定にかかわった人は，自分の貢献が大きいことを誰もが自慢していた．

　対数で違うくらいでなければ同一物だとせよ，というアドバイスは，あってはならないアドバイスだ．科警研はこのアドバイスに従って対数を使った．

　科警研鑑定書にはKさんの名前はない．しかし2002年和歌山地裁判決には「このICP-AESによる分析は，使用する分析機器の関係で，セイコーインスツルメンツ社の幕張研究室で行われた．《科警研の》鈴木技官は，セイコーインスツルメンツ社製のICP-AESを使って分析をするのは今回が初めてであったが，鑑定作業に入る前に，少なくとも3回は標準資料により試験分析等を行い，その精度について確認した．また，鈴木技官は，ICP-AESの機器の扱いについて，セイコーインスツルメンツ社のICP-AESの開発からアプリケーションまで携わっている技術者から指導を受けた．」(p.103)と書いてある．Kさんによるとこの鑑定は会社として引き受けたものではなくKさん個人として引き受けたものだという．Kさんはカレーヒ素事件の鑑定にかかわっていたことを学会でも発表していた．電話で私の立場を詳しく説明して，当時の資料が欲しいと伝えると，会社を退社する際に，すべて会社に置いてきたので持っていないと答えた．分析部門が他社へ売却された際にKさんも他社へ移った．

　読者は，Kさんから聞いた話に基づく私の説明に納得することはできないはずだ．そうあるべきだと思う．私の話の信憑性の判断は，図表11～13まで保留してもらわなければならない．論理的に順序だてて科警研鑑定書がゴマカシだということを立証するためには，いろいろと複雑な前置きが必要になる．急ぐ人は図表11～13を先に見てほしい．この読み方は，数学書を読

むとき，証明を QED（quod erat demonstrandum 証明終わり）まで飛ばして定理だけ読んでゆく読み方と同じだ．定理の証明は読まなくても直感で正しいことが大体わかる．推理小説のネタバレとは違う．

対ヒ素比を 100 万倍して対数を計算し五角形のレーダーチャートにプロットすることが第 1 のトリックだ．

2002 年和歌山地裁 1 審判決には，上で引用したとおり「他方，鑑定資料 GABCDE と対照資料 4 点との指標 5 元素の含有パターンは明らかに異なっていた．」とも書かれている．この部分から，1 審裁判官が，科警研の第 2 のトリックにだまされたこともわかる．

註 ―――――――

[1] 魚住昭：わき道をゆく第 46 回昔取らなかった杵柄，週刊現代・現代ビジネス，2013 年 8 月 25 日，https://gendai.ismedia.jp/articles/print/36647

[2] この論文がどの論文を指すかは不明だが，2013 年の時点では，科警研が 100 万倍して対数を計算してレーダーチャートにしたことに，私はまだ気付いていなかったので，魚住昭の書いた「対数」はスペクトルの縦軸を対数プロットしたことだと思う．

## ● 科警研の第 2 のトリック

科警研丸茂鑑定書（検甲 1168）の第 2 のトリックは，林家のドラム缶 A と同一の製造会社製でありながら，別のドラム缶（本書では仮に Q と呼んでいる）を入手していたにもかかわらず，その鑑定結果を鑑定書に示さなかったことだ．日本でと言わず，和歌山市内に同一の製造会社製の亜ヒ酸が，林健治がシロアリ駆除業に使っていたドラム缶 A の 1 缶以外に，もし，もう 1 缶でも別にあれば，科警研の異同識別鑑定は異同識別をしたことにならない．

中井鑑定にも同じトリックがあった．中井教授は「濃度や数値で比較するよりも，著者《中井》らが行った以下に示す蛍光 X 線スペクトルの特徴（パターン）による比較の方が，誰がみてもわかることから，異同識別が適切に行えると考える．すなわち，

1）事件に関係した資料はいずれも，Sn と Sb の含有量がほぼ同一であり，Bi は Sn および Sb の数倍多く含まれる．
2）事件に関係した資料はすべて Mo が含まれている.」(p.78)

と 2013 年出版の論文[1]に書いた．1）と 2）という曖昧な条件で亜ヒ酸が同一物だと結論できたのは「類似した特徴を与える亜ヒ酸が当時の国内には，他に流通していなかったからである.」(p.78) と続けて書いている．中井教授のこの異同識別鑑定基準は 1 審で「パターン認識」だと判示された．

パターン認識は極めて高度な情報数理学的方法でありながら，今やスマートフォン（スマホ）の顔認証のように，持ち主を誤りなく見分けてパスワードの代わりに使う人は多い．中井教授が証言した 1 審当時は，スマホは存在しなかったし，顔認証も一般には知られていなかった．「中井教授は，指標 4 元素の含有量について，ピークの高さ（厳密には面積）を数値化するという方法は採らず，ピークの高さをパターンとして認識，分析する（以下，便宜「パターン認識」ともいう.）という手法を採った.」(2002 年和歌山地裁判決 p.135)．中井教授が見た目で亜ヒ酸の異同を識別した「パターン認識」はスマホのパスワードには使えない．美容パック中にスマホを操作する人は多いが，顔認証は顔にパックをしていても持ち主を間違えないそうだ．これこそ個人識別が可能な本当のパターン認識だ．

同じ製造会社製の緑色ドラム缶が国内に林家のドラム缶 A の 1 缶しかないことがわかっていたなら，そもそも亜ヒ酸の異同識別鑑定など不要だったはずだ．

図表 8 の亜ヒ酸は「参考資料として古河機械金属株式会社から入手した亜ヒ酸 2 種（古河 1, 2），住友金属鉱山株式会社から入手したもの 2 種（住友，中国）について同様に 2 回の測定を行った.」(検甲 1168 p.5) ということだから，同じメーカー製でも缶が異なれば古河 1 と古河 2 や「住友」と「中国」のようにレーダーチャートが異なることがわかる．このように同一メーカー製でも対数のレーダーチャートが異なる亜ヒ酸だけを図表 8 に示したのも科

警研のトリックだ．2017 年和歌山地裁決定で浅見健次郎裁判長らは，「科警
研又は中井によって分析された嫌疑亜砒酸以外の亜砒酸の数が 65 点」(p.86)
の中には「嫌疑亜砒酸と同一工場」製でありながらドラム缶 A とは別のド
ラム缶が含まれていないというトリックに気付いたことは先述した通りだ．

　林家のドラム缶入り亜ヒ酸 A と同じメーカー製でありながら，A とは別
の緑色ドラム缶 Q を分析し，科警研が用いた ICP-AES 鑑定方法で区別が
つくことを確認しておくことは異同識別鑑定には必須だ．科警研が用いた
ICP-AES 分析方法で A と Q の区別がつかなければ，鑑定の妥当性は失われ
る．A と Q の区別がつかない理由は 2 つある．(i) 用いた分析装置の精度が
悪すぎる場合と，(ii) A と Q の成分が似すぎる場合だ．(i)と(ii)は相対的だが，
ICP-AES 装置や SPring-8 の分析精度と A と Q の差異との関係を見極める
ことが重要だ．Q に相当するデータは，裁判に提出された鑑定書のどこにも
ない．

　Q は存在した．しかも中井教授も科警研も分析していた．中井 SPring-8
鑑定では A と Q（または G）は区別できなかったが，科警研鑑定（ICP-AES）
では A と Q と G とが区別できていた．

　　註 ————————

　　[1]　中井泉，寺田靖子：和歌山毒カレー事件の法科学鑑定における放射光 X 線分析
　　　　の役割，X 線分析の進歩，44，73-80（2013）．

## ● 亜ヒ酸が希少ではなかった事実

　前節では，異同識別鑑定が可能になる条件として，「類似した特徴を与え
る亜ヒ酸が当時の国内には，他に流通していなかったからである．」と中井
教授が述べたことを引用した．林真須美の夫 健治がシロアリ駆除業に使っ
ていた中国産の 50kg 入り緑色ドラム缶 A（図表 1A）は 1983 年頃大阪の貿
易商社 T 社が中国から同時に輸入した 60 缶のうちの 1 缶だったことが荷印
（日本の倉庫業者が保管物の特定のために貼った紙片[1]）からわかっている．
日中国交正常化は 1972 年だった．1972 年まで日本は中国と国交がなかった．
国交正常化後，日中貿易は拡大し，最大貿易相手国となった．

T社の元社員の供述調書[1]によると，T社は1960年創業の貿易商社(p.2)で，日本から中国へ大型プラントを輸出したり，中国からキクラゲなどを輸入していた．毒物劇物輸入業登録票(p.7)を1972年12月に申請したから，亜ヒ酸を輸入し始めたのは1973年からだという．最後の亜ヒ酸購入契約をしたのが1984年10〜11月ごろで(p.13)，この契約分を輸入したのが1985年だった．1973〜1985年まで年2回，毎回2〜3トンずつを輸入し(p.16)，そのうちガラス工業用途が1〜2トンだった．

　ここでガラス工業用とは，消泡剤として亜ヒ酸をガラスに入れることを指す．だから微量のヒ素の化学分析をするとき，我々分析化学研究者はガラス器具を使わないように注意する．ほんの僅かだが，ヒ素が溶け出す．最近はアンチモンSbも消泡剤に使うようになったので，アンチモンの分析も要注意だ．ヒ素もアンチモンも毒性がある．

　和歌山地方検察庁山口真司検事は，2015年1月30日に和歌山地裁へ提出した検察官意見書[2]で「本件緑色ドラム缶Aは，事件発生の約15年前である1983年頃に購入された古いもので，その頃T社が輸入した亜砒酸は，その大半がガラス加工会社等へ納入されている．K薬品社は，T社から仕入れた亜砒酸を和歌山市内のN商店に納入していたものの，弁護人が掲げる，1か月に1トンというK社からN商店への納入量は，最も注文が多かった1978年頃の数値であり，その後は年々納入量が減少していたことからするとN商店が1983年頃にT社が輸入した亜砒酸を取り扱った量は，本件緑色ドラム缶A以外には，少量になるものと考えられる．そして，そのなかに製造段階が同一，すなわち，同一工場の同一の原料を用いて同一工程で同一の機会に製造した亜砒酸で，製造後の使用方法に由来するバリウムを含有するが，嫌疑亜砒酸とは異なる亜ヒ酸が存在した可能性を一切否定することはできないとしても，確定判決(p.227)も指摘しているように，その可能性は極めて低い．」(pp.3-4)と亜ヒ酸の希少性を主張した．山口真司検事は「その大半がガラス加工会社等へ納入」と述べるが，2〜3トンの内の1〜2トンを「大半」だと言うのはかなり主観的だ．「N商店が1983年頃に……少量になる」と述べるが，「大半」とか「少量になる」とかという山口検事の主

観的な表現は事実を正しく表していない．N 商店の亜ヒ酸購入量は最小でも 50kg ドラム缶単位だった．N 商店はそれを通常は小瓶に分けて売っていた．

　林健治が 1983 年頃に和歌山市の N 商店から購入した 50kg ドラム缶入り亜ヒ酸が，1998 年のカレーヒ素事件の後でさえ，図表 1 の BCDE の透明袋に移されて写真に写っているように，大量に残っているから，シロアリ駆除業を廃業したとはいえ，購入後 15 年たっても使いきれるものではなかったことを図表 1 の写真は物語っている．

　K 薬品工業㈱社長 [3] は，「N 商店からの亜砒酸の注文は，ちょうど第二次オイルショックで経済不安が高まっていた時の 1978 年ころが一番多かったように覚えています．」(p.9)，「N 商店からの注文は，1978 年ころが最も多かったと思うのですが，その当時は，ひと月に 1 トンの注文を受けたり，一回に 50 キログラム缶 10 本の注文を受けたこともあったように覚えています．」(p.11) と供述した．それを山口検事は「1 か月に 1 トンという K 社から N 商店への納入量は，最も注文が多かった 1978 年頃の数値」，「N 商店が 1983 年頃に T 社が輸入した亜砒酸を取り扱った量は，<u>本件緑色ドラム缶 A 以外には，少量になるものと考えられる</u>」と言い換えている．随分とニュアンスの違う言い換えをしたものだ．原典 [3] に当たらなければこの言い換えに気付けない．

　和歌山市の N 商店は，1 か月に 50kg 入りドラム缶で 10 〜 20 缶もの量の亜ヒ酸を販売した．そのころ毎月 10 〜 20 缶売れた亜ヒ酸の多くが，たとえ小分けして販売したとしても，1998 年の事件のころに図表 1 の写真と同じように残っていたとすれば，和歌山市内にはとてつもない量の亜ヒ酸があったはずだ．

　海水と淡水が混じりあう河口付近の汽水域は栄養分が豊富で良い漁場となる．そうした汽水域で亜ヒ酸を使って違法に漁をする者も昔はあったそうだから，亜ヒ酸の用途は多い．

　それにもかかわらず，亜ヒ酸は希少だと裁判で判示された．亜ヒ酸 Q の存在が隠されたからだ．

　和歌山地検山口検事は，G に「バリウムを含有する」ことを重視するが，

後述するように CDEF のヒ素濃度は G より低く，第 7 章の職権鑑定で明らかになるように，酸に溶解するバリウムを含む亜ヒ酸と，酸に不溶なバリウムを含む亜ヒ酸とがあって，紙コップはどちらのバリウムを含有するかを鑑定しなかったから，根拠にならない．山口検事はまた「製造段階が同一，すなわち，同一工場の同一の原料を用いて同一工程で同一の機会に製造した亜砒酸」が希少だと主張するが，同一物だと結論した鑑定は，スペクトルの見た目の「パターン認識」や 100 万倍して対数を計算する方法でごまかした鑑定だったから，「確定判決（p.227）も指摘しているように，その可能性《＝同じ製造会社製で使用方法に由来するバリウムも含有するが，嫌疑亜ヒ酸とは異なるドラム缶だった可能性》は極めて低い．」と山口検事が主張する理由はない．

大阪の貿易商社 T 社は 1973 年か 1974 年ころから 1985 年まで年 2 回，亜ヒ酸を中国から船で大阪港へ輸入していた．K 薬品工業㈱の社長の供述調書[3] によれば，和歌山市の N 商店の先代社長が電話で「亜ヒ酸を何缶入れといてよ」（p.8）と，K 社に注文するたびに，K 社は大阪の T 社に発注し，K 社に届いた 50kg 緑色ドラム缶入り亜ヒ酸を和歌山の N 商店へ届けていた．

註 ─────────

[1]　T 社元社員：『供述調書』検甲 84，1999 年 2 月 10 日．

[2]　山口真司（和歌山地方検察庁検察官検事）：和歌山地方裁判所宛『意見書』2015 年 1 月 30 日．

[3]　K 薬品工業㈱社長：『供述調書』検甲 85，1999 年 2 月 12 日．

## ● 亜ヒ酸は希少だと強弁する和歌山地裁再審請求棄却決定

2002 年和歌山地裁判決では「(2) 東カレー鍋中の亜砒酸との同一性」（p.226）と題して「異同識別 3 鑑定の分析結果からは，東鍋カレー中の亜砒酸が，嫌疑亜砒酸と製造段階において同一であることを推認させる複数の事情が認められた．そして，亜砒酸自体が一般の社会生活において極めて希少であることに加え」「本件青色紙コップがゴミ袋に入っていた状況やゴミ袋が置かれていた状況から考えて，本件青色紙コップ内の亜砒酸が東カレー鍋に混入さ

れた可能性が高いといえることを合わせ考えると，東カレー鍋にはAないしFの亜砒酸のいずれかが，G本件青色紙コップを介して混入された蓋然性が高いといえる.」と判示した．科警研・中井・谷口早川鑑定という独立した「異同識別3鑑定」によって同じ結論が得られたから，その信頼性は高いと判示した.

　一方，2017年和歌山地裁再審請求棄却決定で浅見健次郎裁判長らは「間接事実のうち，(A) 嫌疑亜砒酸とは製造工場，原料鉱石，製造工程又は製造機会が異なる亜砒酸の中に原料鉱石に由来する微量元素の構成が嫌疑亜砒酸と酷似するものが存在せず，嫌疑亜砒酸が製造段階において同一であるとする点，(B) 重記載缶C，タッパーD及びミルク缶Eの各亜砒酸並びに本件プラスチック製小物入れF及び本件青色紙コップ付着の亜砒酸Gに共通して含有されていたバリウムが製造後の使用方法に由来するとされた点の2点については相当性を欠くといわざるを得ず，<u>異同識別3鑑定の証明力が減退したこと自体は否定しがたい状況にある.</u>」（p.151）と異同識別3鑑定には妥当性がないことを認めた.

　ところが希少性に関しては，同じ2017年の決定では希少性を繰り返して述べており，それを決定からすべて引用すれば次のとおりだ．くどすぎることがわかると思う．「<u>亜砒酸自体が希少なものであることに加え</u>」（p.16, 77），「亜砒酸自体が一般の社会生活において<u>極めて希少である</u>とする確定判決の認定（同判決224，227及び887頁）」（p.36），「亜砒酸自体が一般の社会生活において<u>極めて希少である</u>ことをも考慮すれば」（p.101），「亜砒酸自体が一般の社会生活において<u>極めて希少である</u>上」（p.103），「間接事実のうち，<u>亜砒酸自体が希少なものであり</u>」（p.151），「<u>一般家庭にはあり得ない希少な亜砒酸</u>が自治会住民以外の不審者によって混入された可能性はないに等しいし」（pp.152-153），「請求人《林真須美》は，一般の社会生活において<u>極めて希少な亜砒酸</u>を入手することが十分可能な立場にあり」（p.155），「請求人がカレー毒物混入事件発生前の約1年半以内という近接した時期に4回も通常の社会生活において<u>希少な亜砒酸</u>を犯罪目的で使用しており」（p.156），「請求人が入手可能な亜砒酸と東カレー鍋に混入された亜砒酸の組成上の特

徴が一致するということは，確定判決が指摘したとおり，嫌疑亜砒酸とは製造工場，原料鉱石，製造工程又は製造機会が異なる亜砒酸の中に原料鉱石に由来する微量元素の構成が嫌疑亜砒酸と酷似するものが存在せず，嫌疑亜砒酸が製造過程において同一であり，その亜砒酸に含有されているバリウムが製造後の使用方法に由来すると認められる場合と比べれば，その推認力が低下することは否定しがたいものの，とはいえ，亜砒酸自体が一般の社会生活において極めて希少であって，嫌疑亜砒酸と組成上の特徴が合致する亜砒酸を入手することが非常に困難であることに照らせば，その推認力の低下は極めて限定的であって，なお請求人にとって入手可能な亜砒酸が犯行に使用されたとしても矛盾しないという限度にとどまらず，請求人の犯人性を積極的に推認させる間接事実になることは優に認められる.」(p.157).

2002年和歌山地裁判決では「同判決224，227及び887頁」の3か所に加えて892頁で希（稀）少性に言及しただけだったが，2017年和歌山地裁決定では，ここに挙げた通り，希少性をくどいほど繰り返すことによって，異同識別鑑定の減退を補ったわけだ.

しかし検察は林家の亜ヒ酸Aとは別の緑色ドラム缶Qの存在を隠していた.

## ● 科警研はAとは異なる緑色ドラム缶Qを鑑定していた

科警研は林健治がシロアリ駆除業に使っていた緑色ドラム缶Aと同じ製造会社製でありながら，Aとは別の緑色ドラム缶（仮にドラム缶Qとしたことは先述したとおり）を入手し，その上，定量分析も行っていた．科警研が得た定量値は2005年4月号の応用物理学会誌の中井論文[1]に部分的に書かれていた．中井応物誌論文[1]は応用物理学会会員だけがアクセスできるが，中井教授はここで問題にしているデータを，堀場製作所発行のReadout誌にも掲載しており，Readout誌は日本語論文[2]と英訳版とをWebで公開しているので註にはWebのアドレスも示した.

中井応物誌論文[1]には，$100\mu$m大の粒子1個をSPring-8で分析してアンチモンSbがその粒子に10.5pg（ピコグラム），スズSnが7.4pg，濃度とし

て 30ppm 以下含まれていたことが定量できたとする数値が報告されている．しかし SPring-8 では 10.5 や 7.4 という有効数字 2 〜 3 桁もの高精度の定量値は得られない．SPring-8 では 10pg という定量値の前後 1 桁の範囲であることしか言えない．ところが 10.5 という定量値を中井論文のように書けば，10.45 以上 10.55 未満であることを意味する．このような高精度の定量値を得ることができるのは，例えば科警研が鑑定に使った ICP-AES 装置を用いて，250mg というようなバルク量を 5 回採取し，毎回酸溶解して計 5 回の分析を繰り返すような操作が必要になる．そこで中井論文の「定量値『スズ =7.4pg，アンチモン =10.5pg（スズ，アンチモン ＜ 30ppm）』は SPring-8 の測定スペクトルから得られた数値ではなく，ICP-AES など別の分析方法によって得られた数値である」と河合意見書(31)に指摘して 2017 年 12 月 17 日付で大阪高裁へ提出しておいた．

　この河合意見書に対して大阪高等検察庁検察官北英知検事は，「応用物理第 74 巻第 4 号蛍光 X 線分析の現状と展望 458 頁の図 10 に，「1 粒（約 100μm）の亜ヒ酸結晶から得られたスペクトル（おおよその含有量：スズ = 7.4pg，アンチモン = 10.5pg，濃度としては 30ppm 以下）」と記載してあり，スズ及びアンチモンの定量分析がなされている」がこれらの数値は中井教授の鑑定で定量分析したものか？と中井教授に質した．中井教授は 2018 年 4 月 4 日付中井泉回答書[3]で「確かに 2005 年に執筆した「応用物理第 74 巻第 4 号蛍光 X 線分析の現状と展望」458 頁の図 10 に，スズとアンチモンの含有量を数字で載せたことに間違いない．」しかしこれらの数値は「1 辺 100μm の立方体の亜ヒ酸 1 粒の体積を算出し，arsenolite $As_2O_3$ の密度（$3.87g/cm^3$）をかけて，1 粒の質量をもとめ，ICP-AES で科警研が分析したスズやアンチモンの濃度をかけて計算上算出した値である．よって，この数字は解説文をわかりやすくするために科警研の数値を用いて計算したもので，私が定量分析したものではない．」[4]と回答した．この回答書は中井教授が大阪高等検察庁に提出し，それが大阪高等裁判所，再審請求弁護団を経由して河合に届いた．

　この回答書によって，林家の緑色ドラム缶 A とは別のドラム缶 Q を科警

研が ICP-AES で分析していたことが判明した. すなわち第2のトリックは,
林真須美に有利となる証拠亜ヒ酸 Q の隠蔽だ.

　誰が中井教授に Q の鑑定を嘱託したかはわからないが, 中井教授の鑑定
はいつも和歌山地検が鑑定嘱託していた. 科警研の鑑定は, いつも和歌山県
警が鑑定嘱託していた. だから Q のことは, 和歌山地検も和歌山県警も知っ
ていたことになる. 林真須美に有利となる証拠亜ヒ酸 Q を科警研は定量分
析し, また中井教授も SPring-8 で測定していた. Q の存在とその定量分析
値が裁判では隠蔽されていたことが, 中井教授の回答書によって明らかと
なった.

　科警研鑑定書も中井鑑定書も亜ヒ酸 Q の隠蔽という第2のトリックが使
われていた.

[1]　中井泉：蛍光 X 線分析の現状と展望, 応用物理, 74 (4), 453-461 (2005).
　　　応用物理学会会員や購読大学では, http://www.jsap.or.jp/ap/2005/04/index.xml
　　　から論文をダウンロード可能.

[2]　中井泉：物質の過去を X 線で読む物質史, Readout, 33, 38-44 (2007).
　　　http://www.horiba.com/jp/publications/readout/article/x-1682/
　　　からダウンロード可能. この論文は英語版も出版されており
　　　http://www.horiba.com/uploads/media/RE12-08-044_01.pdf
　　　に掲載されている.

[3]　中井泉：『回答書』検3, 2018 年 4 月 4 日, p.3.

## ● A と G と Q の Sn/Sb 濃度比

　2005 年の中井応物論文[1]には中井教授が測定した Q のスペクトルが掲載
されている. 全く同じスペクトルは先述した通りインターネットで自由にダ
ウンロードできる Readout 誌[2]でも見ることができる. Readout 誌のほう
が画質もよい. このスペクトルは, 1) Sn と Sb の含有量がほぼ同一, Bi は
その数倍, 2) Mo を含む, という中井教授のパターン認識鑑定の同一物の
判定基準[3]を満たす. 見た目でパターン認識したら (そういうのはパター

図表 9. Sn/Sb 濃度比.

| 亜ヒ酸 | Sn | Sb | Sn/Sb |
|---|---|---|---|
| A | $23 \pm 3$ ppm | $27 \pm 1$ ppm | $0.85 \pm 0.12$ |
| B | $23 \pm 2$ ppm | $27 \pm 1$ ppm | $0.85 \pm 0.08$ |
| Ca | $22 \pm 2$ ppm | $25 \pm 1$ ppm | $0.88 \pm 0.09$ |
| D | $20 \pm 2$ ppm | $23 \pm 2$ ppm | $0.87 \pm 0.12$ |
| E | $14 \pm 2$ ppm | $16 \pm 2$ ppm | $0.88 \pm 0.17$ |
| G | 25 ppm | 23 ppm | 1.09 |
| Q | 7.4 pg | 10.5 pg | 0.70 |

ン認識とは言わないが）, 中井応物論文[1] の Q のスペクトルは, 林真須美関連亜ヒ酸 A 〜 F とも, 紙コップ付着亜ヒ酸 G とも同一物になる. しかし, 亜ヒ酸の Sn/Sb 濃度比は図表 9 に示す通り, A 〜 E は Sn/Sb = 0.85 〜 0.88, G は 1.09, Q は 0.70 という値だから, Q は, A 〜 E とも G とも異なる.

　中井教授は 1998 年 12 月に記者会見を行なって「亜ヒ酸 8 点は同一」「林真須美容疑者の自宅や, なべに残ったカレーなどから検出された八点の亜ヒ酸が「同一である」と 26 日, 検察から鑑定を依頼された研究者が発表した.」「鑑定にあたった東京理科大理学部の中井泉教授（応用化学）, ヒ素の専門家で聖マリアンナ医科大の山内博・助教授らが, 東京理科大（東京都新宿区）で記者会見した. 鑑定したのは, なべに残ったカレー, 現場近くで回収した紙コップ G, 真須美容疑者の自宅から押収したプラスチック容器 F のそれぞれから検出された亜ヒ酸と, 夫の健治被告＝詐欺罪で起訴＝がかつてシロアリ駆除で使っていたドラム缶 A から取り分けたとみられる五点の亜ヒ酸 A 〜 E. このうち, カレーに入っていた亜ヒ酸 I については, 溶けきらずに残っていた結晶が顕微鏡で初めて見つかった. このほか会見では山内助教授が, 真須美容疑者の前髪から検出されたヒ素は, 三カ月以上前に毛髪の表面に付着し, 亜ヒ酸に由来する無機ヒ素だったことを明らかにした.」[4] と新聞報道された. 中井教授はこの記者会見が弁護団から非難されたから, 2013 年までカレー事件の鑑定書のスペクトルは科学論文に使ってこなかった.

　2013 年の函館の学会発表で, 私は中井鑑定書のスペクトルを示して中井

鑑定の問題点を指摘した．中井教授は，これまでカレーヒ素事件に関係したスペクトルを学術論文等に使ってはいけないと思っていたが，これからは当時の自分の鑑定書のスペクトルを使って河合に反論をしてゆくという趣旨の発言をした．その最初の論文が 2013 年の現代化学誌 8 月号の中井論文[5] だ．現に 2013 年 3 月に出版した X 線分析の進歩誌の中井論文[3] には，A とは別会社の中国産とメキシコ産の亜ヒ酸のスペクトルが掲載されているだけだ．2005 年中井応物誌論文のスペクトルも，A 〜 G などの証拠亜ヒ酸ではなく，事件とは無関係だが中国の同一製造会社製の，本書で Q と呼ぶ緑色ドラム缶入り亜ヒ酸のスペクトルだったことは明らかだ．

2017 年和歌山地裁決定 p.86 によれば対照試料として測定した「65 点」の，事件とは無関係な亜ヒ酸のデータは，中井鑑定書や科警研丸茂鑑定書には掲載されている．本書で Q と呼ぶ亜ヒ酸のデータは，X 線スペクトルもレーダーチャートも定量分析値も，中井鑑定書にも科警研鑑定書にも一切掲載されたことはなかった．河合が指摘するまで誰も気付かなかった．実はある研究者がこの応物誌の定量精度は本当か？と質問をするためにわざわざ京大の私の研究室を訪ねてきたことが，この論文の存在を知るきっかけになった．その研究者は，中井応物誌論文の定量精度を信用して SPring-8 で実験したが，中井論文の定量精度が得られず実験は失敗した．重要な特許などが絡む試料を分析したらしく，実験の内容は一切話してはくれなかったから，巨額の SPring-8 使用料を払ってデータ非公開の条件で測定したはずだ．

中井教授は「類似した特徴を与える亜ヒ酸が当時の国内には，他に流通していなかった」と 2013 年の論文[3] に書いた．2013 年になっても中井教授は Q の存在を隠蔽していたことになる．Q を中井教授のみならず科警研も測定していたことを明かした中井回答書（検 3）は 2018 年 4 月 4 日付だ．大阪高裁へ即時抗告後だ．

中井教授が自分の SPring-8 での定量値を用いることなく，科警研の定量値を盗用して 2005 年の応物誌論文を書いたのは，SPring-8 鑑定精度が異同識別のためには悪すぎたことを自覚していたからだ．応用物理学会会員に対して，SPring-8 鑑定の定量精度を開示したり，「パターン認識」で同一物

だと結論したことを開示したのでは，カレーヒ素事件SPring-8鑑定そのものが成り立たなくなることを中井教授自身が自覚していたからにほかならない．

註 ————————————

[1] 前節の註［1］．

[2] 前節の註［2］．

[3] 中井泉，寺田靖子：和歌山毒カレー事件の法科学鑑定における放射光X線分析の役割，X線分析の進歩，44，73-80（2013）p.78.「科警研の第2のトリック」と題する節でこの論文 p.78 の文章を引用してある．

[4] 朝日新聞，1998年12月27日．

[5] 中井泉，寺田靖子：放射光X線分析による和歌山毒カレー事件の鑑定，鑑定の信頼性に対する疑問に答える，現代化学，2013年8月号，pp.25-31.

## ● 商の誤差の伝播

図表9には，図表5から抜き出したSnとSbの濃度，その商Sn/Sbと商の標準偏差を示した．標準偏差（standard deviation）は $\sigma$（シグマ）というギリシャ文字で表すことが多い．例えば商 $x = u / v$ の誤差（標準偏差）$\sigma_x$ は，誤差の伝播式[1]

$$\frac{\sigma_x^2}{x^2} = \frac{\sigma_u^2}{u^2} + \frac{\sigma_v^2}{v^2}$$

によって見積もることができる．$\sigma_u$ と $\sigma_v$ は $u$ と $v$ の標準偏差又は誤差だ．ここで $u$ と $v$ は図表9に示したSnとSbの相対濃度（ppm，ただし重量基準のppm）でもよいし，絶対濃度（pg，ピコグラム）でもよい．

図表9を見ると，GはA～Eのすべてについて（Sn/Sb）+$\sigma$ をかろうじて上まわり，QはA～Eのすべてについて（Sn/Sb）−$\sigma$ をかろうじて下まわる．つまり，ドラム缶Qや紙コップGの亜ヒ酸のSn/Sb比という数値は，林家の亜ヒ酸A～Eとは，測定誤差ぎりぎりで外れる程度の違いがあった

にすぎず，その異同識別は Sn/Sb 比によるだけでは容易ではないことを意味する．しかし6元素の分析値が得られれば異同識別は不可能ではなくなる．判定元素が多くなるほどより確実な判定ができる．

　先述のユークリッド距離法は，科警研が異同識別によく使う異同識別鑑定方法だが，判定元素数を多くするほどユークリッド距離の差を小さく見せることができるので，違うものを同じだとゴマカすのに都合がよい．

　科警研が分析した Q の複数回の測定値が明らかになれば，Q の測定誤差も判明する．科警研が Q のデータを廃棄していなければ，Sn，Sb 以外にも Se，Pb，Bi，As 等の分析値が科警研には今もあるはずだ．Q の実物もどこかにあるはずだ．

　科警研が行った ICP-AES 分析は，亜ヒ酸 A と G の違いを検知できるだけの精度をもつ．なぜなら，A の Sb 濃度は，図表5によれば 27 ± 1ppm だ．ここで $\sigma$ = ± 1ppm は A の分析誤差を示す．G の Sb 濃度は1回しか測定しなかったが 23ppm だ．しかしこの紙コップ G の 23ppm という分析値は一瞬の針の振れを示すものではなく，「中井放射光鑑定は実質1日と6時間だけだった」と題する節で述べたように，セイコーインスツルメンツ社製 SPS-1700 シーケンシャル型 ICP-AES 装置で分析したものだ．科警研[2]は G の「全量（29.1mg）」を酸に溶解後，「超純水を用いて，2.9 mℓ とし，分析用溶液とした．」サンプル流量 0.5mℓ／分で流したので，「分析用溶液」は 10 倍希釈などして ICP-AES 装置にかけるのが普通だから，十分な繰り返し測定をした結果だ．1回しか測定しなかったというのは，サンプリングが「全量（29.1mg）」1回だったという意味に過ぎない．分析値 23ppm の信頼性は高い．

　G の Sb 濃度は A から 4$\sigma$ 外れた濃度だ．同一物を分析して A の濃度より標準偏差 $\sigma$ だけ低濃度かそれ以下の分析値が計測される頻度は統計学によれば，100 回に 16 回，2$\sigma$ より低い分析値が得られる頻度は 100 回に 2.5 回，3$\sigma$ より低い分析値が得られる頻度は 1000 回に 1.5 回と急減する．A を測定して 23ppm 以下の分析値が得られる頻度は，A の分析を1万回繰り返したうちの数回にすぎない希少な出来事となる．もちろん G もバラックから1

万回に数回の頻度より少し大きくなるし，GはAのヒ素濃度より数パーセント薄いから，それも考慮する必要はある．ところがGのSn濃度はAより$\sigma$だけ濃く．Pbは$4\sigma$薄い．だからSbと合わせて複数の元素が同時に$4\sigma$薄く離れて計測される確率は，上に挙げた頻度をいくつか掛けた確率になり，統計学的にGがAと同一のルーツになる蓋然性は極めて低くなる．科警研はAとGが別物であることを知っていた．だから100万倍や対数などの数値操作を駆使して同一であるかのように見せたのだ．一方で中井教授のSPring-8鑑定は精度が悪く，AとGの違いを見分けることはそもそも無理だった．

異同識別鑑定では，まず，異なる緑色ドラム缶の亜ヒ酸の違いが，鑑定に用いる分析方法によって検知できることを確かめる．次に，同じドラム缶内の亜ヒ酸の分析値のバラツキが，異なるドラム缶の濃度の差より小さいことを確かめる．この2つを確かめて初めて異同識別が可能となる．例えば望遠鏡で百メートル先の人物が見分けられるかどうかをまず答え合わせして，答えが合っていなくては，同一人物だとか別人だとかを判定してはならないのと同じだ．このとき双子が区別できるかどうかというような難しい条件設定は，缶の成分がよく似ていることに相当する．双子でも解像度の良い望遠鏡を使えば，ホクロの位置で識別できる．採用した分析方法に対して，このような事前チェックを行う必要があったし，科警研はこうしたチェックを亜ヒ酸Qによって実際に行っていたから，対数計算などによる隠蔽をしたのみならず，亜ヒ酸Qまで隠蔽したのだ．

中井応物誌論文と中井回答書とによってQの隠蔽が明らかになった．第2のトリックがバレた．

註 ────────

[1] 合志陽一編著：『化学計測学』昭晃堂（1997）p.157.

[2] 丸茂義輝，鈴木真一，太田彦人（科学警察研究所，警察庁技官）：『鑑定書』検甲1168，1998年12月15日．

## ● 大阪高裁の反応

　2020年大阪高裁即時抗告棄却決定は中井応物誌論文に対する中井回答書（検3）の内容にも言及している．「当審で提出された中井意見書（当審検3）によれば，所論《弁護士が提出した再審請求の申立書》が指摘する数値は，中井が，SPring-8により分析した資料の微量さを示すために，科警研の分析結果を用いて一粒の亜砒酸中に含まれるスズとアンチモンの重さを計算上算出した値であることが認められるから，この点についての説明を全く欠き，読む者をしてあたかも実際に本件における鑑定の際に計測した値であるかのように思わせる記載の在り方が，論稿を執筆して外部に発表する者の姿勢ないし倫理的な意味での当否等としてはともかく，所論が指摘する論稿の存在や所論に沿う河合意見書等の新証拠によって，本件で行われた中井異同識別鑑定の信頼性が揺らぐものとはいえない．」（pp.38-39）と述べて再審請求を棄却した．この大阪高裁の決定は，中井応物誌論文が研究倫理にもとる行為であることは認めるものの，倫理問題へすり替えている．中井応物論文の裁判における証拠としての意味は，緑色ドラム缶が別にもう1缶存在し，中井泉回答書（検3）とセットになって，科警研が別のドラム缶の分析をしていたことを立証したことにある．もう一つの意味は，中井鑑定が本来必要な精度がなかったことを中井教授本人も自覚していたことを立証している．だから中井応物誌論文は，科警研の異同識別鑑定にも中井教授のSPring-8鑑定にも，第2のトリックがあったことを立証している．大阪高裁樋口裕晃裁判長らは，この議論に入ることを避けて，倫理問題にすり替えた．樋口裁判長らが認めるように中井教授は倫理的でないから，中井鑑定書の結論も信用できない．

　1審のパターン認識や240倍の積算時間などの中井証言は，裁判というものを完全になめきった証言だ．2020年の大阪高裁決定は，中井教授が倫理的に問題があることを認めたうえで「本件で行われた中井異同識別鑑定の信頼性が揺らぐものとはいえない．」と判示した．大阪高裁樋口裕晃裁判長らは鑑定不正に対して極めて寛容だ．

## ● 鑑定が日本の科学技術に与えた影響

　中井応物誌論文に記載の「スズ =7.4pg，アンチモン =10.5pg」という数値の意味するところは，$100\mu$m 径の大きさの 1 粒の亜ヒ酸粒子に含まれるスズとアンチモンが 0.1 ピコグラムの精度で SPring-8 では秤量できた，という実験事実を主張したものだ．7.4pg とは 7.4/1,000,000,000,000 g（1 兆分の 7.4 グラム）だ．7.4 の意味は 7.35 以上 7.45 未満という意味だ．

　2005 年中井応物誌論文を信じて，SPring-8 を実際に使い，必要な精度の分析結果が得られなかった研究者がいたことは先述した．このような研究者は少なからずいたはずだ．原理的に不可能だと知らず，自分（又は研究グループの大学院生など）の技量が十分ではなかったと思いこんでいたとしたら，気の毒なことだ．

　「スズ =7.4pg，アンチモン =10.5pg」という精度の分析は，応物誌の中井論文が発表された 2005 年にもできなかったし，今（2021 年）でも不可能だ．SPring-8 における亜ヒ酸の異同識別鑑定には，中井応物誌論文の 10.5 という 3 桁の精度が必要だった．この定量精度を達成するためには，科警研が用いた ICP-AES 分析方法では，少なくとも 20mg を分析する必要がある．約 5mg の亜ヒ酸の写真を図表 1 G に示した．「写真 85」という表示のある写真だ．図表 1 G「写真 85」に写った亜ヒ酸粒子はおおむね $100\mu$m かそれ以下の大きさだ．

　中井応物誌論文の間違いを認めないままでは，この分野の分析化学は停滞する．シンクロトロン放射光を用いて中井応物誌論文の精度を出せなかったとき，研究者のスキルのせいにされるからだ．しかし応物誌の精度が出せなかったのは，中井論文に隠蔽や盗用があったからだ．SPring-8 の使用料は決して安いものではない．中井応物誌論文のせいで，多額の研究費や研究者の時間が無駄になってきたはずだ．その研究に携わった多くの研究者の労力のすべてが無駄になったうえ，SPring-8 で実験した研究者には無能のレッテルが貼られた．

## ● SPring-8 の精度が悪い理由

　100 マイクロメートル大の粒子 1 粒をシンクロトロン放射光によって測定
しても、「スズ =7.4pg，アンチモン =10.5pg」という定量値を得ることは不
可能だ．現在（2021 年）でも不可能だ．将来は可能になるかもしれないが，
中井鑑定によって 1998 年にできたことになっているので，もはやシンクロ
トロン X 線分析の高精度化を研究しても単に後追い研究とみなされるに過
ぎない．

　試料から発生する蛍光 X 線の強度は，試料厚さに依存する．厚みによっ
て蛍光 X 線強度がどのくらい変化するかを早川慎二郎広島大学助教授が計
算し本事件の職権鑑定書（職権 6）に掲載した図があるので，図表 10 に示す．
職権鑑定については第 7 章で述べる．

　粒径 100$\mu$m の粒子なら，粒子の中央は 100$\mu$m，粒子の辺縁部は 0$\mu$m の
厚さに近づく．図表 10 を見ると，0 ～ 100$\mu$m の厚さの範囲では，わずかの
厚みの変化でもアンチモン Sb の蛍光 X 線強度が急激に変化していることが
わかる．図表 10 はアンチモン濃度が同じで，異なる厚さの試料から発生す

図表 10.　広島大学早川助教授が計算した亜ヒ酸試料厚さに依存したアンチ
　　　　　モン蛍光 X 線強度の無限厚さの試料に対する比（谷口早川鑑定書，
　　　　　職権 6，図 13）.

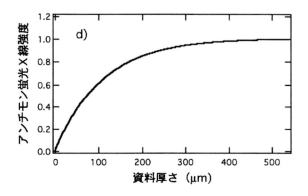

る蛍光X線の強度を早川助教授が計算した図だ．不定形の粒子なら，厚み
は複雑で数値化できない．相対濃度が27ppmであろうが，1粒子の絶対濃
度が10.5pgであろうが，1粒子の測定によって，例えば10.5のような応物
誌の数値を得ることはできない．せいぜい1pg〜100pgの間，という程度
のことしかわからない．それを，10.5という有効数字3桁もの精度があると
論文に書いてあったから，それがSPring-8で得た数値ではなく，ICP-AES
のデータであることが即座にわかったのだ．

　中井教授が科警研のデータを盗用したことを自ら告白した回答書によっ
て，別の緑色ドラム缶Qとその分析値が存在したにもかかわらず，林真須
美を有罪とするのに都合が悪い証拠Qは，裁判に提出することなく隠蔽さ
れていたこともわかった．また科警研と中井教授は，Qの定量値を情報共有
していたことも判明した．

## ●日本化学会「化学と工業」誌中井論文

　日本化学会の会員向けの会誌「化学と工業」誌に，中井教授は「21世紀
は微量元素が主役」と題する依頼論文を2001年に出版した[1]．この論文で
中井教授は「毒カレー事件では，亜ヒ酸（三酸化二ヒ素 $As_2O_3$）に含まれる
微量元素を放射光蛍光X線分析で分析し，犯罪に関係すると考えられる一
連の試料が同一であるとの鑑定を行った．痕跡量《わずかな量》の試料に含
まれる，微量元素の種類と濃度を指紋のように使って異同識別を行った．」
と書いている．指紋は個人を特定できる．亜ヒ酸中の微量不純物元素の種類
と濃度が所有する個人ごとに異なることを利用して，林真須美が犯人だと特
定できたことを述べた論文だ．今なら「DNA型のように」と言い換えるこ
とができるだろう．さすが世界最高強度のSPring-8だ．そんな微妙な定量
分析が可能なのだ．

　しかし中井鑑定は「濃度や数値で比較するよりも，著者《中井》らが行っ
た以下に示す蛍光X線スペクトルの特徴（パターン）による比較の方が，
誰がみてもわかることから，異同識別が適切に行えると考える．」[2]という
ものだったはずだ．「濃度や数値」は使わなかった．カレーヒ素事件の中井

鑑定は「微量元素の種類と濃度とを指紋のように使って異同識別」してはいなかった．化学と工業誌は虚偽の論文だ．

註 ───────

[1] 中井泉：21世紀は微量分析が主役，化学と工業，54（11），1267-1271（2001）．

[2] 中井泉，寺田靖子：和歌山毒カレー事件の法科学鑑定における放射光X線分析の役割，X線分析の進歩，44，73-80（2013）．

## ● ヨーロッパの放射光専門誌の中井論文

中井教授は，国際結晶学連合（IUCr, International Union of Crystallography）発行の放射光専門学術誌に，SPring-8で鑑定に用いたビームラインを使い，カレーヒ素事件の鑑定とほぼ同じ実験条件で，ただし測定時間は40分ではなく500秒で，バリウムの検出下限が3.8ppmであることや，Lu（ルテチウム，原子番号71の元素）が0.5〜10ナノグラムの範囲で極めて高い定量精度があることを報告した論文を2001年に出版した [1]．ナノグラムはピコグラムより3桁重い．この論文の投稿は雑誌1081ページの脚注によれば2000年9月28日だ．カレーヒ素事件鑑定を行った1998年12月から1年半後の論文だ．

公判では「指標4元素の含有量について，ピークの高さ（厳密には面積）を数値化するという方法は採らず，ピークの高さをパターンとして認識，分析するという手法」（2002年和歌山地裁判決p.135）を使ったという証言をしながら，シンクロトロン放射光専門学術誌には3.8ppmなどの定量値を堂々と論文発表していた．見た目で「パターン認識」したなどという論文を専門学術誌に投稿しても相手にされない．見た目のパターン認識を信じるのは確定審の裁判官くらいのものだ．

Lu元素で中井教授が示した定量精度は，住友金属鉱山製亜ヒ酸25缶の中井鑑定（検甲1300）の定量精度と同程度だが，その程度の精度では，カレーヒ素事件の異同識別が困難だったことは図表2〜4で示したとおりだ．Luで定量値を得ていたにもかかわらず，2005年の応物誌論文で科警研のSn，Sb定量値を盗用した理由もここにある．

中井教授は「パターン認識」鑑定が応物学会会員や日本化学会会員や海外

の放射光専門家には通用しないことがわかっていた.

註 ─────────

[1] I. Nakai, Y. Terada, M. Itou, Y. Sakurai: Use of highly energetic（116 keV）synchrotron radiation for X-ray fluorotrace analysis of trace rare-earth and heavy elements, Journal of Synchrotron Radiation, 8, 1078-1081（2001）.

https://scripts.iucr.org/cgi-bin/paper?km2004

https://doi.org/10.1107/S0909049501006410

## ● 緑色ドラム缶 A に由来するのは B〜G のどれか？

中井鑑定にも科警研鑑定にも問題があることを前節までに述べてきた. 先述のとおり，B〜F の亜ヒ酸が，A に由来していることは，証言等から推認できる. そのことを，科警研が描いた図表7のレーダーチャートに頼らずに確かめてみる必要があると思ったのは，2015年の3月だった. 紙コップに一致する亜ヒ酸は A〜F のどれになるかを，科警研が描いた図表7の五角形のレーダーチャートに頼らずに決めてみようと思った.

先天的不純物5元素は均一に混ざっているはずだから，定量値の得られていない F を除いた BCDEG が A に由来するなら，例えば B なら，その Se, Sn, Sb, Pb, Bi, As の6元素の濃度を，A の対応する6元素の濃度で割った値が同じ値になるはずだ. 科警研鑑定書は，A の Se を A の As で割ったが，緑色ドラム缶 A がルーツかどうかを判定するためには，A を基準にして，5つの証拠亜ヒ酸試料 BCDEG の6元素濃度を，いつも A の対応する6元素濃度で割り算して，科警研鑑定書の結論をクロスチェックしてみようと思った.

図表5に示した A〜E と G の6亜ヒ酸の6元素の濃度の，合計36個の数値を，A の対応する6元素の濃度で割り算した数値を河合意見書(2) [1] で表にしてみた. この表は本書では省略するが, その代わりに六角形のレーダーチャートに描いた図表11を示す. ABDE は Se, Sn, Sb, Pb, Bi, As の6元素とも，計測誤差の範囲内で，同じ亜ヒ酸なら6個の商（＝割り算した結果）は同じ数値になった. ところが，C と G は ABDE とは異なる振る舞い

図表11. 検甲1168科警研鑑定書の数値を六角形のレーダーチャートにプ
ロットしたもの（Cbは重記載缶Cの訂正前の数値）.

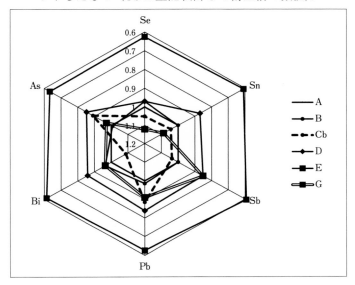

を示した. Aより濃くなる元素さえあった.

　林真須美の夫 健治は，亜ヒ酸を殺虫剤として使う場合，亜ヒ酸に目分量
で体積が同じくらいになるようにセメントやメリケン粉などを混ぜて使って
いたという.

　Aで割ったときの数値によって亜ヒ酸をグループ分けすると {A, B, D, E}
と {C} と {G} の３つに分類できた. 紙コップGは緑色ドラム缶Aをルーツと
するものではないことが判明した. これをわかりやすく示すのが図表11の
六角形のレーダーチャートだ.

　AはAで割るから，６元素とも１を通る正六角形になる. BDEは，その
希釈率に応じて正六角形が広がる. 低濃度ほど外側となるようにレーダー
チャートを描いたからだ. このレーダーチャートは図表5の数値だけから
EXCELソフトで描くことができる. 季刊刑事弁護誌[1]には，高濃度ほど外
側になるレーダーチャートと，軸を逆転させた図表11に相当するレーダー

チャートの両方を示してある．レーダーチャートは外側ほど違いが目立たなくなるから，目盛軸を逆転させて，正目盛と逆目盛の両方で違いをチェックしてみることは必須だ．

　　註
　[1]　河合潤：鑑定不正の見ぬき方(2)　レーダーチャートによるごまかし方，季刊刑事弁護，85，164-170 (2016).

## ● 六角形レーダーチャートの意味

　前節で述べたことも含めて，六角形レーダーチャートからわかることを列挙してみる．

　(ⅰ)　ルーツと考えられる A 緑色ドラム缶は 6 本の軸で 1.0 を通る正六角形になる．

　(ⅱ)　シロアリ駆除業のために，林健治はセメントやメリケン粉等で亜ヒ酸を希釈して用いたが，希釈しても，6 元素は正六角形のままだ．これは，Se，Sn，Sb，Pb，Bi，As の 6 元素が，250mg という量をサンプリングすれば，均一とみなせることを示す．

　(ⅲ)　希釈するほど，正六角形は大きくなる．図表 11 の縦軸の数値は，外ほど薄く，内ほど濃い濃度となるようにプロットしたからだ．

　(ⅳ)　紙コップ G は正六角形から大きくゆがむので，A 緑色ドラム缶は紙コップ G のルーツではない．

　(ⅴ)　紙コップ G の元素 Se と Sn の濃度は A 緑色ドラム缶よりも 1 割濃いことは図表 5 からも図表 11 からもわかる．定量精度からして，A 緑色ドラム缶は G のルーツではあり得ない．

　(ⅵ)　G 紙コップの Sb 濃度は，A より 15 ％低い．Sb の分析誤差は，27ppm の Sb 濃度に対して ± 1ppm であり（図表 5），15 ％の違いは，測定誤差を超える統計学的に有意な違いだ．図表 9 に示した G の Sn/Sb = 1.09 も図表 11 に良く表れている．

　(ⅶ)　図表 9 の商 Sn/Sb は誤差を増幅するが，六角形のレーダーチャートはいつも決まった A で割るから誤差は増幅しない．

(viii)　林真須美関連亜ヒ酸 B 〜 E は，A から分取したことが証言でわかっているが，C を除く BDE のレーダーチャートがほぼ正六角形であることは，その証言を裏付けている．

(ix)　林真須美関連亜ヒ酸 ABDE のレーダーチャートは，ほぼ正六角形だが，正六角形からわずかに歪む理由は，試料内の含有元素のマダラさと定量分析操作の誤差とを合わせたものだ．定量分析操作の誤差のほうが，試料内の元素のマダラさより大きいことが図表 5 の ± $\sigma$ という標準偏差から判明する．混ぜ物が多い DE の方が，混ぜ物をしてない AB より As の標準偏差が小さいからだ．亜ヒ酸 100％の AB の As 濃度の標準偏差は ± 3 〜 4％，混ぜ物が多い亜ヒ酸 DE の As 濃度の標準偏差は ± 1 〜 2％だ（図表 5）．大阪高裁は 2020 年の決定でマダラを主張したが，標準偏差はマダラであることと矛盾する．

(x)　亜ヒ酸 C が正六角形にならなかった理由は，次節で述べる．

(xi)　亜ヒ酸 D の Se も引っ込み過ぎているが，その理由はわからない．科警研鑑定書には数値の誤記もあったから，誤記の可能性も否定できない．Se は比較的定量が難しい元素でもある．

　五角形のレーダーチャートを，六角形にプロットし直しただけで，こんなにもいろんなことがわかり始めた．

## ● 亜ヒ酸 C が正六角形から歪む理由

　重記載缶 C の分析値は図表 5 の脚注に示した通り，2000 年 7 月の公判で訂正された．科警研鈴木真一技官は図表 5 の Ca で示した数値に公判の証言で訂正していた．この訂正に関する部分を 2002 年和歌山地裁判決から引用すれば，「甲 1168 鑑定の鑑定書の定量分析の計測値には，以下の誤りがある．まず，C 重記載缶分取第 1 回は，当初の 5 回の測定の中でビスマスの濃度に一度だけ異常値が出たことから，もう 1 回分析を追加している．このため，重記載缶のデータは，6 回計測され，異常値を除いた 5 回分の数値が基礎になっているが，甲 1168 鑑定の鑑定書では，異常値を含む当初の 5 回分の数値が記載されてしまった．もっとも，異同識別の判断を行った丸茂法科学第

図表 12. 重記載缶 C の訂正後の六角形レーダーチャート.

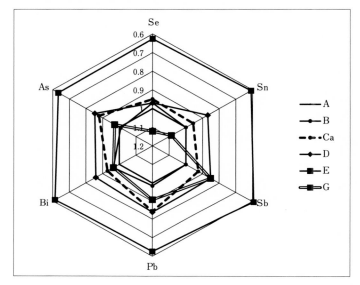

　３部長には，異常値を除いた５回分の計測のデータが渡されているので，こ
の数値の誤りはその後の異同識別の判断には影響していない.」(pp.107-108)
　図表 11 の六角形のレーダーチャートは，訂正前の濃度 Cb を用いて河合
がプロットしたものだった. 図表 5 に Cb と Ca があるのは，それぞれ，訂
正前 (before) と訂正後 (after) の重記載缶 C という意味だ. 鈴木証言に従っ
て数値を訂正し，訂正後の数値 Ca でレーダーチャートを描きなおすと図表
12 となった.
　重記載缶 C の５回のビスマス (Bi) の分析値に１回だけ異常値があった
ことに分析後に科警研丸茂技官が気付き，別の日に，鈴木真一技官を海浜幕
張へ派遣して，重記載缶 C を１回だけ分析しなおした. 異常値を１回含ん
でいたことが図表 11 の重記載缶 C が正六角形から大きく歪み，ひらがなの
「つ」のような形状のレーダーチャートになった理由だ.
　濃度を訂正して描きなおした図表 12 の重記載缶 C は正六角形に近づいた.
しかし歪みはやや残る. 異なる日の分析値は, 一度分析装置の電源を切って,

64　　鑑定不正 —— カレー ヒ素事件

再び分析装置を立ち上げ直したり，別モードの実験が間に入ったりするので，同一日に連続して測定した分析値より誤差は大きくなる．したがって図表12の重記載缶Cが正六角形に近いとはいえ，BDEよりその歪みが大きいことの理由は，別の日に測定したデータが混ざっているからだ．

科警研丸茂技官が気付いたという異常値の原因が明らかにされていないのは問題だ．ノートへの記載ミスか，秤量ミスか，計算間違いか，分析操作ミスだったのか？　一度計測したデータは，そう簡単に間違いだとして棄却してはならないからだ．科警研は異常値の原因がわかっているはずだ．科警研では数値を詳細にチェックした上でミスがどこにあったのかを解明して，もう一度分析をやり直すことに決めたはずだ．

図表12の訂正後の六角形のレーダーチャートを見ると，A～Eは正六角形とみなせるが，紙コップGは逆台形をしている．このことから，紙コップGだけが，林健治がシロアリ駆除業に使っていた緑色ドラム缶Aの亜ヒ酸とは別の緑色ドラム缶に由来するものだと結論できる．レーダーチャートを描くもとになった数値を見たほうが，その違いは明瞭だが，数値は非専門家には理解しづらい．本書ではレーダーチャートを示すだけにするが，「レーダーチャートによるごまかし方」[1]という季刊刑事弁護誌の河合論文の題名どおり，レーダーチャートは誤導しやすいものなので注意が必要だ．

亜鉛Znを加えて7元素のレーダーチャートをプロットしても，A～EとGとはルーツが異なることがわかる[2]．アンチモンSbとスズSnの濃度比だけでも図表9のとおり，A～EとGとQとはルーツがそれぞれ異なることがかろうじて結論できた．こうしてGがA～Eをルーツとするものではないとする根拠が増えれば増えるほど，GがA～Eとは異なるドラム缶に由来するという結論が揺るぎないものとなってゆく．ただし，亜ヒ酸異同識別に使うことができる信頼できる数値は，基本的には科警研丸茂鑑定書の数値しか存在しない．SPring-8谷口早川職権鑑定でもppm濃度は算出されたが，第7章「職権鑑定」で示すように外れ値が多くて誤差も大きいから，実際上，異同識別に用いることはできない．

カレーヒ素事件に関するネットの書き込みを見ると，仮に林真須美が犯人

でなくても，林家の誰かが犯人だったとする説も根強い．しかし，図表11
や図表12の六角形のレーダーチャートが示すとおり，紙コップGの亜ヒ酸
は，林家由来の亜ヒ酸ではないから，林家はカレーヒ素事件とは無関係だ．
林真須美は冤罪だ．

　　註————————

　　[1]　河合潤：鑑定不正の見ぬき方(2)　レーダーチャートによるごまかし方，季刊刑
　　　　事弁護，85，164-170（2016）．

　　[2]　片岡伸行：河合潤・京都大学教授に聞く和歌山カレー事件 "鑑定の闇"（下），
　　　　週刊金曜日，1130号，pp.38-40（2017年3月31日）．

## ● 五角形レーダーチャートのゴマカシ

　六角形のレーダーチャートを描くと，A〜Eの5つの亜ヒ酸に含まれる
Se，Sn，Sb，Pb，Bi，Asという6元素を各5回測定した，合計150個の定量
分析値の中に，重記載缶CのBiの1回の分析値の誤りがあっただけで，図表
11のCが正六角形からゆがんでプロットされたことがわかった．科警研鑑定
書の五角形のレーダーチャート（図表7）の描き方では，訂正前のCbと訂正
後のCaの違いがどのように表れるかを調べてみる必要がある．

　そこで，CbとCaとを，科警研の計算方法に従って，濃度比を100万倍
して対数を計算するという手順でプロットしてみた．それが図表13だ．

　図表13を見ればわかるとおり，訂正前と訂正後のレーダーチャートは重
なる．科警研は図表7が訂正前の数値Cbを使ったものなのか，訂正後の数
値Caを使ってプロットしたものなのかを明らかにしていないが，Cbでも
Caでも，五角形は図表13に示す通り重なるから，科警研鑑定書の対ヒ素比
を100万倍して対数を計算するという数値操作は，異なる亜ヒ酸を同一に見
せるトリックだったことがバレたことになる．

　五角形のレーダーチャートで描けばCbはABDEに重なるにもかかわら
ず，科警研丸茂技官は，重記載缶Cbが異常値を含むことに気付いて，別の
日に，千代田区の科警研からセイコーインスツルメンツ社があった幕張新
都心まで科警研技官を派遣して重記載缶Cの分析を1回だけやり直させた．

図表 13. 重記載缶 C の訂正前後の五角形レーダーチャートの比較.

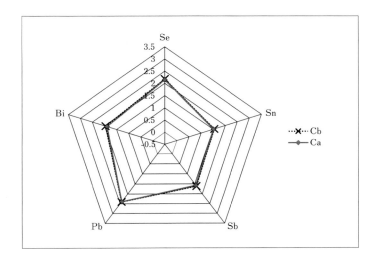

科警研が C の異常値に気付いたということは，当然，G が林家由来の亜ヒ酸 A 〜 E とは異なることにも気付いていたことを意味する．セイコーインスツルメンツの K さんの自慢話を裏付ける鑑定の経緯だ．重記載缶 C は 5 回のうちの 1 回の Bi の数値がおかしかっただけだが，紙コップ G は Sb も Pb も Bi もバラバラに A から濃度が薄くなる一方で，Se と Sn は A より濃度が濃くなるというわかりやすい違いがある.

　科警研は 100 万倍して対数を計算した．これはプロット半径を 6 広げることに相当する．100 万の対数は 6 だ．六角形でも五角形でも，半径が大きくなるようにレーダーチャートをプロットすると，違いを目立たなくすることができる.

　図表 7 の科警研の五角形レーダーチャートを見ると，内側が − 0.5 になっている．0.0 ではない．不自然にマイナス 0.5 からプロットしてあるのも 100 万倍と類似のトリックだ.

　科警研の方法で描きなおした五角形のレーダーチャート図表 13 は重記載缶 C の訂正前後の差異が現れなかった．図表 11，12 の六角形のレーダーチャートでは，訂正前後の差が現れた．この理由をここで説明しておく.

六角形の計算では，ABCDEG を常に A で割り算するから，割り算によって誤差は増幅されない．本質的には A で割る必要すらない．五角形の計算では，A の Se を A の As で割り，B の Se は B の As で割る，という計算を行ったから，この割り算によって誤差が増幅される．すなわち五角形は計測精度を悪化させる効果がある．「商の誤差の伝播」の節で説明したのと同じ式によって誤差が拡大する．カメラ画像に喩えれば，解像度を悪化させることに相当する．対ヒ素比を 100 万倍して対数を計算する，という数値操作をカメラ画像に喩えるなら，高解像度のカラーカメラで撮影したひき逃げ車両の画像に，まずモザイクをかけた上で白黒画像に変換したようなものだ．何段階にも解像度を故意に下げた画像を使って，色も型式も異なる車両をひき逃げ犯の車両だと断定したことに相当する．

　科警研瀬戸康雄副所長は 2017 年「12 月 7 日付け依頼書をもって，大阪高等検察庁検察官北英知検事から」科警研丸茂鑑定書が「指標元素の比較の際，指標元素の対亜ヒ酸比を 100 万倍（1 万倍してさらに 100 倍）して対数を計算した点について」質された．2018 年 3 月 8 日付で瀬戸副所長は「元素プロファイリングの検査結果をレーダーチャートにおいて対数表示することについては，重大な隠蔽があったとは言えない．」と回答[1]した．重大ではないとはいえ，隠蔽を認めたのだ．この告白は重大だ．さらに瀬戸副所長は「丸茂鑑定では，鑑定資料以外に市販の亜ヒ酸製品との比較を行っており，資料間での濃度の差が大きい（100 倍以上）場合には，資料のうち最大濃度を示す資料の値に引きずられて，低い濃度の資料間では却って差が見られないことから，錯覚を与えることになる．絶対表示を用いるか，対数表示を用いるかは，どの資料を比較するか，また資料間での元素濃度の差の程度はどの程度かなどに依存するものである．丸茂鑑定では市販の亜ヒ酸製品との比較を重視して，対数表示を採用したものと思われる．」と回答した．

　ここで瀬戸副所長は「資料間での濃度の差が大きい（100 倍以上）場合」を対照試料として比較したことを述べている．すなわち亜ヒ酸 Q の隠蔽だ．本来は同じ製造会社でありながら A とは別のドラム缶 Q と比較すべきだったことは先述した．しかし瀬戸副所長は，「100 倍以上」濃度が異なる古河 1，

古河2,「住友」「中国」という亜ヒ酸をわざわざ選んで図表8にプロットしたことを回答している.

瀬戸副所長は丸茂鑑定書検甲 1168[2] の鑑定者ではないから「丸茂鑑定では……採用したものと思われる.」とあいまいに回答したが,鑑定者の丸茂元副所長に直接回答させれば「思われる」などとあいまいな回答をする必要はなかったはずだ.科警研は丸茂元副所長になぜ答えさせないのか,不可解だ.北英知検事の問い合わせ(2017 年 12 月 7 日)から瀬戸副所長の回答(2018 年 3 月 8 日)まで 3 か月もかかっている.丸茂元副所長は,誠実な研究者であり,退職後も科警研に指示されて不本意な回答書を書かされ続けてきた.科警研に命令されてウソをつくのはもう嫌になっているはずだ.

註

[1] 瀬戸康雄 (科学警察研究所 副所長):『回答書』検 2, 2018 年 3 月 8 日.

[2] 丸茂義輝,鈴木真一,太田彦人 (科学警察研究所,警察庁技官):『鑑定書』検甲 1168, 1998 年 12 月 15 日.

## ● 盲検試験

2015 年 3 月 28 日付で和歌山地裁へ提出した河合意見書(2)で亜ヒ酸 G と Cb とは緑色ドラム缶 A をルーツとしないことを結論した.訂正前の図表 11 に相当する数値によって判定したからだ.これは医学分野で新薬の効き目などを試験するときに使う盲検試験(ブラインドテスト)にパスしたことに相当する.医学では被検者の患者だけではなく医者にもどれがにせ薬(プラシーボ)かを知らせずに薬効があるかどうかを試験するから,二重盲検試験という.Cb,Ca の場合は医学におけるような厳密な定義はできないが,訂正前の数値を用いて,河合意見書(2)では,C は A をルーツとするものではないと結論し,その結論を裁判所へ提出したから,これは,にせ薬を見抜いていたことに相当する.河合意見書の鑑定方法の正しさを立証している.

カレーに投入された亜ヒ酸 G は,林家の亜ヒ酸 A 〜 E とは関係ない亜ヒ酸だった.それを科警研は知っていて隠蔽した.科警研が知っていたことを示す証拠はこれだけに限らない.「科警研鑑定書の「矛盾はないものと考え

られる.」の意味」と題する節の図表15でこのことは再び触れる.

## ● 裁判官の応答

　1審判決は，科警研鑑定書のレーダーチャートが，例えばSe/As濃度比のような対ヒ素比を計算した後，「対砒素比の平均値を<u>100倍し，元素間の値の差異が大きいことから対数を取って作成したレーダーチャート</u>」をプロットしたと裁判官が誤認して書いてあることは「科警研の第1のトリック」と題する節で先述した．100倍は100万倍の間違いだ．元素間の差異が大きかろうが，対数を計算せずにそのままプロットすればよい．分析化学では濃度を対数で示すことはしない．対数は，セイコーインスツルメンツ社のKさんが自慢するように，紙コップ亜ヒ酸Gを，林家関連亜ヒ酸A〜Eと同一であるかに見せるためのトリックだ.

　図表13を描くためには，科警研が鑑定書で行ったことを忠実に再現してみる必要があった．科警研鑑定書の五角形のレーダーチャートを図表5の数値を使って描いてみると，判決の100倍ではなく，科警研は対ヒ素比（例えばAの[Se]/[As]）を100万倍した後に（1,000,000 × [Se]/[As]），対数を計算して〔log（1,000,000 × [Se]/[As]）〕，その結果を五角形のレーダーチャートに描いていたことが判明した．ここで[Se]という記号は化学で濃度を表すときに広く使われているので，専門家にもわかるように書いてみた．もう少し式変形すると，

$$\log（1{,}000{,}000 × [Se]/[As]）= 6 + \log[Se] − \log[As]$$

となる．log[As]は亜ヒ酸A，B，C，D，E，Gごとに異なる．理系ならこの式が何を意味するか理解できるはずだ．こんな式を異同識別鑑定に用いてはならない.

　濃度比を100万倍して対数を計算するのは，異なる亜ヒ酸を同一に見せるためのゴマカシだと，河合意見書で指摘すると，和歌山地裁浅見健次郎裁判長らは2017年の再審請求棄却決定で，「河合は，科警研の異同識別鑑定において，レーダーチャートが作成された際，前記各元素濃度を100万倍して

対数をとるというデータの操作により，G 本件青色紙コップの亜砒酸のルーツが A 緑色ドラム缶ではないことが隠蔽された旨指摘する．確かに，同鑑定に係る鑑定書が作成された際，鑑定資料 G 及び同 A ないし E 等の重元素レーダーチャートに記載された前記各元素濃度に係る数値は，測定値そのものではなく，砒素濃度を1万とした数値に置き換えた上で 100 倍して対数を取ったものである（第 1 審甲 1168）．しかしながら，前記測定値が砒素濃度を 1 万とした数値に置き換えられたのは，砒素濃度を 1 とした数値に置き換えられたのでは小数点以下の桁数が大きくなるためである．さらに前記数値が 100 倍されたのは，小数点以下の数値のまま対数を取ったのではマイナスと表示されて見にくくなるためである．また，対数が取られたのは，同 A ないし E 及び G 並びに対照資料とした 4 種類の亜砒酸（古河 1，古河 2，住友，中国《図表 8 参照》）の指標 5 元素に係る元素濃度の平均値が広い範囲にわたっており，それを一つの図に書けるようにするためである（第 1 審甲 1168，第 1 審 32 回公判丸茂義輝証言 82 ないし 88 頁）．このように前記レーダーチャート作成の際に測定値がそのまま記載されなかったことには合理的な理由があるといえる．よって，前記レーダーチャートの作成において科警研に隠蔽の意図があったとは認められず，河合の前記指摘は理由がない．」（p.95）と判示した．これはまた見事な It is true… However 構文によって私の意見書を否定したものだ．1 審で 100 万倍を 100 倍と間違えていたことさえ「1 万とした数値に置き換えた上で 100 倍して対数を取ったもの」などと不思議な表現に変え，この期に及んでもなお「100 万倍」であることを認めようとしない．2002 年和歌山地裁判決は，科警研鑑定書検甲 1168 の記述に従って「100 倍」だと間違えた．検甲 1168 は当初 ppm 単位で分析値が書かれていたはずのところ，いろいろと数値操作をするうち，「× 100ppm」という不思議な単位で定量結果を書き直し，その後，A ～ E，G のヒ素濃度をすべて「10000」に換算した．例えば 0.7695＝76.95％という A のヒ素濃度数値を 10000 としたのだ．だから，2017 年和歌山地裁再審請求棄却決定の「1 万とした数値に置き換えた上で 100 倍して対数を取ったもの」は科警研の数値操作と順序が逆だ．正しくは 100 倍した濃度を鑑定書の表 2 と表 3 に示し

たうえで，さらにその後，1万に換算した数値を表4に示したのが科警研の
やったことだ．こんなことをしなくても，本書の図表5に示した通り，化学
分析で用いる ppm や％を使えば「小数点以下の桁数が大きくなる」ことは
ない．浅見裁判長らは科警研鑑定書を読まずに，あるいは理解できないまま，
決定を書いたことは明らかだ．

　A〜E，Gのヒ素濃度を，ヒ素が濃くても薄くても，濃度をすべて1万と
したことで，薄いヒ素を紙コップに汲むとヒ素が濃くなるという誤った判示
の原因となった．それを「合理的な理由があるといえる」と 2017 年になっ
ても強弁するのが和歌山地裁浅見裁判長らだ．

　京大のある先生と学内の委員会で隣席したとき，「× 100ppm」という表
記をどう思うか聞いたことがある．その先生は学生実験で「× 100ppm」
というような単位は使わないように指導していると教えてくれた．「×
100ppm」と書いた場合，100 倍すれば ppm になるのか，100 で割れば ppm
になるのかを判断できないからだと教えてくれた．科警研の鑑定書でも，鑑
定書だけでは 100 倍するのか 100 で割るのかを決めることはできない．例え
ば緑色ドラム缶Aは亜ヒ酸 100％だろうという常識を使って「× 100ppm」
という単位で示された数値を 100 倍するか 100 で割るかを確認したうえで，
図表5では ppm に換算した．

　科警研は試行錯誤で数値操作をしている間に修正し忘れた数値を鑑定書に
残したまま提出した．それが「Bミルク缶分取第1回のビスマスの標準偏差
は，甲 1168 鑑定の鑑定書には 3.2 と記載されているが，これは，0.032 が正しく，
鈴木技官が同鑑定書添付の表を作成する際に桁を間違えたものである．」（2002
年和歌山地裁判決 p.108）などの痕跡となって鑑定書のあちこちに残っている．
痕跡として残った「0.55 ± 3.2」の 3.2 は ppm だ．もともと「55.? ± 3.2ppm」
のように書いてあったのだ．ここで「分取第1回のビスマスの標準偏差」と
裁判官は判決に記載したが，1回の分析値から標準偏差を算出することはない．
図表5でGの分析値に標準偏差を併記してない理由だ．「分取第1回のビス
マスの標準偏差」という判決の文章から，裁判官は統計を理解しないことが
わかる．なにも大学の教養課程レベルの統計学を要求しているわけではない．

高校レベルの統計さえ理解しないのだ．こんな文章を判決に書いているようでは専門家証言のほとんどを１審裁判官は理解できなかったはずだ．

　科警研は，本章で述べたゴマカシの手法を駆使して鑑定書を書いていた．証言した科警研技官は国家公務員試験を合格した警察庁キャリア官僚だ．不思議なことに裁判官は科警研技官の言いなりだ．ただし鑑定書に掲載された数値は実験により得られた数値であり捏造はない．だから嘘はない．誤記や隠蔽があるだけだ．ある程度の学力があれば見抜くことができる数値操作を用いたにすぎない．しかし不正は不正だ．本章で例示したように，データの捏造を行うことなく，鑑定をゴマカす手法に習熟することは，一朝一夕にできることではない．中央省庁の官僚も年金統計や経済統計から自在に結論を導き出す能力に長けている．警察庁の官僚も例外ではないことがわかる．他の事件の鑑定書でも，科警研は，このようなトリックを駆使して，無実の人を犯人にしているおそれは否定できない．カレー事件という一つの特殊な事件の鑑定不正は，この事件だけにとどまらないはずだ．

　裁判官は，１審では警察庁技官の言うなりの判決を書いた．2002年の判決で小川育央裁判長らは「もっとも，異同識別の判断を行った丸茂法科学第３部長には，異常値を除いた５回分の計測のデータが渡されているので，この数値の誤りはその後の異同識別の判断には影響していない．」などという科警研の間違いを正当化する文章さえ記載している．それでも，１審小川裁判長らが五角形のレーダーチャートに騙されたことはまだ容認できる．極めて巧妙なトリックが使われていたからだ．

　ところが，再審請求審で私がそのゴマカシを暴いても，裁判官は，科警研技官のゴマカシを正当化するための文章を，証言や鑑定書から探してきて，強弁する決定を書き始めた．

　和歌山地裁浅見健次郎裁判長らは，科警研が「レーダーチャート作成の際に測定値がそのまま記載されなかったことには合理的な理由があるといえる」（2017年和歌山地裁決定 p.95）とまで述べて100万倍や対数などの不正な数値操作を弁護する決定を書いた．しかし科警研瀬戸副所長は，和歌山地裁の2017年3月29日の決定から約1年後の2018年3月8日には「レーダー

チャートにおいて対数表示することについては，重大な隠蔽があったとは言えない.」と大阪高検を通じて大阪高裁へ回答した[1] ことは「五角形レーダーチャートのゴマカシ」と題する節で指摘した. 合理的ではない隠蔽があったことを認めざるを得ないところまで瀬戸副所長は追い込まれ，隠蔽を認めた. 和歌山地裁浅見裁判長らが「前記レーダーチャートの作成において科警研に隠蔽の意図があったとは認められず，河合の前記指摘は理由がない.」「レーダーチャート作成の際に測定値がそのまま記載されなかったことには合理的な理由があるといえる」（2017 年和歌山地裁決定 p.95）という判示は，科警研を弁護しすぎだ.

　林真須美は一貫して無実を主張してきたから，裁判官の書く決定のひどさと，科警研副所長以上に科警研鑑定不正を過剰に弁護する裁判官とを際立たせてしまった. これが日本の裁判所の日常だ.

　　註 ──────────

　[1]　瀬戸康雄（科学警察研究所副所長）：『回答書』検2，2018 年 3 月 8 日.

## ● 工学倫理の講義

　私は京都大学工学部 4 回生に「工学倫理」の講義をローテーションで数年おきに講述している. 100 万倍や対数の事例を説明すると，京大生はすぐにこれが許されない不正行為だと理解する[1,2]. だから講義ではただ単に科警研が行った数値操作手順と判決とを淡々と講義することにしている. 工学部 4 回生が講義を聞いて見抜くほどこれらの鑑定書は粗悪だから，林真須美が自白していたら裁判に提出されなかった可能性すらある[3].

　重要な検察側鑑定書にはたいてい鑑定不正があったことを，鑑定から二十数年後の現在，次々に指摘している. そのような鑑定不正の多くは専門的過ぎるので本書から割愛した. 本書で指摘した鑑定不正はわかりやすい一部のものに限られる. まだこれで終わりではない.

　「工学倫理」の講義をしてみて気になったことがある. 「鑑定結果をゆがめようとする圧力を列挙し，そのうちどれが一番手ごわいか論ぜよ」というレポート課題を講義の最後に出してみた年がある. どんなレポートが提出されるかは，

全く予想していなかった．約 170 人が提出したレポートを読んでみると，多い順に，国家権力，マスコミ，暴力団，外国政府，弁護士，検察の圧力などが挙がっていた．国家権力を恐れる学生が最多だった．暴力団よりマスコミの方が真実を歪めると見ている．講義で挙げた例は，カレー事件以外に，白鳥事件やナイロンザイル事件など，国家権力が干渉するとは思えない事件ばかりだ．現代の学生は些細なことにもビクビクしながら生きるようになってしまったようだ．

**註**

[1] 河合潤：鑑定不正の見抜き方(2)　レーダーチャートによるごまかし方，季刊刑事弁護，85，164-170（2016）．

[2] 河合潤：「工学倫理」講義の題材としての科学鑑定，全国日本学士会会誌 ACADEMIA，148，33-40（2014）．
https://www.researchgate.net/publication/349902382

[3] 河合潤：自白させるための虚偽鑑定，さらに見つかった和歌山カレーヒ素事件の鑑定不正，季刊刑事弁護，98，73-77（2019）．

# 第4章 科警研鑑定と中井鑑定の関係

　前章では科警研は異なるルーツの亜ヒ酸であることを知った上で，（i）ヒ素に対する濃度比を，（ii）100万倍して，（iii）対数を計算し，（iv）五角形のレーダーチャートにプロットして，異なる亜ヒ酸を同一物であるかのように見せていたことを説明した．亜ヒ酸の異同識別には必須とも言うべき，異なる緑色ドラム缶Ｑの存在を隠蔽していたことも見破った．

　本章では，東京理科大学中井泉教授が，科警研鑑定書の内容を熟知した上でSPring-8鑑定を行った事実とその意味を論ずる．中井鑑定は，その鑑定精度からは決して結論することができない結論をした鑑定だった．すなわち，鑑定をしたフリだけだ．科警研鑑定書をカンニングした鑑定だ．科警研鑑定から独立した鑑定ではなかった．鑑定とさえ呼ぶことができない．これまで何度か言及した瀬田季茂科警研元副所長が中井鑑定に厳しい理由だ．瀬田元副所長は科警研丸茂鑑定書の細部までは知らないはずだし，仮に知っていたとしても科警研鑑定書には対数などの数値操作が明示してあるから不正な鑑定だとは思っていないはずだ．

## ● 河合論文の中立的な指摘

　図表14に示したのは，私が再審請求弁護団に2010年9月に初めて会い，それから1年をかけて読んだ鑑定書のリストだ．鑑定書によっては三百ページを超えるものもあった．

　裁判の証言を記録した公判調書にも一通り目を通したが，鑑定人の公判調書は百ページを超えるものが多く，鑑定書等の該当箇所を見ながら証言速記録の隅々まで目を通すことは不可能と言って良い．本書ではＡ～Ｉで亜ヒ酸の記号を統一したが，裁判所の判決，検察の論告，各鑑定人の鑑定書など，

図表14. 裁判に提出された主な鑑定書.

| 請求番号 | 鑑定人 | 鑑定書日付 |
|---|---|---|
| 検甲第5号証 | 科捜研 (野上靖生ら) | 1998年 9月 6日 |
| 10 | 科捜研 (野上靖生ら) | 10月15日 |
| 14 | 科捜研 (野上靖生ら) | 10月18日 |
| 19 | 科捜研 (野上靖生ら) | 10月18日 |
| 23 | 科警研 (鈴木真一ら) | 12月22日 |
| 49 | 科警研 (丸茂義輝ら) | 12月24日 |
| 52 | 科警研 (丸茂義輝ら) | 12月25日 |
| 63 | 山内博 (頭髪鑑定) | 1999年 3月29日 |
| 1160 | 科警研 (瀬戸康雄ら) | 1998年 9月30日 |
| 1163 | 科警研 (杉田律子ら) | 10月20日 |
| 1165 | 科警研 (鈴木真一ら) | 12月 3日 |
| 1168 | 科警研 (丸茂義輝ら) | 12月15日 |
| 1170 | 中井泉 (亜ヒ酸異同識別) | 1999年 2月19日 |
| 1193 | 科警研 (瀬戸康雄ら) | 1998年 9月 3日 |
| 1232 | 中井泉 (頭髪鑑定) | 1999年 7月23日 |
| 1285 | 科警研 (丸茂義輝ら) | 4月26日 |
| 1287 | 中井泉 | 2000年 3月28日 |
| 1292 | 中井泉 | 3月28日 |
| 1294 | 中井泉 | 3月28日 |
| 1297 | 科捜研 (野上靖生ら) | 3月 3日 |
| 1300 | 中井泉 (住友製亜ヒ酸25缶) | 3月28日 |
| 1303 | 科捜研 (丸茂義輝ら) | 12月25日 |
| 1310 | 科捜研 (鈴木康弘ら) | 12月25日 |
| 1444 | 科捜研 (野上靖生ら) | 7月13日 |
| 1522 | 科警研 (鈴木真一ら) | 11月22日 |
| 1529 | 科捜研 (野上靖生ら) | 12月18日 |
| 職権5号証 | 二宮利男ら | 2001年 9月26日 |
| 6 | 谷口一雄・早川慎二郎 (再鑑定書) | 11月 5日 |
| 7 | 谷口一雄・早川慎二郎 (補充) | 11月15日 |
| 8 | 谷口一雄・早川慎二郎 (訂正) | 11月22日 |

文書ごとに異なる英文字や数字を使ってある. 弁護団が作成した証拠亜ヒ酸の記号の対応表は大いに役立った. ノートを取りながらこれらの資料を読んでいる弁護士もいて, とてもまねできないと思った. 私の場合, 興味の向くままに乱読しただけだ.

しかし, 裁判の文書を読む経験は初めてだったのでかなり熱中して読んだ

と言ってよい．テレビドラマとは違って裁判官が公判で何も発言しないことに気付くという新鮮な驚きもあった．標準偏差が理解できないようでは質問もできなかっただろう．私のような分析化学研究者が鑑定人の証言を読むと，ウソをついていることがすぐにわかるので，時のたつのもつい忘れて読み進んだ．必ず行うべきブランク試験さえせずに分析していることもわかった．1年を隔てて測定した亜ヒ酸のスペクトルをもとに異同を判定した鑑定書さえあった．しかも共通の亜ヒ酸試料さえ測定していなかった．借りた装置を用いた鑑定では，遠慮したからなのか，よく理解しないまま鑑定していることもわかった．科警研が所有しない装置を使った鑑定は要注意だ．科警研鑑定書（検甲49）には酸性をアルカリ性だと間違えた部分さえあった．証言の中で鑑定人が訂正しているにもかかわらず，再審請求審では，公判調書の訂正を取り入れずに決定を書いた裁判官もいた．熱中する理由がわかってもらえると思う．ただし興味の趣くままに読んだから，系統的でもなく，網羅的に読んだわけでもない．そのため，10年経た今でも，読み飛ばした文章を読んだり，再読したりすると，そのたびにまた新しい発見がある．第一次再審請求審で新事実を出し切ってしまうことを心配する弁護人もいたが，ゴマカシは際限なく見つかる．慣れてきたからゴマカシを発見する頻度は高くなった．

　図表14に列挙した鑑定書を読む作業を約1年行い，2011年秋ごろから書き始めて，2012年3月に出版したカレーヒ素事件に関する最初の河合論文[1]では，「中井鑑定では，丸茂鑑定でBiなどが検出されたということを知った上でビームラインの選定を行った．」中井鑑定は「丸茂氏の鑑定結果を知った上で確認実験を行ったものである．」「通常広く信じられているような，犯人逮捕につながる決定的な分析は，SPring-8で初めて得られたわけではなく，すでに丸茂鑑定によるICP-AES分析で出されていた．この点，丸茂鑑定をもっと高く評価すべきであると考える．丸茂鑑定は5元素の濃度のレーダーチャートが一致することを示しており信頼性は高い．」（p.67）と書いた．私も最初の論文[1]を書いた2011年ころには（出版は2012年3月），科警研丸茂鑑定書の五角形のレーダーチャートにだまされていたことがよくわかる文

章だ.

　しかしこの河合論文[1]に対して，2012年11月2日に名古屋大学で開催
された第48回X線分析討論会において，中井教授は激烈な反論講演を行っ
た．この名古屋大学の中井教授の講演の質疑応答の時間に質問したところ，
(i) 中井鑑定は，紙コップの亜ヒ酸G，カレー鍋の中に発見された亜ヒ酸I，
和歌山の関係者宅から集められた亜ヒ酸A〜Fの合計8種の亜ヒ酸が，す
べて同じ起源であることを，Mo，Sn，Sb，Biのパターン認識によって証明
したこと，(ii) 関係者宅から集められた6種類の亜ヒ酸A〜Fのうちのどれ
を紙コップGで汲んだかを鑑定した訳ではなかったことがわかった．11月
2日の討論会に出席した日本全国のX線分析研究者の多くは，事件当時複数
の人が管理していた亜ヒ酸A〜Fのうちのどの亜ヒ酸をカレーに入れたの
かが，2001年の「化学と工業」誌中井論文に「微量元素の種類と濃度とを
指紋のように使って異同識別を行った」と記載された通りに特定したものだ
と思いこんでいたから，これには衝撃を受けた．X線分析討論会の参加者に
は「化学と工業」誌を購読する日本化学会の会員も多い.

　名古屋大学の中井反論講演を聞いているうちに，亜ヒ酸A〜Fに含まれ
る軽元素を鑑定に用いて，紙コップGがA〜Fのどの亜ヒ酸に由来してい
るのかを確定できるはずだと思った．裁判で弁護団に開示された蛍光X線
スペクトルの生データを解析しなおして軽元素の蛍光X線強度を整理した
論文[2]を発表した．軽元素が多く混ざっている亜ヒ酸は，ヒ素濃度が低い
ので，ヒ素濃度が低い亜ヒ酸を紙コップで汲むとヒ素濃度が濃くなるとい
う1審判決の矛盾に気付くきっかけとなった．軽元素の河合論文は2013年
3月に出版されたが，その中で「私《河合》自身もH氏が犯人の可能性が最
も高いと，当時のテレビ報道を見て，今でもそう信じている．しかし，Fe，
Zn，As，Mo，Baを解析し直した結果は，H氏が犯人ではないことを示してい
る．」「Moを定量的に議論するとつじつまが合わないので中井鑑定では「パ
ターン認識」としたのではないかと思われる．『異同識別に適した元素として，
アンチモン，錫，ビスマス，モリブデンを選択した理由は，アンチモン，ビ
スマスはヒ素と化学的性質が似ており，亜ヒ酸の結晶中でヒ素を置換して固

溶体を形成しており，一方，錫，モリブデンも原料鉱石に含まれる元素であって，いずれの元素も製造後の汚染や人為的に混入されたものではないと考えられるからである』と中井鑑定書には記述《記載》されている．Mo が不均一で，資料ごとにばらつく理由の合理的な説明であるとは言えない．」(p.178) と書いた．モリブデン Mo は後に図表 21 で明らかになるように，Se，Sn，Sb，Pb，Bi と同様に，「原子レベルで均一」(2014 年和歌山地裁『鑑定及び証拠開示命令の申出について』[3]) に亜ヒ酸に混ざった元素だった．

この河合論文[2]の出版は 3 月 31 日だったが，そのゲラ刷りを基にして再審請求弁護団は記者会見を行い，1 審の鑑定に問題があることが，2013 年 3 月 10 日の新聞各紙に取り上げられた．「大阪市内で記者会見した弁護団の安田好弘弁護士によると，補充書では「裁判で証拠とされた鑑定のデータを専門家が分析した結果，（林死刑囚宅の）台所から見つかったとされる容器内のヒ素 F と，カレーに混入する際に使ったとされる紙コップ内のヒ素 G は別物とわかった」などと主張，再鑑定を求めている．」(読売)，「同補充書などでは，カレー鍋へのヒ素混入に使われた紙コップ G と林死刑囚宅から見つかったプラスチック製容器 F の各付着物についての検察側の鑑定結果は，それぞれの亜ヒ酸がいずれも中国産であるとしても矛盾がないことを示しただけであり，鑑定を重視するのは誤り－などと指摘した．」(毎日)，「確定判決は鑑定結果などに基づき林死刑囚が紙コップ G を使って，自宅にあったヒ素をカレー鍋に混入したと認定した．しかし，京都大大学院の河合潤教授（分析化学）が鑑定結果を分析したところ，ヒ素の特徴が異なる部分が見つかったとし，ヒ素は同一でないとの結果が出たという．」(産経)，「弁護団は河合教授の論文を提示し，「化学的に見て，同じものとは言えない」として，再鑑定の必要を訴えた．」(京都新聞)，「弁護団は 9 日，毛髪の鑑定データをめぐる証拠開示命令申立書を地裁に提出したと明らかにした．全データ開示を検察に求めている．」(朝日) などと報道された．

私自身は記者会見に同席しなかったので，これらの新聞記事から弁護団の主張を知った．安田弁護士らは，再鑑定の必要性を訴えたにすぎず，非常に控えめな要求だったことが記者会見翌日の新聞からわかる．これらの記事を

見て，東京化学同人と化学同人（京都）の2社から連絡が来た．カレーヒ素事件鑑定に関してそれぞれの出版社が発行する月刊誌の現代化学誌と化学誌への執筆依頼だ．僅差で東京化学同人からの依頼が早かったので，京都の化学同人編集者には，同じ内容の論文は書けないと説明して執筆を辞退した．

　東京化学同人はもともと米国の大学の分厚い化学教科書を翻訳出版することが目的の出版社で，化学同人（京都）とは関係ないそうだ．東京化学同人発行の『ムーア物理化学』や『モリソン・ボイド有機化学』，京大出身の先生たちが書いた化学同人（京都）の『量子化学入門』が私の学生時代の教科書だった．

　2013年5月中旬に発行された東京化学同人の現代化学誌の河合論文[4]では「科学警察研究所の丸茂さんたちがICP-AES（誘導結合プラズマ原子発光分光法）で分析したFeとZn濃度の分析結果はSPring-8で中井さんが測定したスペクトルの中に私《河合》が見つけたFeとZnのピークの傾向によく一致しています．ただ残念なことには，丸茂鑑定では台所プラスチック容器Fが分析されていませんでした．今後，新たな分析を行い，台所プラスチック容器Fと紙コップGが一致するか否か，したがってH氏が<u>有罪</u>か否かの決定的な証拠を得ることが必要です．」さらに続けて，Fe（鉄），Zn（亜鉛），Ca（カルシウム），P（リン），Al（アルミ），Mg（マグネシウム），Na（ナトリウム）などの軽元素や小麦粉成分のうちの「もし一つでも違っていたら，《Fの》洗浄によって成分比が変化したことを証明しない限り，逆に<u>無実</u>の証明になります．1998年当時，世界に誇るSPring-8で犯人が確定したということになってしまったので，こうした軽元素の分析が軽視されたのは残念なことでした．」（p.46）と中立的に述べた．現代化学誌編集室も偏った表現にならないようにアドバイスしてくれ，原稿を何度も書き直した．

　これらの河合論文[1,2,4]は，中井教授の鑑定が虚偽だと指摘したものではない．私は中立を心掛けて慎重に執筆した．上で引用したとおり「H氏が犯人の可能性が最も高いと，当時のテレビ報道を見て，今でもそう信じている．」[1]とさえ書いたものもある．再審請求弁護団も「再鑑定を求めている」（読売），「鑑定を重視するのは誤り－などと指摘した」（毎日），「再鑑定の必要を訴え

た.」（京都新聞）などと報道されたとおり，再鑑定の必要性を記者会見で訴えたにすぎない.

中井教授は，こうした中立的な河合論文に対して再び激烈な反応を示し，自ら当時の鑑定の矛盾をさらけ出すことになった. 本章の以下では中井鑑定が科警研鑑定書のカンニングに過ぎなかったことを示してゆく.

註 ──────────

[1] 河合潤：和歌山カレー砒素事件鑑定資料──蛍光 X 線分析，X 線分析の進歩，43，49-87（2012）．https://www.researchgate.net/publication/312291256

[2] 河合潤：和歌山カレーヒ素事件鑑定資料の軽元素組成の解析，X 線分析の進歩，44，165-184（2013）．https://www.researchgate.net/publication/312315547

[3] 浅見健次郎，溝田泰之，森優介（和歌山地裁判官）：『鑑定及び証拠開示命令の申出について』2014 年 6 月 30 日.

[4] 河合潤：和歌山毒物カレー事件の鑑定の信頼性は十分であったか，現代化学，2013 年 6 月号，pp.42-46.

## ● 函館市で開催された分析化学討論会の論争

私は日本分析化学会主催の第 73 回分析化学討論会（函館市，2013 年 5 月 19 日）で，「和歌山カレーヒ素事件鑑定資料の軽元素解析」[1] と題する発表を行った. これは講演を申し込んで発表する一般講演だ. この発表は，函館の有名なレストラン五島軒で開催された学会の大懇親会の翌朝，朝一番の講演だったから，閑散とした講演会場になると思っていた. 以前，同じ分析化学会で私の研究室の博士課程院生が朝一番の発表に当たったときは，講演会場には，座長と私と発表者の院生以外に，2 番目の発表者しかいなかったことがある. 函館では 2 次会，3 次会に行った人も多いはずだ. 会場が函館の中心部からバスで数十分かかる北大函館キャンパス（水産学部）だったので，遅刻しないように講演開始の 1 時間近く前に会場へ到着した. すると，続々と聴衆が増えて会場は満席になり，立ち見も出るどころか，廊下にも聴衆があふれた. 座長の提案で，講演開始の 15 分前に第 1 回目の講演を行い，その後，聴衆を入れ替えて，正規の講演時間にもう一回同じ講演を行うことに

なった.

　金沢工業大学露本伊佐男教授は，ツイッター[2]に次のように書いた.「分析化学討論会＠函館.　今日 9:00 ～ 9:15 に河合潤京大教授の「和歌山カレー ヒ素事件鑑定資料の軽元素解析」という発表があった.　前評判もあってか，朝一なのに 8:30 の段階ではほぼ満席.　8:40 頃には立ち見も出たので，座長の発案で，8:45 から同内容を 2 回講演してもらうことになった.」「9:00 に聴衆を入れ替えるという読みだったが，誰も帰らないので，机を端に寄せて立ち見用スペースを作り，着席 60 名，立ち見 60 名ほど，ざっと 120 人程度となった.　当の中井東京理科大教授は，講演前には河合潤先生の隣に座り，講演を最前列で聴いてらした.」「質疑応答の時間は，中井教授の反論タイムとなったが，その中で「学会で議論が続いている状況で，なんで雑誌に論文を出すんだ.　取り下げてほしい」というコメントが印象に残った.　学会で議論が続いている状態で，死刑になる方がよほど重大で深刻であると思う.」「左の席にどこかで見たような人が座ってると思っていたが，人権派で有名な安田好弘弁護士だった.　最後に挙手し「中井先生は検察から同一であることを証明するよう依頼されたと言ってましたが，検察から出てる鑑定嘱託書は＜異同識別＞であって，同一性の証明ではありません」と訂正されてた.」

　弁護団から安田好弘・小田幸児両弁護士が高額な非会員参加費を払って函館まで私の講演を聞きに来ていた.

　私のこの講演の最後のスライドで，前節の註 [4] の現代化学誌 6 月号に河合論文が出版されたことを報告した.　現代化学誌 6 月号は 5 月 15 日に発売されていた.

　現代化学誌の河合論文掲載号は正式な出版日の直前に東京化学同人が数冊送ってくれていたので，函館へ持ってゆき講演会場にいた早川慎二郎准教授に渡しておいたところ，中井教授はその冊子を取り上げて，質疑応答の時間に「こんな雑誌」と同誌を振り上げて論文を取り下げるよう発言した.　現代化学誌は化学を愛好する小中学生から大学院生までが愛読する雑誌だ.　その学問水準は高い.　高度経済成長期の日本ではラジオを自作する愛好家が多かったが，英国では化学実験の愛好家が多い.　ロンドン生まれの脳神経科医・

作家として有名なオリヴァー・サックスの『タングステンおじさん』という本はサックスが化学少年だったころの自伝だ。日本にも化学愛好家は多い。私も小学生のころから，いま思うとずいぶんと危険な化学実験を自宅でやっていた。300Vの直流高電圧電源を自作して食塩水などを電気分解したのは小学生のときだ。

中井教授は現代化学誌8月号に河合論文への反論[3]を出版した。ところがこの中井論文には，驚くべきことが書かれていた。

註 ───────

[1] 河合潤：和歌山カレーヒ素事件鑑定資料の軽元素解析，第73回分析化学討論会，2013年5月19日，函館市.

[2] https://togetter.com/li/496671 （2021年7月4日アクセス）.

[3] 中井泉，寺田靖子：放射光X線分析による和歌山毒カレー事件の鑑定，鑑定の信頼性に対する疑問に答える，現代化学，2013年8月号，pp.25-31.

## ● 中井教授の現代化学誌論文

函館市で開催された分析化学討論会で「こんな雑誌」と振り上げてけなした現代化学誌の河合論文[1]に対する反論として中井教授が書いた現代化学誌中井論文[2]の内容が問題となった。大阪高検検察官北英知検事は，この問題を中井教授に問い質した。中井教授の現代化学誌論文[2]には「科学警察研究所（科警研）の丸茂義輝氏らによって，比較的試料量が多くあった紙コップのGとA〜Eの亜ヒ酸について，誘導結合プラズマ発光分析法（ICP-AES）によって定量分析がなされていて，Se，Sn，Sb，Pb，Biの5元素の定量結果の比較から，GとA〜Eは同一のものに由来すると考えられるという結論が既に得られていました。」と記載してあるが，この文章の時系列は正しいのか？と北検事は中井教授に問い質した。

すなわち中井教授は，科警研の鑑定書を熟知した上で，SPring-8鑑定に臨んだことを現代化学誌の中井論文[2]に自分から書いていたのだ。だから中井鑑定は科警研鑑定書と独立ではなかったことを中井教授自身の論文で認めたことになる。私は2012年3月出版のX線分析の進歩誌の河合論文[3]で，

中井鑑定が「丸茂氏の鑑定結果を知った上で確認実験を行ったものである.」と書いたことが正しかったことを中井教授自身が2013年の現代化学誌論文[2]で認めたのだ.

ところが中井教授は, 北検事に問い質されると「現代化学 2013 年 8 月号 26 頁の記載は正確ではない.」「科警研の鑑定書が, 私の鑑定書の作成日付よりも前である 1998 年 12 月 15 日付けで作成されていたことを知り, 私が分析をした時点で, 科警研の「結論が既に得られていました.」と記載したものである. 私は, 鑑定書を作成した時点において, 科警研の鑑定書を読んだことはなく, 私が鑑定書を提出した後に見せてもらっただけである. しかし, 私の鑑定は, スペクトルの比較による方法であって, 科警研のように数値を比較するものではなく, また, 内容的にも, 科警研の鑑定では, 証拠として極めて重要なプラスチック容器 F に付着している亜ヒ酸や, ヒ素中毒を引き起こしたカレーの亜ヒ酸 I が分析できていないので, 参考にする点はなかった.」(検 3 p.3)[4] と回答した.

ここで中井教授が「科警研の鑑定書を読んだことはなく」と書くのは, 中井教授が裁判所へ提出する文書でしばしば使う論理だ.「科警研の鑑定書」の正本は 1 通だけであり, 署名捺印をした科警研鑑定書は 12 月 15 日付けだから, それを中井教授が入手できるはずはない. 中井教授が「科警研の鑑定書を読んだことはなく」と言うのはこの意味では真実だが, 提出前の科警研鑑定書のコピーを中井教授が入手したことまでは否定していない. 中井教授が科警研鑑定書の何らかのバージョンを読んでいたかどうかが民事裁判で問題になると「この当時, 私が科警研の鑑定内容について知っていたことは資料から検出された一部の元素の種類だけで,その《科警研鑑定書検甲 1168 の》分析結果や同鑑定の結論については一切知りませんでした. 私が, 科警研の鑑定で参考にしたことは Bi が検出された事実だけ」[5] だとより限定的に述べた. これは嘘だ. 次節に続く.

註 ————————————

[1] 河合潤:和歌山毒物カレー事件の鑑定の信頼性は十分であったか, 現代化学, 2013 年 6 月号, pp.42-46.

[2] 中井泉，寺田靖子：放射光X線分析による和歌山毒カレー事件の鑑定，鑑定の信頼性に対する疑問に答える，現代化学，2013年8月号，pp.25-31.

[3] 河合潤：和歌山カレー砒素事件鑑定資料——蛍光X線分析，X線分析の進歩，43，49-87（2012）.

[4] 中井泉：『回答書』検3，2018年4月4日.

[5] 中井泉：民事裁判『陳述書』乙2，2020年1月10日，p.15

## ● 英国ワイリー社の中井英語論文

　河合は英国Wiley（ワイリー）社の出版するX-Ray Spectrometry（X線分光）誌に英国のサリー大学の編集者から投稿を依頼されて「シンクロトロン放射光蛍光X線によるヒ素毒殺事件の鑑定」と題する論文を2013年5月30日にWeb出版した（印刷版は2014年1月号[1]）．この論文に対しても中井教授は英国ワイリー社にクレームを送った．ワイリー社の法務部門[2]はワイリー社が「法的な重大問題に巻き込まれる」[3]のではないかと危惧し，中井教授の要求に従って「シンクロトロン放射光蛍光X線によるヒ素毒殺事件の鑑定の河合教授解説論文に対する回答」[4]と題する中井論文を出版した．河合論文は，中井教授に質問したものでも，回答を要求したものでもない．

　河合論文[1]は年間アクセス件数が数年間続いて同誌の第1位を記録したため[5]，ワイリー社はこの論文のダウンロードを有料から無料へ変更し，誰でも読めるオープンアクセス論文とした．この号は英国のウインブルドンの近くにあるサリー大学の先生がゲスト編集した鑑定特集号だった．同特集号の論文は1論文当り49米ドル（約5000円）を読者が支払うか，著者が3000ドル払ってオープンアクセスにしなければ読むことができない．河合論文はワイリー社が無料にしてくれたから，誰でも自由に読むことができる．河合論文が多くの読者に支持された[5]ことによって，ワイリー社は河合論文が「法的な重大問題に巻き込まれる」懸念を完全に払拭したことがわかる．

　ところが，この時の中井英語論文[4]には，前節で引用した北検事に対する回答（検3）がウソであることを示す内容が書かれていた．重記載缶Cのビスマス濃度が62ppmだということも鑑定前から知っていたと書いてあっ

た. 62ppm は訂正前の濃度だ. だから中井教授は SPring-8 で鑑定する前に，訂正前の科警研鑑定書のコピーを入手していたことがわかった. ビスマスが 35 ～ 62ppm という具体的な濃度であることをもとに，ビスマスを分析するために SPring-8 BL08W を選んだことを明確に書いてある. これについては次節へ続く.

註 ————————————

[1] J. Kawai: Forensic analysis of arsenic poisoning in Japan by synchrotron radiation X-ray fluorescence, X-Ray Spectrometry, 43 (1/2 月号) 2-12 (2014). https://doi.org/10.1002/xrs.2462 (オープンアクセス)
https://repository.kulib.kyoto-u.ac.jp/dspace/handle/2433/197745 (京都大学学術情報リポジトリ)

[2] "The legal department of Wiley"

[3] "cause some serious legal problems and claims against Wiley in the future"

[4] I. Nakai: Response to Professor Kawai's review on forensic synchrotron X-ray fluorescence analysis of arsenic poisoning in Japan, X-Ray Spectrometry, 43 (1/2 月号) 62-66 (2014). https://doi.org/10.1002/xrs.2515 (有料)

[5] 河合論文 [1] の Information をクリックするとドーナツ型の Altmetric Attention Score が 22 (大きい数値の方が注目度が高い)，X-Ray Spectrometry 誌のアウトプットでは第 1 位と表示されている (2021 年 7 月 4 日アクセス).

## ● 中井英語論文の内容

前節で述べた中井論文[1]には以下のような文章が記載されている.

「犯罪後しばらくして，町の主婦（H 夫人）が保険会社からの支払いとして 1 億 6800 万円以上を受け取っていたことが判明した. 彼女は，調理し，客人にふるまったさまざまな料理に $As_2O_3$ を意図的に数回にわたり入れた容疑で逮捕された. 犠牲者には彼らの共通の友人だけでなく，夫（H 氏）も含まれていた. 彼らは事前に彼女によって保険をかけられ，食した後に病気になり，死亡し，彼女は大量の保険金を受け取った. 医者は彼らの病気と死の原因を特定できなかった. 彼女はまた，これらの保険金関連犯罪でも起訴

された．彼女は $As_2O_3$ の使用や，カレー殺人との関連について否定したが，表面に微量の $As_2O_3$ が付着したプラスチック容器Fが彼女の台所で見つかった．」[2]

　この中井論文には，「犠牲者には夫（H氏）も含まれていた．」と，林真須美が保険金詐欺によって夫さえ殺害していたことが書かれている．夫の林健治は本書執筆中の現在も健在で，真須美に飲まされたわけではなく自分でヒ素を飲んだとユーチューブで話している．ここで引用した英文[2] の victim は文脈上，殺害された人を指す．こうした論文が投稿されると，出版社や編集長は名指しされた河合に論文内容をチェックさせるのが慣例だ．ところがアントワープ大学教授の編集長は法的な問題に巻き込まれたくないので，主語と動詞の単数・複数の不一致という英文法の間違いさえ修正することなく，まして英単語 victim の誤用があることを，名指しされた河合にチェックさせることもなく，中井教授が投稿したまま出版した．

　林真須美が料理に $As_2O_3$ を意図的に数回にわたり入れた容疑で逮捕された．林真須美の料理を食べた後に病気になり死亡した犠牲者がいる．夫さえ殺して，その保険金として1億6800万円以上を詐取し，これらの保険金関連犯罪でも起訴された，という予断を持って鑑定に臨んだことが中井教授自身によって書かれた論文だ．さらに引用を続ける．

　「彼女の夫は白アリ駆除業者だったので，仕事で $As_2O_3$ を使用していた．夫は，1983年頃に中国から輸入された $As_2O_3$ の緑色ドラム缶AをN商店から購入した．試料Aはその後15年間にわたりA〜Eに分けられ，これらは彼女の親戚または友人（M氏およびT氏）の家に保管された．警察は証拠として異なる $As_2O_3$ 試料（カレー内亜ヒ酸I，紙コップG，台所プラスチックF，A〜E）を押収したが，A〜G，Iを結びつける決定的な証拠はなかった．」[3]

　林真須美の夫は白アリ駆除業者だったので，仕事で $As_2O_3$ を使用していたが，林真須美とカレー内の亜ヒ酸を関連付ける決定的な証拠は，中井鑑定まで存在しなかったことが述べられている．

　「1つ目は，プラスチック容器Fに付着した試料の量が少なすぎて，科学

警察研究所の従来の分析技術では分析できなかったこと. 2つ目は, 調理済みカレーに含まれる $As_2O_3$ (試料 I) をサンプリングする方法がなかったこと. 3つ目は, $As_2O_3$ の起源を表し, 識別に適した元素の選択にあった. 紙コップの亜ヒ酸GとA〜Eは, 十分な量だったので, 科学警察研究所によって誘導結合プラズマ原子発光分光 (ICP-AES) 分析が行われた. 結果は, GとA〜Eがセレン, スズ, アンチモン, 鉛, ビスマスの定量データに基づいて同じ起源であると考えるのが合理的であることを示唆した. しかしながら, 試料 I (カレー内) とF (被告人の台所のプラスティック容器内) は分析できなかった. 試料 I は殺害の原因であり, Fは被告人とヒ素の関係を示す唯一の証拠であるため, I とFの分析は不可欠だった. 犯罪の状況証拠は存在していたが, 試料 I とFが同一とされない限り, 犯罪は解決できないと考えられていた. <u>そのとき, 検察庁からこれら8つの試料の同一性を決定するように依頼された.</u>」[4]

「ただし, 前述のように, ICP-AES 分析により, 試料 (A〜EおよびG) に <u>35-62 ppm のビスマス</u>が含まれていることが明らかになった. 蛍光X線スペクトルのビスマスピークに対応する3つのL線 ($L\alpha$, $L\beta_1$ および $L\beta_2$) は, 10.8 から 13.0 keV の間にあるため, 主成分ヒ素のK線は $K\alpha$ で 10.5 keV, $K\beta$ で 11.7 keV にあるため, 低エネルギーX線を使用した従来のシンクロトロン放射光蛍光X線分析 (< 50 keV) は, ビスマスの ppm 量の検出には使用できない.」[5]

中井教授は亜ヒ酸A〜EとGのビスマス濃度が図表5に示す通り 35〜62ppm であることを知っていたことを述べている. 62ppm は先述のとおり, 訂正前の重記載缶Cの濃度だ. 科警研鑑定書を中井教授が入手していたことが, ここで引用した文章から明らかになった.

河合が「不純物元素 (セレン, スズ, アンチモン, 鉛, ビスマス) についての情報がなければ, 中井教授はシンクロトロン施設のビームラインを選択することさえできなかった」[6] と指摘したことに対して, 中井教授は「<u>これは本当である</u>. 私たちは, K線に基づいてビスマスを分析するために SPring-8 BL08W を選んだ.」[7] とはっきりと肯定した.

「K 線のビスマスを分析するために SPring-8 BL08W を選択した．それは ICP-AES 分析でわかっていた．<u>試料 A-E と G の量は ICP-AES 分析には十分だったため，それらの試料の分析は難しい作業ではなかった．貴重なビーム時間を無駄にしないために，事前に情報を知ったうえでシンクロトロン放射光蛍光 X 線分析を実行することが通常推奨されている．</u>」[8]

　中井教授は，事前に情報を可能な限り入手した上で分析することが SPring-8 側から推奨されていることを書いている．したがって「この当時，私が科警研の鑑定内容について知っていたことは資料から検出された一部の元素の種類だけで，その分析結果や同鑑定の結論については一切知りませんでした．」[9] と書いた陳述書は嘘だったことがわかる．62ppm というビスマスの具体的な濃度も知っていたから「私《中井教授》が，科警研の鑑定で参考にしたことは Bi が検出された事実だけ」という民事裁判中井陳述書も嘘だった．

### 註

[1]　前節の註［4］．

[2]　本節の和訳は林真須美支援者による．河合が一部修正した．　英語原文は，Sometime after the crime, it was found that a housewife (Mrs H) in the town had received more ￥168m as payout from insurance companies. She was arrested on the suspicion that she intentionally put $As_2O_3$ several times in various foods that she cooked and served to her guests. The <u>victims</u> included her husband (Mr H), as well as their common friends. They had been insured by her in advance and became ill or died after eating the food, and she received a large amount of insurance money. She was also indicted on these crimes related with the insurance money. Although she denied using $As_2O_3$ and having anything to do with the curry murder, a plastic container with trace amounts of $As_2O_3$ (hereafter designated as Specimen F) adhered to its surface was found in her kitchen. (p.62)

[3]　Because her husband was a professional exterminator of white ants, he used $As_2O_3$ in his work. He bought $As_2O_3$ contained in a green drum (Specimen A)

in around 1983 from store N, which imported it from China. Specimen A was divided into five portions (Specimens A-E) over the next 15 years, and these were stored in the houses of her relative or friend (Mr M and Mr T). In total, police seized eight different $As_2O_3$ specimens (I, G, F, A, B, C, D and E) as evidence, but there was no proof for connecting them. (p.62)

[4]　The first was that the amount of the specimen adhered to the plastic container (Specimen F) was too small to be analysed by any conventional analytical technique at the National Research Institute of Police Science. The second was the lack of a method for sampling $As_2O_3$ present in the cooked curry (Specimen I). The third was the selection of elements that could represent the origin of the $As_2O_3$ and would therefore be suitable for identification. Inductively coupled plasma atomic emission spectroscopy (ICP-AES) analysis of the Specimen G ($As_2O_3$ in the paper cup) and A-E, which had enough quantity, had been carried out by the National Research Institute of Police Science. The results suggested that it is reasonable to think that G and A-E have the same origin on the basis of the quantitative data of Se, Sn, Sb, Pb and Bi. However, Specimens I (in curry) and F (in plastic container at the defendant's kitchen) could not be analysed. Analysis of I and F is essential because Specimen I is the cause of the murder and that of F is the only evidence showing a connection between the defendant and the arsenic oxide. The crime was thought to be unsolvable unless the Specimen I and F were identified, although circumstantial evidence existed for the crime. I was then asked by the Public Prosecutor's Office to determine the identity of these eight specimens. (p.62)

[5]　As mentioned previously, however, the ICP-AES analysis had revealed that the specimens (A–E and G) contained <u>35–62 ppm</u> Bi（本書図表 5）. Because three L-lines ($L\alpha$, $L\beta_1$ and $L\beta_2$) corresponding to the bismuth peaks in the XRF spectra are located between 10.8 and 13.0 keV, the region in which the K-lines of arsenic (10.5 keV for $K\alpha$ and 11.7 keV for $K\beta$) − the major component − exits, the conventional SR-XRF analysis using low-energy X-rays (<50keV)

cannot be used to detect bismuth in ppm amounts.（p.62）

[6] Without knowledge of the impurity elements（Se, Sn, Sb, Pb, Bi）, Prof. Nakai could not even select the beamline of a synchrotron facility.（p.64）

[7] This is true. We chose SPring-8 BL08W to analyse Bi on the basis of K-lines.（p.64）

[8] We chose SPring-8 BL08W for analysing Bi in K-lines, which was known by ICP-AES analysis. It is generally recommended to use previous knowledge for carrying out SR-XRF analysis in order not to waste precious beam time.（p.66）

[9] 民事裁判，乙 2 p.15.

## ● 鑑定書のカンニング

　2002 年和歌山地裁判決には，「異同識別３鑑定では，上記のとおり，資料 A ないし E の指標４元素の<u>含有パターン</u>が同じになっているが，これは<u>異なる測定方法，分析手法で検討された異同識別３鑑定が同じ結論になっている</u>ことを示しているから，異同識別３鑑定の分析結果の信用性を<u>相互に補強しているものであり</u>，異同識別３鑑定の分析結果の信用性には高いものがある.」（p.204）と判示されている．異同識別３鑑定が独立ならこの判決の言うとおり鑑定の信用性を補強するものとなる．しかし，ワイリー社の X 線分光誌の中井論文によって，また現代化学誌中井論文によっても，全く逆の意味を持つことになった．すなわち中井教授の SPring-8 鑑定は，科警研鑑定書をカンニングしたものにすぎず，もはや中井鑑定書を独立とみなすことはできない．１審の「異同識別３鑑定の分析結果の信用性を<u>相互に補強しているものであり</u>，異同識別３鑑定の分析結果の信用性には高いものがある.」という判示は間違いだ．

　谷口早川職権鑑定も，後述するように，鑑定に着手する前に「同種又は判定できない」とすることに決めていた鑑定だから，この１審の判示は全くの間違いだということになる．中井鑑定も谷口早川鑑定も，科警研が 100 万倍して対数を計算した鑑定に矛盾しないように結論した鑑定にすぎなかった．

## ● 科警研鑑定書の「矛盾はないものと考えられる.」の意味

中井教授がカンニングした科警研丸茂鑑定書検甲 1168 [1] では，亜ヒ酸に含まれる数十〜数百 ppm のセレン Se，スズ Sn，アンチモン Sb，鉛 Pb，ビスマス Bi という 5 元素によって「鑑定資料 G と鑑定資料 A 〜 E は同一のものに由来するとしても矛盾はないものと考えられる.」(p.8)「鑑定資料 G と鑑定資料 A 〜 E の亜ヒ酸は同一のものに由来すると考えても矛盾はない.」(p.8) と結論したことは，中井教授も引用しているし，1 審判決でも引用している．通常の異同識別鑑定書では「同一としても矛盾はない.」と言い切って結論する．「と考えられる.」「と考えても」という部分は余分だ.

科警研の技官とたまたま話す機会があったとき，「として矛盾はないと考えられる.」という結論と，「として矛盾はない.」と言い切る場合とで，意味がどう違うのかを聞いたことがある．その技官はざっくばらんに「考えられる」がつくと推認のレベルが低くなると教えてくれた.

そんなことがあってからしばらくして，京都府警科捜研を退職後，京都産業大学講師をしていた平岡義博さんの講演[2] を聞いていたら，図表 15 に示すパワーポイントを示して，推認を示す鑑定書の結論を数値化することの必要性を発表していた．この数値は平岡講師の考え方だから，数値化できないとする意見もあるが，推認の強さの順序が入れ替ることはない.

図表 15. 推認力の強さの表.

| 表記 | 意味 |
|---|---|
| 〜である | 100％断定 |
| 〜と認められる | 90％程度の推認 |
| 〜と考えられる | 80％程度の推認 |
| 〜として矛盾はない | 70％程度の推認 |
| 〜と思われる | 60％程度の推認 |

平岡義博：法科学技術学会微細天然物研究会（福島，2015 年 8 月 7 日）発表パワーポイントから引用．河合論文[4] でも論じた.

科学警察研究所瀬戸康雄副所長は 2018 年 3 月 8 日付回答書 [3] で以下のように述べた．この回答書も，大阪高検検察官北英知検事からの問い合わせに対する回答書だ．少し長いが，典型的な官僚の作文であることをわかってもらうために引用する．

「1. 科警研（及び科捜研）における鑑定書主文について

　平岡基準は，科警研で用いられている一般的な基準ではない．科警研では，鑑定書主文の表記に関して推認力と称している結論の強さを数値で表すことは行っていない．科警研での鑑定書作成における主文の表現に関しては，特に基準は決めておらず，鑑定人ごとに記載している．鑑定書主文に記載される結論の強さに関しては，鑑定において実施された複数の法科学的検査の結果を総合的に判断してなされる．一般的には，鑑定嘱託事項に対して，結論するに至る条件が十分満たされているならば「……である」という断定的肯定表現を用い，まったく条件が満たされないならば「……でない」という断定的否定表現を用いる．しかし，必要条件は満たされるが完全に条件が満たされるとは判断できない場合には，「……と考えられる」，「……として矛盾はない」などの非断定的肯定表現を用いる．鑑定では，その強さの程度を数値で表すことは行っていない．鑑定書主文の表記において数値化を用いることは，法科学分野では公式には認められていない．鑑定の主文の結論の強さを数値化すると仮定した場合，「……である．」という断定的肯定表現を100% とし，「……でない．」という断定的否定表現を 0% とすることが妥当と思われるが，非断定的肯定表現である「……と考えられる」，「……として矛盾はない」などを数値で割り振った平岡基準は，感覚的なものであり，科学的根拠がまったくない．また，弁護人が使っている主文の結論の強さである推認力の積（かけ算）に関しては科学的根拠がまったくなく，結論の表現の組み合わせを数値の積で表すことは妥当ではない．」（検 2 p.1）

　科警研瀬戸副所長は回答書でいろいろと述べてはいるが，科警研では数値化していないと回答するものの，「である」＞「と考えられる」＞「として矛盾はない」＞「でない」という順序を否定しない．これは平岡さんの講演スライド図表 15 の順序とも矛盾しない．検甲 1168 科警研鑑定書で使われた

「同一のものに由来するとしても矛盾はないものと考えられる.」と「同一のものに由来すると考えても矛盾はない.」については,「矛盾はない」×「考えられる」＝「矛盾はないものと考えられる」という推認力の数値の掛け算[4]は否定するものの,低い推認力を示す点については言及を避けており,典型的な官僚による典型的な回答書だ.

瀬戸回答書は「矛盾はないものと考えられる」にも「考えても矛盾はない」にもその推論の強さには言及しないように注意深く書いてある.瀬戸副所長は東大出身であり,回答書は典型的な秀才官僚が書いた抜け目のない官僚文書だ.瀬戸副所長と私はともに日本学術振興会のある委員会の委員であり,よく顔を会わせた.瀬戸回答書は平岡基準を否定しているように見せて,否定しているのは数値化だけだ.

科警研鑑定書の結論「同一のものに由来するとしても矛盾はないものと考えられる」は,亜ヒ酸が違うことがばれた時の科警研のアリバイ工作であって,違う亜ヒ酸を同一であるかのように表現するための官僚用語だ.科警研鑑定書は,極めて巧妙に真実を隠蔽した鑑定書だ.アリバイ工作がばれて,必死に逃げ回っているのが瀬戸副所長の回答書だ.

註 ————————

[1] 丸茂義輝,鈴木真一,太田彦人（科学警察研究所,警察庁技官）:『鑑定書』検甲1168,1998年12月15日.

[2] 平岡義博:埋めがたい科学と法学の間,京都化学者クラブ第290回例会,京都大学楽友会館,2014年8月9日.この日の講演概要は,平岡義博:埋めがたい科学と法学の間——科捜研で思ったこと,海洋化学研究,28(1),17-23（2015）http://www.oceanochemistry.org/publications/TRIOC/PDF/trioc_2015_28_17.pdfとして出版された.

[3] 瀬戸康雄（科学警察研究所 副所長）:『回答書』検2,2018年3月8日.

[4] 河合潤:鑑定不正の見ぬき方(2) レーダーチャートによるごまかし方,季刊刑事弁護,85,164-170（2016）.

## ● 和歌山地裁の 2014 年の「鑑定及び証拠開示命令の申出について」

　判決や論告の文章などを読んでわかることは，弁護士も裁判官も検察官も，鑑定書の文章には目を通し，そこから論告や判決に使えそうな文章を抜き出して使っていることだ．しかし，鑑定書の表の一つ一つの数値を調べたわけではないことは明らかだ．私は，鑑定書の数値を実際に調べる作業を行ったが，ふつうはこんな作業はしないらしい．私が鑑定書の数値に踏み込んで調べることになったのは，和歌山地裁浅見健次郎裁判長らが 2014 年 6 月 30 日付の「鑑定及び証拠開示命令の申出について」と題する文書で，先述したように極めて中立的に書いた X 線分析の進歩誌の河合論文に対して，中井論文「放射光 X 線分析による和歌山毒カレー事件の鑑定と題する文献（現代化学 2013 年 8 月号所収）」を根拠として，「中井亜砒酸鑑定が専門的知見に基づく合理的なものであるという点はいささかも揺らぐものではないのであって，その信用性は十分に肯定できる．」と結論したからだ．浅見裁判長らの「鑑定及び証拠開示命令の申出について」という文書は，私が書いた論文の内容には触れないように極めて慎重に言葉を選んで執筆している．しかし河合の科学論文を否定している．きわめて公正にまた中立的に執筆した河合論文を裁判官が否定したからには，今度は私が裁判官の間違いを指摘すべき立場になった．鑑定書の数値を詳しく調べることによって第 3 章で示した五角形のレーダーチャートのごまかしを見つけることができた．その帰結として，亜ヒ酸が同一ではなかったことを見破ったのだ．

　鑑定書の数値を調べてみると，とにかくひどいことがわかった．これはカレーヒ素事件に限ることではなく，刑事裁判の鑑定書というのはこんなものだと言えるのかもしれない．鑑定書を鵜呑みにしてはいけない．

## ● 村木厚子著『私は負けない』

　郵便不正事件で冤罪にされそうになった村木厚子厚生労働省事務次官が書いた『私は負けない――「郵便不正事件」はこうして作られた』[1]は，検察がどのように冤罪を作ってゆくかを厚労省の課長として逮捕され起訴された

村木さん自身の体験に基づいて検察官の行った不正を実名で公表した説得力ある書だ.

逮捕後に自分を取り調べた様子を記述した部分には,「國井検事は, これまで担当した事件のことも話していました. 被疑者が否認をしている事件で, 決定的な証拠を本人にはずっと教えず, 裁判で出してやったら, 有罪になってしかも否認をしていたから罪が重くなった, などと言う話を, あまり表情も変えずに, 淡々としゃべるのです. 和歌山のカレー事件で死刑判決を受けた林真須美さんが, おなじ拘置所にいることも, 國井検事から聞きました. そしてこんなことを言いました.『あの事件だって, 本当に彼女がやったのか, 実際のところは分からないですよね』」(p.37) と村木さんは書いている.

すなわち國井検事も, 林真須美が無実であること, 紙コップの亜ヒ酸と林家の亜ヒ酸が異なることを知っていた蓋然性が高い.

村木さんの裁判については, 東大 OB 会での出来事を思い出す. それは, 私がまだカレーヒ素事件にかかわる半年前の 2010 年 3 月のことだった. JR 西日本の社長だった先輩が梅田にあった JR 弥生会館に会場を取り, 元仙台高検検事長が「大阪締めで大阪に元気を」という講演をした. 弁護士になって大阪へ戻ったので講演を依頼したようだ. この元検事長は OB 会の常連でもある. OB 会が終わると「ただ一つ」という東大応援歌などを無邪気に歌った後「打ちまーしょ, パンパン」という大阪締めをして 2 次会へ向うのが恒例だった. だがこの時は違った. OB 会幹事の元労働省の先輩が「君だって村木君が無実だということはもう知っているだろう」と気色ばんで元検事長に詰め寄るのを見た. 元労働省の先輩はいつも温厚で物静かだから, この声を聞いてびっくりした. このとき「村木君が無実」と君づけで言ったように思う. 直属の部下だったらしい. その後, この元検事長は OB 会で見かけなくなった. 残念だ. このとき元検事長はうつむいたまま何も言い返さなかった. 村木さんに対する検察の不正は, この元検事長のように無関係な人にまで影響を及ぼす. この元検事長は東大卒業後「検事となって全国各地の検察庁を回った. 現場が何よりも好きで常に第一線に立ち, 政治的な思惑を嫌い, 不正を許さない一途な性格から捜査一筋の道を歩んできた. うまく立ち回る

ことができず，うまく立ち回ろうなどということを考えない人柄」だとこの日の講演の紹介文にある．この紹介文を書いたのは東大入試で上京した宿の風呂場の湯漕で互いに名を名乗りあって以来の親友だという弁護士が書いた紹介文だから間違いないはずだ．

村木さんの無罪判決は同じ年（2010年）の9月10日だった．2010年1月27日の初公判でフロッピー改ざん問題が明らかになり，それが報道されて高検や最高検まで大騒ぎになったころにOB会（3月）が開催されたことになる．ちょうど各証人が調書の内容を証人尋問で全面的に撤回していたころに当たるはずだ．

本書では，大阪高検の北英知検事が，当時の鑑定人に質問書を送って回答書を提出させ，それを大阪高裁に提出した回答書の内容に何度も触れた．これらの回答書は，1審の鑑定書に不正があったことを立証するための，極めて貴重な証拠文書となっていることに，読者は気付いただろうか．職権鑑定を行った早川慎二郎広島大学教授は，1審から北検事を「北さん」と呼んで親しくしてきた．

中井泉東京理科大教授は，裁判ではX線分析の世界的な権威とされてきたが，中井教授が執筆した朝倉書店発行『蛍光X線分析の実際』という書籍には，X線スペクトルと原子軌道の関係を系統的に間違えた複数のページがある．間違いは系統的だからミスプリではない．ちょうど惑星研究者が地球と火星の軌道を間違えるほど初歩的なものだから，大学教授には致命的な間違いだ．中井教授が書いた『蛍光X線分析の実際』がもとになって，X線メーカーや放射光施設のホームページに間違いが多数あることを連絡してくれたX線研究者がいる．名前を明かさないことが条件だった．

この間違いを示したうえで，中井教授がX線分析の世界的な権威でも何でもないことを裁判所へ指摘したところ，困り果てた北さんが早川教授に電話で相談したそうだ．

北検事は今でも当時の鑑定人と定期的に連絡を取るまとめ役だ．こういうまとめ役は和歌山地方裁判所にもいるそうだ．北さんは検察内部でカレーヒ素事件をずっと押し付けられてきた立場らしい．北検事は，再審請求弁護団

や林真須美支援者らからは完全に悪役とされており，東大 OB 会の元検事長ともどこか重なる．本来は正義を行うために検察庁に入ったはずだ．再審請求弁護団にとって有利な回答書を北さんが次々に裁判所へ提出する理由はなんとなくわかる気がする．

この東大 OB 会は東京や大阪で開催されるが，この時期に元検事長を呼んで大阪で開催したのは，元労働省の先輩が元部下の村木さんを応援する意図があったからに違いない，と本書を執筆していてふと気付いた．

**註** ————————————

[1] 村木厚子：『私は負けない――「郵便不正事件」はこうして作られた』聞き手・構成 江川紹子，中央公論社（2013）．

## 第5章 第2審から再審請求まで

　裁判所ホームページ[1]には,「我が国は,正しい裁判を実現するために三審制度,すなわち,第一審,第二審,第三審の三つの審級の裁判所を設けて,当事者が望めば,原則的に3回までの反復審理を受けられるという制度を採用しています. 第一審の裁判所の判決に不服のある当事者は,第二審の裁判所に不服申立て(控訴)をすることができ,第二審の裁判所の判決にも不服のある当事者は,更に第三審の裁判所に不服申立て(上告)をすることができます.」「不服申立ての控訴と上告を併せて上訴といいます.」と三審制度について解説している.

　本章では第2審大阪高裁,第3審最高裁,それから再審請求審の和歌山地裁再審請求棄却決定(2017年)までを述べる. 大阪高裁即時抗告棄却決定(2020年)の間違いについては本書のあちこちで指摘するに止めた. 2020年大阪高裁即時抗告棄却決定の間違いは,意見書(52)〜(57)の6通書いたところだ.

註 ─────────

[1]　裁判所ホームページ,https://www.courts.go.jp/about/sosiki/gaiyo/index.html

## ●大阪高裁第2審判決（2005年6月28日）

　本事件の第2審2005年6月28日の判決で,大阪高裁裁判官は「Bミルク缶及びC重記載缶は被告人の管理下にあったことがなく,これらに入っていた亜砒酸が東鍋カレーに混入されたと考えにくいことは確かである.」(p.164)と述べて,林真須美の管理下になかった亜ヒ酸BCを除外し,「上記保管発見状況や不純物の含有状況等にかんがみると,A緑色ドラム缶から小分けされ,林工芸で使用されていたEミルク缶(又は他のミルク缶)

在中の亜砒酸が本件プラスチック製小物入れ F に移され，これが本件青色紙コップ G を経て東鍋カレーに混入されたと考えるのが最も自然である.」（p.126）と判示した．2005 年大阪高裁判決は，紙コップより亜ヒ酸濃度が濃い A と B の証拠亜ヒ酸を除外しているから，2002 年和歌山地裁判決よりも検察の論告要旨に近づいた．亜ヒ酸 AB を除外した残りの亜ヒ酸 CDEF の主成分ヒ素濃度は紙コップ G より薄く，したがって薄い濃度の亜ヒ酸を紙コップに汲むと，濃くなるという矛盾を含んだ判決だ.

第 2 審大阪高裁は，「不純物の含有状況」や「被告人の管理下」かどうかを控訴棄却の根拠にし，主成分ヒ素濃度に着目することはなかった.

## ● カレーヒ素事件第 3 審最高裁判決の特異性

死刑が確定した 2009 年の最高裁判決から 11 年後の 2020 年 3 月 24 日，再審請求の即時抗告が大阪高裁に棄却されたので，林真須美の弁護団は，2020 年 3 月 30 日に特別抗告を最高裁に申し立てた．その補充書で弁護団は「そもそも，再審は，確定審の事実認定が正しいか否かを審査する手続である．したがって，通常，審査の対象は事実審たる第 1 審及び控訴審だけであり，法律審である最高裁の判断は対象外となる．しかし，本件では，最高裁は，上告理由の存否について判断しただけではなく，事実関係について踏み込んで審理し，その結果，改めて，カレー事件について，申立人《林真須美》が犯人であると認定して，申立人の上告を棄却した．最高裁自身も事実審となった特異な事案である．しかも，この事実認定は，最終審たる最高裁の事実認定であるため，再審請求審においても，事実上，下級審の事実認定と結論を支配していると言わざるを得ない.」[1] と論じた.

2009 年の最高裁第三小法廷那須弘平裁判長ら 5 名の裁判官の判決では「被告人がその犯人であることは，① 上記カレーに混入されたものと組成上の特徴を同じくする亜砒酸が，被告人の自宅等から発見されていること，② 被告人の頭髪からも高濃度の砒素が検出されており，その付着状況から被告人が亜砒酸等を取り扱っていたと推認できること，③ 上記夏祭り当日，被告人のみが上記カレーの入った鍋に亜砒酸をひそかに混入する機会を有して

おり，その際，被告人が調理済みのカレーの入った鍋のふたを開けるなどの不審な挙動をしていたことも目撃されていることなどを総合することによって，合理的な疑いを差し挟む余地のない程度に証明されていると認められる.」と事実認定した．最高裁でこういう事実認定をするということは，2020年3月に最高裁へ申し立てた特別抗告[1]によると特異なことらしい.「①上記カレーに混入されたものと組成上の特徴を同じくする亜砒酸が，被告人の自宅等から発見されていること」という判示が不正な鑑定書に基づくものであることは，第4章までに明らかにしてきた．すなわち，2002年和歌山地裁判決は，先天的不純物元素の濃度比を100万倍して対数を計算し，五角形のレーダーチャートを示して，林真須美関連亜ヒ酸A～Eと紙コップ付着亜ヒ酸Gとを同一のように見せかけていた不正に気付かなかった．2005年の大阪高裁判決は，本章冒頭で述べた通り，ヒ素濃度が薄いCDEFから紙コップGで亜ヒ酸を汲むと高濃度化するという矛盾に気付かなかった．最高裁判決にある「② 被告人の頭髪からも高濃度の砒素が検出されており，その付着状況から被告人が亜砒酸等を取り扱っていたと推認できること」も間違いだが，これについては第6章で述べる.

　このような矛盾があったにもかかわらず，最高裁の5人の裁判官は「合理的な疑いを差し挟む余地のない程度に証明されている」と判示して上告を棄却し，2009年4月21日死刑が確定した.

　第1審から最高裁までの確定判決にかかわった裁判官は判決文の人数を数えると11人になるから，少なくとも11名の裁判官が第1～3審にかかわり，主成分ヒ素濃度の矛盾に気付かなかったことになる．本章の冒頭で裁判所ホームページの文章を紹介したように「我が国は，正しい裁判を実現するために三審制度，すなわち，第一審，第二審，第三審の三つの審級の裁判所を設けて，当事者が望めば，原則的に3回までの反復審理を受けられるという制度を採用しています」と三審制度について説明しているが，カレーヒ素事件が社会の注目を集めた裁判だったにもかかわらず，その第一，二，三審は杜撰なものだった.

　<u>「合理的な疑いを入れる余地がないほど高度の蓋然性</u>を持って認められる

のである」（1審判決）とか，「上記保管発見状況や不純物の含有状況等にかんがみると，緑色ドラム缶から小分けされ，林工芸で使用されていたミルク缶E（又は他のミルク缶）在中の亜砒酸が本件プラスチック製小物入れFに移され，これが本件青色紙コップGを経て東鍋カレーに混入されたと考えるのが最も自然である.」（2審判決）とか，「合理的な疑いを差し挟む余地のない程度に証明されている」（最高裁判決）という第1審から3審までの11名の裁判官が絶対の自信をもって書いた判決の根拠はこの程度のものでしかなかったのだ.

　大阪高裁判決は緑色ドラム缶A→ミルク缶E→台所プラスチックF→紙コップG→東カレー鍋Iと「考えるのが最も自然である」とまで言い切っている. 図表5からわかる通り，Eのヒ素濃度は49％，Gのヒ素濃度は75％だ. 台所プラスチック容器Fについての詳細は省略するが，ヒ素濃度はEよりもさらに低濃度だった. 自然には起こり得ない亜ヒ酸の高純度化現象を「最も自然である」と大阪高裁は判示し，最高裁は「証明されている」とまで判示した. 亜ヒ酸が高純度化したなら，通常は起こり得ないことが起こった合理的な理由，例えば林真須美が亜ヒ酸の精錬工場を所有していたとか，林真須美が化学工学の学位を持っていたとかと言うような理由を判決に書くべきだが，合理的な理由は書かれていない.

　林真須美は2017年4月3日に中井山内両教授を，虚偽の鑑定を行ったとして民事裁判に訴えた. その裁判で中井山内両被告の代理人弁護士[2]は，林真須美「を死刑とする確定判決は，刑事訴訟における厳格な証拠調べ手続の下で，鑑定人らの鑑定及び証言を含め，検察官と鑑定人及び弁護人とが攻撃防御を尽くして取り調べられた関係証拠に基づき，極めて慎重な審理を経て下されたもの」（p.2）だから，「刑事訴訟において裁判所が上記のような厳格な証拠調べ手続きを経て合理的な疑いを入れない程度の証明の有無により有罪・無罪の判断をし」（p.2），刑事裁判で有罪が立証されている以上，民事裁判は無効だと主張した. この最終準備書面を書いた代理人弁護士は「現役時代,「将来の検事総長候補」と呼ばれた人物」だそうだ[3].

　裁判における「極めて慎重な審理」の実態はあまりに粗末なものであって，

主成分ヒ素濃度に矛盾があったにもかかわらず1審の1999年5月から最高裁判決2009年4月までのちょうど10年間，少なくとも11名の裁判官の誰一人としてその矛盾に気付くことはなかった．

　話が横道にそれるが，ここで引用した民事裁判代理人弁護士の文章に「裁判所が」[2]という言葉がある．「裁判所が」という言い方は弁護士がよく使う．本書でも使ったが，「裁判所が」という言い方を初めて聞いたとき，「裁判所」というのはたとえば京都の丸太町通りをバスに乗って京都御所にさしかかったときに見えるあの建物だから，「裁判所が判断する」という文章には違和感があった．弁護士は裁判官のことを間接的に裁判所と呼ぶ．裁判官を名指しすると直接対決になるから避ける習性があるのだろう．

　私自身が新しい分析装置を開発して記者発表したとき「手のひらサイズの超小型電子線プローブX線マイクロアナライザー京大開発」（科学新聞[4]）と書いてあるのを見て違和感を持った．一方で「X線分析装置小型化に成功，京大チーム」（産経新聞[5]）といわれると違和感がない．産経新聞[5]には我々京大チームが「開発した装置は，パソコンほどの大きさ．小型だが検出性能は高く，水溶液中の30ピコグラム（1兆分の30グラム）の有害元素の検出も可能という．」「開発費（部品代）は約200万円で，1000万円を超えるといわれる従来品よりも格段に安い．」と書いてあるとおり，中井教授の応物誌論文のSPring-8の感度「スズ=7.4pg，アンチモン=10.5pg」と我々京大の懐中電灯並みのX線管を用いた小型装置の感度は互角だ．

　本書では裁判官という意味で「裁判所」と言う場合もあるが，できるだけ裁判官を実名で引用する．学術論文では著者を実名で引用するからだ．我々科学研究者は自分の論文に責任を持つ．裁判官も自分の判決や決定に責任を持っているはずだ．

　加えて，CDEFから紙コップGで亜ヒ酸を汲むとヒ素濃度が濃くなるという，あってはならない矛盾を見逃したのは，裁判所という場ではなく，複数の裁判官たちだ．これが「極めて慎重な審理」の実態だ．カレーヒ素事件では，あまりにもこうした事例が次々と見つかるから，death rowに座って死刑執行を待つ林眞須美死刑囚には申し訳ないが，鑑定書を読み解く作業は，

数学の問題を解くようについ熱中し，私にはあっという間の 10 年間だった．毎朝 4 時に起床して 7 時までの 3 時間を 10 年間，鑑定書等の裁判資料を読み解く作業にあてたから，私はマルコム・グラッドウェルの言う「1 万時間の法則」[6] をすでに達成している．一方で death row に座ったままの 1998 年秋からの林真須美の二十数年間は想像を絶する．しかし，不正な X 線分析によって death row に座り続ける死刑囚が日本にいることを知る海外の X 線研究者も多くなった [7]．

註 ————————

[1] 安田好弘他：特別抗告申立書，2020 年 3 月 24 日．

[2] 名取俊也，山口幹生，末吉久美子：大阪地裁民事裁判『最終準備書面』2020 年 6 月 30 日，p.2.

[3] ゴーン事件，司法界の登場人物たちの因縁は相当根深い，週刊ポスト，2018 年 12 月 5 日．https://www.news-postseven.com/archives/20181205_815800.html?DETAIL

[4] 科学新聞，2010 年 10 月 8 日．

[5] 産経新聞，2009 年 2 月 21 日（京都版）．

[6] 第 7 章の「外れ値」と題する節を参照．

[7] 全反射蛍光 X 線分析で有名なクロッケンケンペル（Reinhold Klockenkämper）教授（ドイツ）が 2015 年 8 月 5 日に行ったデンバー X 線会議のプレナリーレクチャーでは，コロンビア大学のノヤン教授から「その死刑囚は今どうしているか」という質問が出て，「Still sitting in jail（まだ牢屋に座っている）」とクロッケンケンペル教授は答えた．スクリーンが左右に 2 面ある大きな講演会場にいた約 250 名の聴衆からは驚きと非難の声が上がった〔河合意見書 (9)，2015 年 10 月 31 日，p.109，https://www.researchgate.net/publication/312214239〕．

## ● 再審請求とは

矢澤曻治編著『再審と科学鑑定』[1] には「本書執筆中の今，2013 年 10 月 16 日付で，最高裁第一小法廷（櫻井龍子裁判長）は，名張毒ぶどう酒事件の第 7 次再審請求について，奥西さんからの特別抗告を棄却したとの情報を知るに及んだ．第 7 次再審請求で，弁護人側は，新証拠として……を提出し

ていたのであるが……」(p. 3) と書かれている. どうやら新証拠があれば
何度でも再審請求ができるらしい. カレーヒ素事件の場合, 今の再審請求が
第1次だということもわかった.

　新証拠が枯渇してしまった場合に, 再審請求はどうなるかは知らないが,
ことカレーヒ素事件に関しては, 次々と新しい新事実が見つかってきた. 新
事実は今後も続々と見つかることだろう. 2020年大阪高裁即時抗告棄却決
定によって, ネタは一挙に増えたからだ.

　註 ―――――――――

[1]　矢澤曻治：第1部総論, 科学鑑定と再審　両刃の剣たる鑑定, 『再審と科学鑑定
　　　――鑑定で「不可知論」は克服できる』矢澤曻治編, 日本評論社 (2014) pp.1-
　　　70.

## ● カレーヒ素事件にかかわるようになったきっかけ

　2009年4月に最高裁で上告棄却され, 林真須美は2009年7月, 和歌山地
裁に再審請求を申し立てた. 安田好弘弁護士ら再審請求弁護団の数名が京都
大学吉田キャンパスの河合研究室を訪れて, 1審に提出された鑑定書が専門
的で難しすぎるのでその解説をしてほしいと私に依頼したのは2010年9月
29日の夕刻だった. 河合は, 1審の鑑定人たちのほとんどを個人的にもよく
知っているし, 彼らはみな尊敬できる研究者だから, 鑑定には何ら問題はな
いはずだ, とそのとき即答したことを覚えている.

　学会で本事件に関する中井教授の講演を聞いたり, 「化学と工業」誌など
学会誌の解説論文を読んだことはあったが, ナマの鑑定書を見たことはな
かったので, 鑑定書のコピーを預かって読み始めた. するとすぐに問題点が
非常にたくさんあることに気付いた. 数か月後には龍谷大学で再審請求弁護
団にレクチャーをした. その後一年をかけて1審に提出された鑑定書や1審
の証人尋問調書を乱読し, 事件直後から1審の職権鑑定までの, 裁判で証拠
化された30件の鑑定書 (図表14) の全体像をまとめて「X線分析の進歩」
というX線分析の専門学術誌に解説論文[1]を書いた. この論文は投稿後,
査読を経て2012年3月に出版された. この論文を書いたころは, 亜ヒ酸A

〜Gがどういう亜ヒ酸なのか，弁護団が作成した対応表を見てもすぐに混乱した．

　本書の読者も亜ヒ酸A〜Gがどんな亜ヒ酸かよくわからないだろうと思う．

　科警研鑑定書，中井鑑定書，谷口早川鑑定書，検察の論告，1審判決でそれぞれ異なる記号や番号を証拠亜ヒ酸につけており，同じ記号でも違う亜ヒ酸を指すこともあった．たとえば，本書の紙コップGは，和歌山地裁判決（2002）と決定（2017）では⑥，科警研鑑定書（検甲1168）では(1)，中井鑑定書（検甲1170）では⑦，谷口早川職権鑑定（職権6）では7，検察の論告ではⒽ，2020年大阪高裁決定では（G）だ．本書の記号は2002年和歌山地裁判決から○を除いたものだ．科警研技官の大阪高裁への回答書や中井教授の回答書などでは，今でも1審のときのそれぞれの鑑定書の記号を使い続けている．

　私が本件に関して最初に書いた河合論文[1]は亜ヒ酸A〜Gに踏み込むことなく，中井鑑定書が，当然に守るべきルールやプロトコル（手順）に従わずに化学分析をしたことなどを指摘した中立的な論文だ．2005年の大阪高裁判決をちゃんと読み始めたのはようやく2020年に入ってからだ．2002年の和歌山地裁判決は，いまだに通しで読んだことはない．千ページ近くもあるからだ．亜ヒ酸A〜Gの個性を意識しだしたのは，図表11の六角形レーダーチャートのもととなる数値を計算した2015年3月のことだ〔河合意見書(2)〕．

　X線分析の進歩誌の論文[1]が完成すると，再審請求弁護団にチェックしてもらったが，それとは別に無料法律相談をしている弁護士などにも論文発表の可否や注意点を聞いて論文を仕上げた．無料法律相談の弁護士は，論文発表の可否のような当たり前のことをなんで一々聞くのか，というような雰囲気だった．法律時報や季刊刑事弁護などの雑誌には判決を批判した論文が多数掲載されている．裁判批判が当たり前だということを当時の私は知らなかったし，多くの理系研究者は知らない．

　2014年に和歌山地裁へ提出した『和歌山カレー事件鑑定書』[2]は私が最

初に裁判所へ提出するために書いた文書だ．X線分析の専門家として，不正な鑑定を見逃したまま学問の世界に閉じ籠っているべきではないと思ったので，鑑定書を書くことにした．鑑定は論文執筆とは違うので，1審からの弁護人の小田幸児弁護士に京都大学大学院工学研究科長宛に鑑定依頼書を提出してもらい，大学から正式の兼業許可を得て，それまでに出版していたX線分析の進歩誌[1]や現代化学誌[3]の論文をもとに執筆したのが『和歌山カレー事件鑑定書』[2]だ．これまで述べてきたことと重複するが，この鑑定書では，(i) 主成分ヒ素濃度が1審判決に矛盾すること（p.6），(ii) 周りに同一製造社製の亜ヒ酸があれば，A〜FとGとが同一ロットの亜ヒ酸だとは結論できないこと（p.9），(iii) 1審判決は「異同識別（同一ドラム缶か否か）」と「起源解析（同一製造社製か否か）」とを混同していること（p.11），(iv) 蛍光X線スペクトル強度は通常は濃度に概略比例するが，中井鑑定は濃度との相関がなかったこと（p.13,17），(v) 中井現代化学誌論文[4]には，ごま塩状の写真と2mm角のビームサイズの関係（図表1Gの写真85参照）の虚偽をはじめとして多数の虚偽があること（p.19），(vi) 中井教授が亜ヒ酸異同識別に成功したという主張を覆したこと，(vii) 1回しか測定していないはずのFの第2のスペクトルが中井現代化学誌論文[4]に掲載されていたこと等，その後の河合意見書等でより詳細に指摘することになった中井鑑定人の不正の数々を『和歌山カレー事件鑑定書』[2]で指摘した．

　ここに列挙したうちの(vi)は意外に思う人があるはずだ．河合論文に反論するために中井教授が書いた英語論文[5]に書かれた，"As a conclusion, we cannot reveal the origin of $As_2O_3$ on the basis of a comparison of the analytical results of non-homogenous elements analysed by XRF using the $2 \times 2$ mm X-ray beam.（結論として，$2 \times 2mm^2$ のX線ビームを使って蛍光X線法によって分析した不均一な元素の分析結果の比較に基づいて亜ヒ酸の起源を明らかにすることは我々には不可能である．)"（p.65）という結論を指す．ここで不均一な元素とは鉄，亜鉛，モリブデン，バリウムを指す．1審に提出されたホームビデオには「いずれもバリウムを含有するという科学鑑定によって」亜ヒ酸が「一つの線で結ばれたわけです」という中井

教授自身によるナレーションが入っているから，中井教授はこのビデオの内容を覆したわけだ．検察はその論告[6]で中井教授のナレーションに基づき「Eの雪印ミルク缶入り亜砒酸，Fのプラスチック製容器付着の亜砒酸，Gの青色紙コップ付着の亜砒酸，東鍋のカレー中から取り出された亜砒酸が，いずれもバリウムを含有するという科学鑑定によって，1本の線で結ばれたことになるのである．」（p.246）と結論した．モリブデン Mo も中井教授は指標元素に使っていたから，それも否定したことになる．

　Mo は亜ヒ酸の中で均一に分布していたことも後に判明した（第7章「職権鑑定」の図表21の ICP-AES のプロット参照）．中井鑑定でモリブデンが不均一に見えたのは，2台の X 線検出器を併用するなど，鑑定が杜撰だったからだ．2台の検出器で異なる証拠亜ヒ酸を測定したのでは，異同識別はできない．同一物を測定しても検出器が異なれば X 線スペクトル形状は異なる．亜ヒ酸中に均一に分布するモリブデンを，「2）事件に関係した資料はすべて Mo が含まれている．」[7] としてヒ素濃度と極めて高い相関があったことを中井教授は見逃した．ヒ素濃度とモリブデン濃度の関係については，第7章職権鑑定で詳しく述べる．

　　註

[1]　河合潤：和歌山カレー砒素事件鑑定資料——蛍光 X 線分析，X 線分析の進歩，43，49-87（2012）．https://www.researchgate.net/publication/312291256

[2]　河合潤：『和歌山カレー事件鑑定書』2014 年 1 月 26 日．

[3]　河合潤：和歌山毒物カレー事件の鑑定の信頼性は十分であったか，現代化学，2013 年 6 月号，pp.42-46.

[4]　中井泉，寺田靖子：放射光 X 線分析による和歌山毒カレー事件の鑑定——鑑定の信頼性に対する疑問に答える，現代化学，2013 年 8 月号，pp.25-31.

[5]　I. Nakai: Response to Professor Kawai's review on forensic synchrotron X-ray fluorescence analysis of arsenic poisoning in Japan, X-Ray Spectrometry, 43（1/2 月号）62-66（2014）．https://doi.org/10.1002/xrs.2515

[6]　和歌山地方検察庁　検察官事務取扱検事　小寺哲夫，検察官検事　北英知：『論告要旨』2002 年 6 月 5 日．

[7] 中井泉, 寺田靖子：和歌山毒カレー事件の法科学鑑定における放射光 X 線分析の役割, X 線分析の進歩, 44. 73-80 (2013).

## ● 安田弁護士のこと

　東大の旧友には在学中に司法試験に合格した人もいる．京大の私の研究室出身者には工学部卒業直後に司法試験に通って弁護士をしている人もいる．東大 OB 会には私のような工学部出身者も出席するが，弁護士会会長経験者や若い弁護士も出席する．こうした弁護士に，再審請求弁護団の安田弁護士とはどんな人か聞いてみたことがある．するとどの弁護士も知る有名な弁護士だというので驚いたが，それ以上に詮索したことはなかった．樹木希林さんは，安田さんの動画をどこかで見て，その人柄を自分で判断し，希林さんの方から安田さんに連絡して知り合ったと教えてくれた．

　弘中惇一郎弁護士はカルロス・ゴーンの弁護人として話題になったが，偶然に読んだ弘中弁護士の本[1]には安田さんのことが書いてあった．

　「住管の摘発の対象は次第に中小企業の経営者にまで及び，回収方法も強引になっていった．この延長に，一人の弁護士が警視庁に逮捕される事件は起きた．」「98 年，顧問先の不動産会社に資産隠しを指示していたとする強制執行妨害の容疑だった．」（p.186），「これは明らかにオウム裁判の弁護活動に対して検察が仕組んだ妨害工作だと思った．」（p.187），「一貫して無実を主張した安田氏の勾留は 10 カ月近く続き，保釈却下は 9 回に及んだ．法定刑が上限 2 年の犯罪では異常な長さである．」（p.191），「安田氏の弁護団には 1250 人という多数の弁護士が名を連ねた（最終的には 2100 人）．抗議デモの参加者は 3000 人．それは安田氏のこれまでの弁護士の活動，実績，人格に対する評価の表れだった．」，「安田氏の裁判は 12 年間続く．」「安田氏は自らの潔白を証明すべく，東京拘置所に差し入れられた不動産会社の膨大な会計帳簿を独自に調べあげた．紙に小さな文字と数字を書き込みながら，すべて手計算で一つずつチェックした結果，経理担当者による帳簿改ざんと資金隠蔽工作を発見した．」「法廷で弁護側から追求された経理係の女性（検察側証人）は，賃料隠しとほぼ同額の 2 億 1000 万円の資金の横領をしてい

たことを告白した．しかも彼女は警察の取り調べの段階で，この横領の事実を告げていたというのである．横領の事実に目をつぶり，その代わりに証人に仕立て上げて無罪の人間を逮捕・起訴するには，組織的で強固な意図がなければできない．」（p.192）

　安田さんとはそんなにすごい人なのか，ということを弘中弁護士の本から知ったのは，カルロス・ゴーンが保釈中にレバノンへ逃亡（2019年12月）したころだ．安田弁護士に初めて会ってからもう9年が経っていた．弁護団には横顔がテレビニュースに一瞬写るのを偶然見かける弁護士も何人かいるから，どうやら難事件や大事件にかかわっている人が多いらしいことは，そうしたテレビニュースを偶然見て知る程度だ．弁護団には元裁判官もいるらしい．弁護団の弁護士とはカレー事件以外のことはほとんど話さない．

註 ───────────────
[1]　弘中惇一郎：『無罪請負人──刑事弁護とは何か？』角川書店（2014）.

## ● 和歌山地方検察庁の反応

　中井鑑定は分析化学として当然守るべき標準操作手順やルールに従っていないことを指摘した河合のX線分析の進歩誌の2012年の論文[1]──この論文は先述したとおりカレーヒ素事件弁護団だけでなく，多くの弁護士のアドバイスをもらって中立性に配慮して慎重に執筆した論文だ──と，亜ヒ酸は軽元素組成が異なることを指摘した同誌の2013年の論文[2]を弁護団は弁号証として和歌山地裁へ提出した．この2013年の論文[2]をもとにした弁護団の記者発表も，2013年3月10日の新聞各紙を引用した通り，「再鑑定を求めている」（読売），「再鑑定の必要を訴えた」（京都新聞）という控えめなものだった．

　それに対して和歌山地方検察庁は，河合論文が「誤った分析方法を用いている」[3]と主張した．

　すなわち，和歌山地方検察庁検察官上坂和央検事[3]は，現代化学誌の2013年6月号に掲載された河合論文[4]（出版は5月）と，函館の分析化学討論会後に中井教授が河合論文に対する反論として同誌8月号に発表した論

文[5]（出版は7月）とを添付した検察官意見書[3]を2013年11月19日付で和歌山地裁へ提出し，X線分析の進歩誌の河合論文[2]は「明らかに誤った分析方法を用いている．したがって，これによって得られた結論には何らの信用性もなく，これに論拠を置く弁護人の主張が失当であることは明らかである（なお，河合文献[2]については，ほぼ同一の内容が一般向けの化学雑誌に掲載されており[4]，中井鑑定人は，これに対して同雑誌に，上記と同趣旨の反論論文[5]を掲載している．該当する記事は，現代化学2013年6月号の「和歌山毒カレー事件の鑑定の信頼性」及び同8月号「和歌山毒カレー事件放射光X線分析による鑑定の全容」であるが，該当する記事の写しを資料1，2として本意見書末尾に添付するので，本論点に係る専門家としての意見の限度で参照願いたい）」などと主張した．

　X線分析の進歩誌や現代化学誌に掲載した河合論文[1,2,4]を，上坂検事は「誤った分析方法を用いている」と断じた．上坂検事は「一般向けの化学雑誌」などとしてX線分析の進歩誌と現代化学誌とを区別しているが，どちらの雑誌も一般書店で購入できる．根拠を示して発表した科学論文を，検察官に誤っていると言われたからには，専門家として放置することはできない．

　上坂検事は検察官意見書で「論点に係る専門家としての意見の限度で参照願いたい」などと，中井論文[5]を参照するように，上から目線で裁判官を促しているから，河合論文[1,2,4]が中井論文[5]によって完全に論駁されたと勘違いしたようだ．上坂検事が検察官意見書を提出したのは11月19日だったが，中井論文[5]が7月中旬に発売された直後に，中井論文には事実に反する記載が多数あることを河合は現代化学誌編集室に指摘し，編集室も河合の指摘を認めて，中井教授に対して事実に反する記述を訂正するように申し入れた．中井教授は訂正する気はない，と回答したそうだ．そこで河合は現代化学誌10月号（発売は9月中旬）[6]でその誤りのうちの3点を指摘した．この河合論文[6]が現代化学誌の「論点」と題する論文として出版されたのは，上坂検事が和歌山地裁へ意見書を提出する2か月も前のことだ．

　現代化学誌10月号で私が指摘した中井論文の問題点は，(i)林真須美は「無罪」だと河合が言っていると中井教授が断定していること，(ii)法廷外で議

論するのは不適切だと中井教授が主張していること，(iii) 谷口早川鑑定が中井鑑定を支持する結論だったと中井教授が主張していること，の 3 点の外形的に明らかな間違いだ．「上述以外にも，中井さんの論文には誤謬の存在が目立つ．これらは分析化学についての重大な誤謬であるので，場を改めて指摘したい」と結んだ．

　(i)「河合論文の中立的な指摘」と題する節で説明したとおり，現代化学誌では「有罪か否かの決定的な証拠を得ることが必要」「逆に無実の証明になります」とは書いたが，「無罪」という単語は注意して使わなかった．無罪かどうかを判示するのは「裁判所」だからだ．中井教授は，悪を裁く裁判官の役割を鑑定人としての自分の役割だと思い込んでいるから「無罪」という表現が出たのだ．中井教授は鑑定を悪用して林真須美を裁いたのだ．(ii) 中井鑑定方法は杜撰なものだったことを，法廷外で堂々と議論することに何の問題もないはずだ．芸能レポーターに聞かれて「裁判に関係するのでコメントは控えさせていただく」とテレビで言う芸能人もいるが，裁判を批判すると逮捕されるほど日本はブラックな国だとでも中井教授は言いたいのだろうか．(iii) の谷口早川鑑定は，第 7 章「職権鑑定」で述べるように，同一物とは結論せずに，同種又は判定できないと結論することに鑑定前から決めていたから，正当な鑑定とは言えない．このことを早川教授が告白したのは，この河合中井論争の後だから hindsight（後知恵）になるとはいえ，河合の「論点」[6] の指摘が正しかったことになる．

　中井教授は 2018 年になって，この 2013 年の中井論文 [5] には事実に反する内容が少なくとも 2 点書かれていたことを認める中井回答書 [7] を，大阪高検を通じて大阪高裁へ提出した．その 2 点とは，(iv) プラスチック容器付着亜ヒ酸 F のスペクトル 2 点が，中井鑑定書検甲 1170 と中井現代化学論文とにそれぞれ掲載されているが，裁判で証言したとおり，F のスペクトルは全部で 1 つしか測定しなかったこと．現代化学誌の F のスペクトルは別のスペクトルと取り違えたものだったこと．(v) 1998 年 12 月の中井鑑定は科警研鑑定書の内容を熟知した上で行ったものだという趣旨のことを現代化学誌中井論文 [5] に書いたが，2018 年の中井回答書 [7] では，中井鑑定を行うに

あたって「科警研の鑑定書を読んだことはなく」と主張した．2020 年の民事裁判でも「科警研の鑑定《検甲 1168》で参考にしたことは Bi が検出された事実だけ」だったと陳述書[8]で中井教授は主張したことは先述した．

　現代化学誌中井論文[5]の訂正前の(iv)と(v)が，真実を書いたものだったなら，それは確定判決を覆す決定的な内容を含んでいた．だから，北検事に質されて，中井回答書[7]では嘘の訂正をしたのだ．仮に中井教授の訂正どおりなら，現代化学誌中井論文は，事実に反する記載が少なくとも 5 点も書かれたウソまみれの論文だったことを意味する．もはや中井教授は訂正(iv)と(v)が本当であっても，ウソであっても，どうしようもない状況に追い込まれてしまった．

　はたして(iv) (v)の訂正[7]は本当だろうか？　中井現代化学誌論文は，(iv) (v)に関しては，訂正のほうがウソなのだ．大阪高検北英知検事に質された(iv) (v)については，中井教授が河合論文に激怒して，つい本当のことを現代化学誌に書いてしまったのだ．(v) 科警研鑑定書検甲 1168 の内容を事前に熟知したうえでカンニングした鑑定だったことは，第 4 章の「英国ワイリー社の中井英語論文」とそれに続く節ですでに指摘した．中井教授もワイリー社の中井英語論文に「This is true.」と書いたことは先述した．

　台所プラスチック容器 F のスペクトルとして中井現代化学誌論文[5]に掲載されたスペクトルが，F のスペクトルではなかったという(iv)の訂正[7]については，この訂正が事実に反することが民事裁判の中井証言で明らかになった．「プラスチック容器 F のスペクトルは何度も測定していた」と題する節で述べる．和歌山カレー事件では，地裁が再審請求を棄却して動きがなくなったが，民事裁判で新証拠が出るというハプニングが起こった．安田弁護士の提案に共鳴した弁護団が民事裁判に取り組んだ成果だ．この民事裁判は中井教授が「選択励起」だと主張する実験条件がウソだったという大きな収穫もあった（第 6 章）．本章の「プラスチック容器 F のスペクトルは何度も測定していた」と題する節で述べることはその収穫のほんの一部に過ぎない．第 6 章の林真須美頭髪鑑定の選択励起に関する隠蔽の発覚は再審請求審にとって極めて大きな意味を持つ．

註 ——————————

[1] 河合潤：和歌山カレー砒素事件鑑定資料——蛍光 X 線分析，X 線分析の進歩，43，49-87 (2012).

[2] 河合潤：和歌山カレーヒ素事件鑑定資料の軽元素組成の解析，X 線分析の進歩，44，165-184 (2013).

[3] 上坂和央（和歌山地方検察庁検察官検事）：『意見書』2013 年 11 月 19 日.

[4] 河合潤：和歌山毒物カレー事件の鑑定の信頼性は十分であったか，現代化学，2013 年 6 月号，pp.42-46.

[5] 中井泉，寺田靖子：放射光 X 線分析による和歌山毒カレー事件の鑑定——鑑定の信頼性に対する疑問に答える，現代化学，2013 年 8 月号，pp.25-31.

[6] 河合潤：論点，中井論文の誤りを指摘する，現代化学，2013 年 10 月号，p.68.

[7] 中井泉：『回答書』検 3，2018 年 4 月 4 日.

[8] 中井泉：民事裁判『陳述書』乙 2，2020 年 1 月 10 日，p.15.

## ● 和歌山地裁の反応

　2014 年 6 月 30 日の『鑑定及び証拠開示命令の申出について』に戻る．先述した通り，上坂検事[1]は河合論文を指して「誤った分析方法を用いている」などと不用意な主張をした一方で，和歌山地裁浅見裁判長らは，河合論文の学術的内容に触れることがないように，きわめて慎重に言葉を選んで『鑑定及び証拠開示命令の申出について』[2]を執筆した．しかし前節で述べたように事実に反する内容や，確定判決を覆すほど重大な内容を含む中井現代化学誌論文[3]を根拠として，「中井亜砒酸鑑定が専門的知見に基づく合理的なものであるという点はいささかも揺らぐものではないのであって，その信用性は十分に肯定できる.」（pp.6-7）と判示した．分析化学研究者として，和歌山地裁浅見健次郎裁判長ら執筆の『鑑定及び証拠開示命令の申出について』[2]は決して見過ごすことができない文書だ．次節で述べるように民事裁判では林真須美台所プラスチック容器亜ヒ酸 F を中井教授が何度も繰り返し測定していたことが明らかになった．測定するたびに，別物の亜ヒ酸であるかのようなスペクトルが得られたはずだ．2018 年の中井回答書[4]で取り違えた

とする現代化学誌に載った F のスペクトルは，中井鑑定書の F のスペクトルとは別物のように大きな違いがあるからだ．F の測定が 1 回だけだったかどうかに私がこだわる理由だ．

　私自身には自分が執筆した論文[5-7]に書いた内容が正しいことはわかっていた．確実なことだけを書いたからだ．当時はまだあいまいで自信のないこと，例えば林真須美関連亜ヒ酸 A 〜 F と紙コップ亜ヒ酸 G とが本当は違うルーツだったことは本書の図表 11，12 の六角形のレーダーチャートなどで発見（2015 年 3 月）する前だったから，ルーツが違うことまでは書いてない．だから上坂和央検事[1]や浅見健次郎裁判長らの文書[2]が間違っていることに絶対の自信があった．

　そこで，意見書(1)を 2015 年 2 月 28 日に提出するに先立って，2014 年 11 月 18 日付で裁判官に対する意見書[8]を書いてみた．裁判官に対するこの意見書では「たとえ分析化学非専門家のコメントであっても私は謙虚に聞くが，文書[2]は，私の論文を理解することなく裁判官が私の論文を学術的に間違いであると断ずるものであり，放置することはできない．地裁裁判官の文書[2]は専門的・学術的にも極めて重大な誤りを含んでいる．」(p.1) と書いて，こういうものを提出したいがどうだろうか，と再審請求弁護団に聞いてみた．こんなことは聞いたことがないが，出すことはできる，と言うことだったので，河合意見書(1)の提出に先立って裁判官への意見書[8]を提出し，2016 年 9 月 3 日に河合意見書⑳を和歌山地裁へ提出後にも，裁判官への意見書「その 2」[9]を提出した．「その 2」は河合意見書(1)〜⑳の要約だ．「その 2」の最後に「私の一連の鑑定書・意見書が鑑定を超えて指し示す新たな真実は，不明な動機によって 4 名を殺害し 63 名に傷害を負わせた真犯人は，凶器の亜ヒ酸を現在も所持したまま，野放しであるという事実である．」(p.14) と結論した．この時には，紙コップ亜ヒ酸 G は六角形のレーダーチャートによって，林真須美関連亜ヒ酸 A 〜 E と異なることが判明後だったからだ．

　Yahoo 知恵袋にカレーヒ素事件に対する質問が出ていることを林真須美支援者が教えてくれたので，回答を書いてみようと思い立ち，学生に手伝ってもらって Yahoo のアカウントを作って回答したのは，2016 年 11 月 20 日

だった．ちょうど京大は学園祭（11月祭）の最中だった．日曜日でも学園祭で研究室に顔を出した学生はYahooを使ったことがあったから，助けてもらって，裁判官に対する意見書「その2」の最後の部分の真犯人は野放しだということを書いた．意見書⑳まで出し終わり，「その2」も出して，和歌山地裁はもうこれ以上意見書を出さないでほしいと言っていることを弁護団から聞いていた．意見書はまだいくらでも書くことができるにもかかわらず，出すな，ということだから，そのアウトプット先をYahoo知恵袋に向けたことになる．Yahoo知恵袋の最後は「質問の答えにはなっていませんが，これ以上の答えが書けるのは犯人だけだろうと思います」と締めくくった．

2020年12月現在40万人以上がアクセスした[10]．こんなに増えたのは最高裁批判で有名な岡口基一裁判官[11]がツイッターに書いてくれたからだ．岡口裁判官のツイッターのアカウントは，削除されてしまった．最高裁には，岡口裁判官のネットでの動静を職務としてモニターしている人もいる．

大学で研究するようになって自分の学説を出すと，その学説の影響が大きいほど，それをつぶそうとする研究者が出てくることを私のような平凡な研究者でも何度か経験したことがある．たとえ自分より年長であろうと，有名であろうと，外国人であろうと，そういうことにひるむことなく，自分が正しいと信ずるなら，自説の正しさを主張すべきことは，卒論で研究室に配属後，大学院生やポスドクなどとして指導を受けた複数のメンター（mentors）に徹底して叩き込まれた．「見る人が見れば正しいことはわかるはずだ」などとして沈黙すべきではないことを叩き込まれた．指導教授などのメンターも普段からそのように戦って研究費を獲得している姿を見せてくれた．研究者の中にはアンフェアな方法，例えば論文査読で否定的意見を述べて出版させないようにするなどの方法を用いようとする人もいるが，たとえそういうアンフェアな目にあってもおおらかに構えて動じることなく公開の場で戦うべきこともまた徹底して叩き込まれた．浅見裁判長らの『鑑定及び証拠開示命令の申出について』を読んで，カレー匕素事件も同じだということを痛感した．

河合意見書(1)～⑳提出後の2017年3月29日の和歌山地裁決定は，異同識

別3鑑定（科警研丸茂鑑定検甲1168, 中井鑑定検甲1170, 谷口早川鑑定職権6）が「減殺」したことは認めたが，依然として林真須美頭髪に亜ヒ酸が付着していたとする山内鑑定書（検甲63）の効力は失われていないとして再審請求を棄却した．山内鑑定書検甲63の不正は第6章で述べる．

**註**

[1]  上坂和央（和歌山地方検察庁検察官検事）:『意見書』2013年11月19日.

[2]  浅見健次郎, 溝田泰之, 森優介（和歌山地裁裁判官）:『鑑定及び証拠開示命令の申出について』2014年6月30日.

[3]  中井泉, 寺田靖子:放射光X線分析による和歌山毒カレー事件の鑑定——鑑定の信頼性に対する疑問に答える, 現代化学, 2013年8月号, pp.25-31.

[4]  中井泉:『回答書』検3, 2018年4月4日.

[5]  河合潤:和歌山カレー砒素事件鑑定資料——蛍光X線分析, X線分析の進歩, 43, 49-87（2012）.

[6]  河合潤:和歌山カレーヒ素事件鑑定資料の軽元素組成の解析, X線分析の進歩, 44, 165-184（2013）.

[7]  河合潤:和歌山毒物カレー事件の鑑定の信頼性は十分であったか, 現代化学, 2013年6月号, pp.42-46.

[8]  河合潤:和歌山地裁浅見健次郎裁判長裁判官, 溝田泰之裁判官, 森優介裁判官に対する意見書, 新弁41号証, 2014年11月18日.

[9]  河合潤:和歌山地裁浅見健次郎裁判長裁判官, 溝田泰之裁判官, 森優介裁判官に対する意見書－その2, 新弁90号証, 2016年9月11日.

[10] 「和歌山毒カレー事件の真相は, 林家同様ヒ素を保持していた近所の一家の長男である中学生が, いたずらしたものですか？ 同地区では池に農薬が投入されたりしたことがあり, これもこどものいたずらとわかった.」（2016年11月18日）という Yahoo 知恵袋の疑問に対して,「河合潤@京都大学です. この数年間, カレーヒ素事件の鑑定書を, 研究の一環として解析しています. chiebukuro のこのページのことを知らせてくれた人がありましたのでちょっと書いてみようと思います. 学生に手伝ってもらって Yahoo になんとか登録できました……」（2016年11月20日）. https://detail.chiebukuro.yahoo.co.jp/qa/question_detail/

q10166953385

[11] 岡口基一：『最高裁に告ぐ』岩波書店（2019）．この本の出版後，「なんでこんな本を出すんだ」というクレームが複数の大学教授から出版社に寄せられたそうだ．研究者の世界というのはそれなりに陰湿だ．

## ● プラスチック容器 F のスペクトルは何度も測定していた

中井教授は林真須美台所プラスチック容器 F のスペクトルを 1 回しか測定していない，と裁判で証言していた[1]．中井現代化学誌論文[2]に掲載された F のスペクトルは，中井鑑定書検甲 1170 の F のスペクトルとは，あたかも別物の亜ヒ酸であるかのように大きな違いがあった．この点を「裁判所」に対して指摘したところ，中井教授は 2018 年の回答書[3]で「この点については，今回，指摘されてはじめて気付いた．結論は，「現代化学 2013 年 8 月号」29 頁図 2 に添付した「F プラスチック容器」のスペクトルは，実際にプラスチック容器を測定したスペクトルではない．現代化学に添付したスペクトルでは，バリウムのピークが出ていないが，プラスチック容器を測定したときバリウムのピークが出ていたので，鑑定書に添付したスペクトルが正しくて，現代化学に添付したものは別のスペクトルを取り違えて添付している．現代化学に添付したスペクトルは，私が，鑑定書提出後に講演を行うにあたって，助手にパソコンでスライド用に作成してもらったファイルをそのまま添付した．スペクトルは，全体的な形が似ているので，スペクトルを取り違えて使っていることに気付いておらず，確認しないまま現代化学に添付したようである．プラスチック製小物入れ F について，測定したのは 1 回だけであり，そのスペクトルは鑑定書添付のものであることは，公判で証言したとおりである．現代化学 8 月号に添付したスペクトルが鑑定書添付のものと異なっているのは，スペクトルの取り違えが原因である．」（pp.1-2）と回答した．中井論文には複数の間違いがあると私が指摘しても，中井教授は訂正しなかったが，検察官に言われると即座に訂正した．

第 2 章の「中井放射光鑑定は実質 1 日と 6 時間だけだった」と題する節で，中井教授は，「科警研の皆さんが ICP-AES で分析してる場合は，多分，

10秒程度だと思います．ですから，10秒程度の計測時間ですと大きな統計誤差が入りますので繰り返し測定することが必要ですが，私のような蛍光X線分析の場合，10秒に対して2400秒，240倍の時間を積算」（第43回公判pp.202-203）したから1回の測定でよいと偽証したことを指摘した．分析化学研究者なら，聞いた瞬間に見抜くことができるこの偽証をしてまで，1回しか測定しなかったことを裁判では正当化していた．Fのスペクトルが，中井鑑定書検甲1170の1つに限らず，現代化学誌中井論文に掲載した別のスペクトルが存在し，しかもこれら2つのスペクトルが別物と言ってよいほど形状が異なったから，スペクトルが2つあってはまずかったのだ．中井教授も「現代化学に添付したスペクトルでは，バリウムのピークが出ていないが，プラスチック容器を測定したときバリウムのピークが出ていた」（中井回答書 p.1）とスペクトルに違いがあることを認めている．違いはバリウムの有無だけにとどまらない．別物と言ってもよいほど違うスペクトルだ．検察の論告要旨にある「いずれもバリウムを含有するという科学鑑定によって，1本の線で結ばれたことになるのである．」というストーリーに合うスペクトルを複数回測定した中から選んで鑑定書に掲載したのだ．

中井教授は民事裁判（2020年2月14日）で林真須美原告代理人岩井信弁護士に，Fプラスチック容器は何回測定したか，と周りを固められながら尋問され，ついに，何度も測定していますと答えた．この裁判では，中井教授，山内教授，河合の3人が証言したが，3人とも他の証人の証言を聞くことができるように証人尋問が行われたから，中井教授もあまりに露骨な嘘をつくことができなかった．それでも「Biが検出された事実だけ」というような偽証は多い．

スプリング8はビーム強度もビーム位置も時々刻々変化する．谷口早川鑑定（職権6）では，茶色タッパーDの亜ヒ酸を錠剤成型して（試料名1896-1-A-P1）その5か所を測定し（スペクトルファイル名8042〜8046）再現性をチェックした．粉末を圧縮して飲み薬の錠剤のようにペレット状に固めたものだ．谷口早川鑑定では，位置の変化と経時変化とを兼ねたチェックをしたことになる．中井鑑定の時期はスプリング8ができてまだ1年しかたって

いなかったから，入射光によってビームラインの光学素子が熱膨張してビームの位置が変化したはずだ．「何度も測定」してチェックする必要があったはずだ．太陽光線を鏡で反射させて壁に光を投射すると，ほんのわずかに鏡の角度が変わっただけでも，遠く離れた壁の光のスポットは位置が大きく動く．光学素子のほんのわずかの熱膨張でX線ビームが数センチメートル動くことは，私もスプリング8でこの時期に経験したことがある．

　谷口早川鑑定のころにはこれが改善されていたはずだが，それでも谷口早川鑑定の定量精度は満天の星のように濃度と相関のないX線強度を示した（図表21で後述する）．

　中井鑑定が行われた1998年のSPring-8のビーム変動の状況では異同識別をすることは不可能だった．中井教授はそれを隠蔽するために「一回測定すれば十分である」ことを強調し，林真須美台所プラスチック容器付着亜ヒ酸Fを複数回測定していたにもかかわらず，1回だけ測定したスペクトルをパターン認識によって鑑定したと主張したのだ．しかしそれが中井現代化学誌論文[2]で破綻すると，上で引用した2018年4月4日付回答書[3]では「スペクトルの取り違えが原因である」，民事裁判陳述書[4]では「これは論文掲載に当たっての私のケアレスミス」(p.16)などとスペクトルの取り違えを主張した．ただし「スペクトルは，全体的な形が似ている」と付け加えることを中井教授は忘れない．抜け目ない．ところが2020年2月14日の反対尋問では，何度も測定しています，と複数回測定したことをついに認めた．この証言の変遷によって，中井現代化学誌論文の「プラスチック容器F」と中井鑑定書検甲1170プラスチック容器Fの蛍光X線スペクトルは，どちらも林真須美台所プラスチック容器付着亜ヒ酸Fを1998年12月のビームタイムに測定したものだったにもかかわらず，別物であるかのようなスペクトル形状の違いを示したということがばれてしまった．

　中井教授は，2014年の『意見書』[5]では，「鑑定書に記載しなかっただけであって，実際には何度も繰り返し測定し，再現性を確認している．プロの分析化学者が再現性のない分析手法を，人の生命に関わる重要な法科学鑑定に使って結論を出すことなど，常識で考えてもあり得ない．」とも記載して

いる．しかしこの文章は 2018 年の回答書[3]「プラスチック製小物入れ F について，測定したのは 1 回だけ」に矛盾していた．

　このように矛盾する内容を中井教授が変遷して述べる理由は，1 審の中井証言に嘘があったからだ．中井教授が分析化学研究者であることを前提とするなら，科警研は F の鑑定を断念した故に，しかも F は検察の論告では林真須美と紙コップとを結びつける最も重要な証拠だったから，また，亜ヒ酸粒子が数粒しか付着していなかった証拠亜ヒ酸 F を鑑定するためにこそ SPring-8 を使用したのだから，それを 1 回しか測定しなかったなどと言うことは有り得ないことだ．

　同一証拠亜ヒ酸を測定しても，試料の角度や粉末の密集状態や凹凸によってスペクトル形状が異なることは当然にありうる．同一物が異なるスペクトル形状を示す理由を明確にしたうえで結論するのが，誠実な鑑定だ．異なるスペクトルが得られたことを隠蔽して同一であるかのように見せるのは鑑定不正だ．カレーヒ素事件鑑定では，中井教授が同一亜ヒ酸を複数回繰り返し測定したスペクトル形状が大きく異なっていたから，そのことを隠蔽し，科警研の鑑定書をカンニングした上で，「パターン認識」と称する不正な鑑定手法で「同一物」だとする虚偽の結論を鑑定書に記載したことが問題なのだ．

註

[1] 2017 年和歌山地裁浅見健次郎裁判長らの決定に「鑑定資料 A ないし G のうち，ごく微量であった同 F 以外の鑑定資料については複数回測定され」（p.100）と記載されているとおり．

[2] 中井泉，寺田靖子：放射光 X 線分析による和歌山毒カレー事件の鑑定——鑑定の信頼性に対する疑問に答える，現代化学，2013 年 8 月号，pp.25-31.

[3] 中井泉：『回答書』検 3，2018 年 4 月 4 日.

[4] 中井泉：民事裁判『陳述書』乙 2，2020 年 1 月 10 日.

[5] 中井泉：『意見書』2014 年 12 月 18 日，p.5.

## ● 和歌山地裁の 2 つの文書

　再審請求審において，和歌山地裁は 2 つの文書を出した．1 つは「和歌山

地裁の反応」と題する節でも引用した 2014 年 6 月 30 日付『鑑定及び証拠開示命令の申出について』と題する文書で,「職権を発動しないこととする」と結論した.もう一つは 2017 年 3 月 29 日付再審請求棄却決定だ.

　再審請求弁護団は,河合による 2014 年 1 月 26 日付の『和歌山カレー事件鑑定書』[1] を和歌山地裁へ提出のうえ,再鑑定と証拠開示とを請求した.これは,中井教授と河合との論争が現代化学誌に掲載された翌年に相当する.先述した通り,和歌山地裁浅見健次郎裁判長ら 3 名の裁判官は,2014年 6 月 30 日付の『鑑定及び証拠開示命令の申出について』と題する文書で,「中井亜砒酸鑑定が専門的知見に基づく合理的なものであるという点はいささかも揺らぐものではないのであって,その信用性は十分に肯定できる.」(pp.6-7),A ～ G やカレー中から検出された亜ヒ酸 I が「同一の工場が同一の原料を用いて同一の時期に製造した亜砒酸であると結論付けた中井亜砒酸鑑定を揺るがすものではなく」「A 緑色ドラム缶,B ミルク缶,C 重記載缶,D タッパー,E ミルク缶の 5 点の亜砒酸粉末若しくは F 本件プラスチック製小物入れに入っていた亜砒酸のいずれかの亜砒酸を,本件青色紙コップ G に入れてガレージに持ち込んだ上,東カレー鍋に混入したという事実が,合理的な疑いを入れる余地がないほど高度の蓋然性を持って認められる(確定審判決書 895 頁)と認定した確定審の判断にも何ら疑問はない.」(p.7) と判示した.「弁護人は,京都大学大学院工学研究科教授河合潤作成の文献[1-4]を前提に,異同識別において指標元素をアンチモン,スズ,ビスマス,モリブデンに限定することは妥当ではなく,軽元素に着目した再鑑定が必要である旨主張している」(p.5) が中井現代化学誌論文によれば「蛍光 X 線分析は,2 ミリメートル角の小さなビームで分析しているため,このような混合物の分析では偏在の影響を受けやすく,中井亜砒酸鑑定における鑑定資料である本件容器に付着した亜砒酸 F や,カレーに混入した亜砒酸 G は,いずれも顕微鏡下で針の先で取り出したごく微量の試料であり,かつ,上記のとおりセメント等が混ぜられた不均一な試料であったため,このような試料を,2ミリメートル角の小さなビームで分析すれば,たまたま,亜砒酸の多いところに X 線が当たれば砒素が強くなり,セメント粒子の多いところではバリウ

ムが強くなる．したがって，このように原子レベルで均一に混ざらない元素
は，異同識別の指標には適していないなどとされている」として和歌山地裁
浅見裁判長らは，再鑑定や証拠開示請求を棄却した．

　しかし「本件容器に付着した亜砒酸 F」は中井証言によれば 1 回しか測定
してなかったはずだから，2014 年 6 月 30 日の時点で「たまたま，亜砒酸の
多いところに X 線が当たれば砒素が強くなり，セメント粒子の多いところで
はバリウムが強くなる」という 2 つのスペクトルは存在しないことになって
いたはずだ．

　紙コップ付着亜ヒ酸 G についても浅見裁判長らは「2 ミリメートル角の小
さなビーム」では試料の一部分にしか放射光が当たらないかのように判示し
た．紙コップ付着亜ヒ酸 G の写真（図表 1 G）に一辺 2mm の正方形を重ね
て示したとおり，「2 ミリメートル角」のビームを用いれば，試料の大部分
の面積をカバーしている．図表 1 G の粉末を少し振動させて下に集めれば 2
ミリメートル角のビームで G の亜ヒ酸すべてをカバーできる．浅見裁判長
らの判示は，試料の大きさに比べて「2 ミリメートル角」のビームのほうが
圧倒的に小さいと誤認したものだ．実際には「2 ミリメートル角」のビーム
に紙コップ亜ヒ酸の全量が入るから，2014 年の浅見裁判長らの『鑑定及び
証拠開示命令の申出について』と題する文書に述べられている「中井亜砒酸
鑑定が専門的知見に基づく合理的なものであるという点はいささかも揺らぐ
ものではないのであって，その信用性は十分に肯定できる．」（pp.6-7）とい
う理由は崩れる [5]．

　中井鑑定書を読んでそれが「専門的知見に基づく合理的なもの」とは程
遠いものであることが専門家としてわかっていた河合は，意見書(1)〜(20)を
2015 年 2 月 28 日から 2016 年 9 月 3 日の約 15 か月をかけて，ひと月当たり
約一通の割合で提出した．意見書が書きあがると，再審請求弁護団の中道武
美弁護士法律事務所へ郵送し，中道弁護士はそれをスキャンして弁護団へ配
ると同時に和歌山地裁へ提出した．意見書(1)〜(20)の総ページ数は 258 ページ
となった．各意見書の最後には，次の意見書の提出予定日を予告し，ほぼそ
の日程通りに，時にはその日程よりやや早めに提出しつづけた．

私に対する裁判官の最初の応答が 2014 年 6 月 30 日付の『鑑定及び証拠開示命令の申出について』と題する文書だったことは，意見書の執筆にどう取り組むべきかを決めた．裁判官は，確定判決は正しいという予断をもって決定を書いているらしいことが，決定の「中井亜砒酸鑑定が専門的知見に基づく合理的なものであるという点はいささかも揺らぐものではない」等の文言から感じた．それゆえ，2014 年の和歌山地裁の「職権を発動しないこととする」という文書以降は，裁判官の間違いは遠慮することなく指摘することにした．その手始めが『裁判官に対する意見書』[6] だった．

　河合意見書(1)～⒇などを 2016 年 9 月 3 日までに提出後，弁護団は補充書等を提出し，その半年後の 2017 年 3 月 29 日には和歌山地裁浅見健次郎裁判長ら 3 名の裁判官による和歌山地裁決定が出た．「異同識別 3 鑑定の証明力が減退したこと自体は否定しがたい状況にある．」（p.151）と異同識別に関してはその鑑定の杜撰さを複雑な構文の文章で認めたが，「3 価砒素が林真須美の頭髪から検出されたとする毛髪鑑定の信用性が減殺されることはない．」（p.129）という理由によって再審請求を棄却した．

　和歌山地裁は，2014 年 6 月 30 日の「職権を発動しないこととする」という文書では，上述したとおり「中井亜ヒ酸鑑定が専門的知見に基づく合理的なものであるという点はいささかも揺らぐものではないのであって，その信用性は十分に肯定できる．」と判示した．それから 3 年も経ない 2017 年 3 月 29 日の決定では「異同識別 3 鑑定の証明力が減退したこと自体は否定しがたい状況にある．」という判示に変わった．この判示は，SPring-8 異同識別鑑定がその証明力を失ったことを意味する．

　　註

[1]　河合潤：『和歌山カレー事件鑑定書』2014 年 1 月 26 日．

[2]　河合潤：和歌山カレー砒素事件鑑定資料——蛍光 X 線分析，X 線分析の進歩，43，49-87（2012）．

[3]　河合潤：和歌山カレーヒ素事件鑑定資料の軽元素組成の解析，X 線分析の進歩，44，165-184（2013）．

[4]　河合潤：和歌山カレーヒ素事件における卓上型蛍光 X 線分析の役割，X 線分析

の進歩，45，71-85（2014）.

[5] Gの亜ヒ酸は，フォトンファクトリーでは紙コップに直接シンクロトロンビームを当てて測定した．SPring-8 では中井現代化学誌論文に掲載された図表 1 Gの写真に 2mm 角の大きさのビームを当てて測定したということだ．ただし図表 1 G の写真は，谷口早川職権鑑定書の写真であって，中井鑑定の写真ではない．

[6] 河合潤：『和歌山地裁浅見健次郎裁判長裁判官，溝田泰之裁判官，森優介裁判官に対する意見書』新弁 41，2014 年 11 月 18 日.

# 第6章 林真須美頭髪鑑定の問題点

　和歌山県警は1998年12月9日午後3時23分〜37分にかけて和歌山簡易裁判所の発した身体検査令状を林真須美に示し，医師が「鋏を用いて同人の頭部五箇所（右側頭前部，右側頭後部，左側頭前部，左側頭後部，頭頂部）から，それぞれ数10本ずつ毛髪を採取した」[1,2]．「頭皮から約1センチメートルの部分」で切断した．

　聖マリアンナ医科大学予防医学教室山内博助教授は，1998年12月11日に，同医科大学機器分析室で，右側頭前部，右後，左前，左後の4か所の林真須美の頭髪各約50ミリグラム（=0.05g）ずつを蓋付き「耐熱性のプラスチック試験管に取り，これに2N水酸化ナトリウム溶液2mℓを加え，100℃で3時間加熱分解し」[3]検液を準備した．ここで「2N」のNは規定濃度という濃度の単位だ．この検液を2液に分けたのち，30倍の量の還元用緩衝溶液を加えて各液をpH1.5とpH3.5にしたうえで（pHメータで確認），水素化ホウ素ナトリウム $NaBH_4$ を加えてヒ素水素化物ガスを生成させ，原子吸光分光装置（HG-AAS）で3価無機ヒ素を定量した[3]．この結果，林真須美の右前頭部頭髪に，頭髪1g当たりに換算して，0.090マイクログラムの3価無機ヒ素を検出した（図表16）．採取した頭髪の写真によれば頭髪の長さは概略10〜15cmだ．日本人の平均的な頭髪は15cm当り約1mgと言われているので，50mgの頭髪は15cmの頭髪に換算すれば50本に相当する．右後，左前，左後頭髪には亜ヒ酸の付着を示す3価無機ヒ素は検出されなかった．頭頂部の頭髪の鑑定嘱託はなかった．頭頂部を除外した理由は不明だ．

　中井泉教授は同年12月14〜16日に，つくば市にある高エネルギー研シンクロトロン放射光施設フォトンファクトリーのビームラインBL-4Aで林真須美右前頭部の頭髪1本（山内鑑定で水酸化ナトリウムに溶解させずにとっ

図表16.　　2017年和歌山地裁決定の別表6. 山内鑑定書検甲63表1と同一.

| 測定部位 | 頭髪中砒素濃度　μgAs／g | | | |
| --- | --- | --- | --- | --- |
| | iAs | As（Ⅲ） | DMA | 総砒素 |
| 左側－前頭部 | 0.090 | － | 0.026 | 0.116 |
| 右側－前頭部 | 0.122 | 0.090 | 0.037 | 0.159 |
| 右側－後頭部 | 0.029 | － | 0.031 | 0.060 |
| 左側－後頭部 | 0.036 | － | 0.029 | 0.065 |
| 正常値（100名） | 0.060 | | 0.020 | 0.080 |

iAs,無機砒素（無機の3価砒素+無機の5価砒素）；As（Ⅲ）,無機の3価砒素；
DMA,ジメチル化砒素；　　総砒素, iAs+DMA
-,不検出　当研究室における頭髪中砒素濃度の正常値は100名から求めた。

ておいた頭髪）を 10cm の長さにわたって分析した[4]. 中井教授は 4 mm 幅
のシンクロトロン X 線ビームを，頭髪を 4mm ずつ移動させながら照射し，
頭髪の毛根側切断部から 48mm の位置にヒ素のピークを検出した. X 線の幅
は 4mm だから，48 〜 52mm の区間の 1 点だけにヒ素が付着していたことが
わかった. これは 10cm の測定範囲のちょうど中央の 5.0cm ± 2mm に当たる.
　ヒ素を経口摂取したなら，ヒ素は頭髪へ何日もかけて徐々に排出される
から，頭髪の毛根方向へなだらかに減少する濃度分布を示すが，この林真
須美頭髪では頭髪の端から 48mm の位置一点だけにヒ素が検出されたから，
「《水素化物生成原子吸光分光分析装置 HG-AAS によって》頭髪への亜ヒ酸
汚染を確認し，さらに，砒素の分析理論が異なる高精度な放射光蛍光 X 線
分析でも，高濃度の砒素を頭髪採取日から推定して 4 − 5 ヶ月前の成長位置
（48mm）に明確に検出した. すなわち，二つの高精度な砒素分析において，
異常な砒素を共通して検出し一致したことは，この被験者《林真須美》の頭
髪に一般健常者には認められない亜ヒ酸曝露（外部付着）が存在していたも
のと判断する.」（p.5）と山内助教授は鑑定書[3] で結論した. 頭髪が伸びる
速度は一か月あたり約 12mm だと言われている.
　フォトンファクトリーで検出されたヒ素は林真須美が経口摂取したもので

はなく，頭皮に近い部分の頭髪に，夏祭りのころに外部付着し，そのまま12月まで付着し続けたものだとされた．「高濃度の砒素を頭髪採取日から推定して4－5ヶ月前の成長位置（48mm）に明確に検出した．」という山内鑑定書の結論に基づき，最高裁は「被告人の頭髪からも高濃度の砒素が検出されており，その付着状況から被告人が亜砒酸等を取り扱っていたと推認できる」と判示した．

　この最高裁の死刑理由は，前章の「カレーヒ素事件第3審最高裁判決の特異性」と題する節で述べた「被告人がその犯人であること」の3理由のうちの②に当たる．

　2017年和歌山地裁再審請求棄却決定でも，第5章の最後の節で引用したように「3価砒素が林真須美の頭髪から検出されたとする毛髪鑑定の信用性が減殺されることはない．」（p.129）と判示して浅見健次郎裁判長らは再審請求を棄却した．

　林真須美「の頭髪に一般健常者には認められない亜ヒ酸曝露（外部付着）が存在していたものと判断」した山内鑑定書検甲63[3]と中井鑑定書検甲1232[4]には，主要な点に限っても以下の5点の鑑定不正があった．

(i)　山内博助教授の水素化物生成原子吸光分光分析（HG-AAS）方法では，5価ヒ素を3価に還元した後に水素化ホウ素ナトリウムによって，アルシン（$AsH_3$という化学式の気体）というヒ素水素化物を発生・検出して定量するので，山内助教授の分析方法では5価ヒ素が存在すれば，亜ヒ酸が頭髪に付着していなくても，亜ヒ酸に相当する3価無機ヒ素が検出される．

(ii)　3価無機ヒ素が「一般健常者《の頭髪》には認められない」とする山内鑑定書の健常者のデータは捏造だった．

(iii)　常温の水酸化ナトリウム水溶液中で3価ヒ素は5価ヒ素に速やかに酸化されるが，山内鑑定では，林真須美頭髪を水酸化ナトリウム水溶液に入れて100℃で3時間も加熱したから，仮に頭髪に亜ヒ酸（3価ヒ素）が付着していたとしても，3価ヒ素の存否は山内鑑定方法では鑑定でき

ない．このことを山内助教授は 1984 年に土呂久鉱山坑内水を分析した
ときから知っていた．

(iv)　山内助教授は，頭髪中のヒ素を分析する場合は，いつも 500 ミリグラ
ム（=0.5g）の頭髪を分析してきた（15cm 長の頭髪に換算して 500 本）．
林真須美頭髪に限って 50 ミリグラム（15cm の頭髪なら 50 本に相当）
の頭髪を分析したから，50mg では，図表 16 の 0.090$\mu$g の 3 価無機ヒ
素は検出下限に達していない．頭髪の量が少なすぎたからだ．50 ミリ
グラムの林真須美の頭髪を鑑定した場合，頭髪 1g 当たりに換算して
0.3$\mu$g を超えるヒ素を含んでいなければ検出できなかった．その上，山
内助教授は林真須美頭髪鑑定のときには，検液を 2 液に分けて分析した
から，0.3 マイクログラムの 2 倍の 0.6 マイクログラムを超えるヒ素を
含んでいなければ検出できなかった．

(v)　中井教授が測定してヒ素だと帰属した蛍光 X 線スペクトルのピーク
（後節図表 18 の「As」のピーク）は，ヒ素ではなく鉛のピークだった．

　この 5 点の不正以外にも，山内助教授以外の研究者によって 1960 年代に
開発され，広く使われていた水素化物生成原子吸光分光分析（HG-AAS）方
法を，山内助教授は，2000 年 8 月 9 日第 37 回公判で「原子吸光法として確
立したのは，私本人でございます」（証人尋問調書 p.34）と証言したり，「1990
年 8 月から米国メリーランド州立大学医学部毒物学科大学院客員教授として
招聘されまして，現在《2000 年 8 月 9 日》に至っております．」（p.2）とも
証言したから，山内鑑定人は「砒素の分析では日本における第一人者であ
り，世界的にも有名であるなどと評価されている」（2017 年和歌山地裁決定
pp.130 ～ 131）と判示された．しかし山内助教授は 1990 年 8 月 20 日から
1992 年 4 月 30 日までの間，メリーランド大学の無給のポスト・ドクトラル・
フェローであったに過ぎない．これは林真須美弁護団の大堀晃生弁護士がメ
リーランド大学に問い合わせてバレた．普通は米国大学側からポスドクとし
て年俸契約を結んで研究する．

　問題点(i)～(v)を酸化還元電位などの化学理論に基づいて説明すれば，その

ゴマカシは化学に詳しい読者には明白だが，それでは化学に詳しくない読者にはかえって訳がわからないだろう．そこで本章ではできるだけ化学に立ち入らずに，説明してみたいと思う．次節からの(i)〜(v)は上で列挙した問題点(i)〜(v)に対応する．

註 ────────────

[1] 元畑香子（和歌山県警察本部刑事部捜査第一課巡査部長）：身体検査調書，検甲60，1998年12月9日．

[2] 元畑香子（和歌山県警察本部刑事部捜査第一課巡査部長）：毛髪採取箇所の図面作成について，検甲61，1998年12月19日．

[3] 山内博（聖マリアンナ医科大学予防医学教室助教授）：『鑑定報告書』検甲63，1999年3月29日．

[4] 中井泉：『鑑定書』検甲1232，1999年7月23日．

## ●(i) 山内鑑定書では5価を3価ヒ素に還元して検出した

　山内博鑑定書検甲63[1]には，「この時《総無機ヒ素量を定量する時》の還元用の反応液は，10%シュウ酸溶液（pH1.5）30mℓを用いた．」「無機の3価砒素（As（III））を特異的に測定するために，砒素の還元用の反応液は10%フタル酸カリウム（pH3.5）30mℓを用いた．」(p.2)と還元用の反応液でヒ素を3価に還元していたことが分析操作手順として記載されている．水溶液中の3価無機ヒ素とは，$AsO_3^{3-}$などの亜ヒ酸イオンを指す．O（酸素）の価数を$-2$として，この式を計算すると，$As + 3 \times (-2) = -3$という方程式を解いて，Asの価数$+3$を得る．これを3価無機ヒ素と呼び，$AsO_3^{3-}$や$As^{3+}$やAs（III）などと表す．5価ヒ素は$As^{5+}$やAs（V）などと書く．As（III）→ As（V）を酸化，As（V）→ As（III）を還元という．

　2017年和歌山地裁再審請求棄却決定には「超低温捕集－還元気化－原子吸光法により頭髪中砒素濃度を分析する際に頭髪中の5価砒素が3価砒素に還元されることはないのであって，毛髪鑑定において請求人の右側前頭部に付着していた3価砒素の一部が5価砒素に酸化されたために3価砒素の濃度が実態よりも低く計測された可能性があったにすぎないから，一般人の毛髪

からは検出されない3価砒素が請求人の頭髪から検出されたとする毛髪鑑定の信用性が減殺されることはない.」(p.129) と浅見健次郎裁判長らは書いている. ところが山内鑑定書検甲63には上述した通り,「この時の還元用の反応液は10%シュウ酸溶液(pH1.5)30mℓを用いた」「砒素の還元用の反応液は10%フタル酸カリウム(pH3.5)30mℓを用いた」と明確に書いてある. シュウ酸やフタル酸カリウムを加えて5価ヒ素を3価に還元したことが明記されている. 2017年和歌山地裁再審請求棄却決定は浅見健次郎裁判長を含め3名の裁判官の合議だ. 科学論文なら共著に相当する. 鑑定書にはシュウ酸やフタル酸カリウムを用いて還元したとはっきり書いてあるにもかかわらず,3人の裁判官がそろって「頭髪中砒素濃度を分析する際に頭髪中の5価砒素が3価砒素に還元されることはない」ことにしてしまったのだ.

大阪高裁樋口裕晃裁判長らは2020年3月24日即時抗告棄却決定において,頭髪中のヒ素について,山内鑑定では「5価砒素が3価砒素に還元される旨の指摘はされていない」「頭髪中砒素濃度を分析する際に頭髪中の5価砒素が3価砒素に還元されることはなく」「一般人の毛髪からは検出されない3価砒素が請求人の頭髪から検出されたとする毛髪鑑定の信用性が減殺されることはない」(大阪高裁決定 pp.47-48) と判示した.

山内鑑定書には,先述した通り,林真須美頭髪中ヒ素の「還元用の反応液は,10%シュウ酸溶液(pH1.5)30mℓを用いた.」(p.2) などと5価ヒ素を3価に還元して分析したことが書いてあるから,樋口裁判長らは山内鑑定書を読むことなく「頭髪中砒素濃度を分析する際に頭髪中の5価砒素が3価砒素に還元されることはなく」などと即時抗告棄却決定に書いたことは明白だ. 大阪高裁の3人もの裁判官の誰一人として,本件にとって最も重要な鑑定書の一つである山内鑑定書検甲63さえ読むことなく,間違った認定をして即時抗告棄却決定を書いたのだ. 和歌山地裁も大阪高裁も証拠文書さえ読むことなく決定を書いたのだ. 杜撰だ. 怠慢だ.

5価ヒ素は3価に還元しなければアルシンという水素化物ガスを発生できない. これは化学の話だ. しかしアルシンの化学を全く理解できなくても,樋口裁判長らが日本語を読んでさえいたら「還元されることはなく」などと

は判示できなかったはずだ.

　山内鑑定方法では，5価ヒ素を3価に還元したのち，水素化ホウ素ナトリウムによってアルシン AsH$_3$ という水素化物気体を発生させ，原子吸光分光装置で検出した．だから，5価ヒ素があれば，亜ヒ酸に相当する3価ヒ素が検出される．ただし，分析した林真須美頭髪の本数は少なすぎたから，ヒ素は検出下限に達しない濃度だった．山内鑑定の手順では，ヒ素の信号は全く検出できなかったはずだ．検出下限については(iv)で述べる．

註 ————————————————

[1]　山内博：『鑑定報告書』検甲63，1999年3月29日.

## ● (ii) 健常者のデータは捏造だった

　1988年の Yamato 論文[1]，1997年の山内論文[2]，1998年の山内鑑定書[3]には健常者100名の頭髪中のヒ素濃度が掲載されている．ヤマトさんは山内助教授と同じ研究グループの研究者で，山内助教授が「原子吸光法として確立した」（証人尋問調書 p.34）と主張する超低温捕集 - 還元気化 - 原子吸光装置で，日本人100名の頭髪ヒ素濃度を分析した結果を単著論文として1988年に出版した．分析した頭髪は一人当たり500ミリグラムだ．3価無機ヒ素は Yamato 論文の分析項目にはなく，頭髪1グラム当たり，全無機ヒ素 0.056 ± 0.033 マイクログラム，MA[4] 検出されず，DMA0.020 ± 0.021，TM 検出されず，全ヒ素 0.075 ± 0.043 と報告した（図表17）．±は標準偏差，言い換えれば，個人差と分析誤差とを合わせたものだ．図表17では MA と TMA は省略した．

　山内助教授は1997年に英語論文[2]を出版した．この英語論文には，健常者100名の頭髪のヒ素濃度の平均値として，全無機ヒ素 0.056 ± 0.033，MA 検出されず，DMA0.022$^{ママ}$ ± 0.021，TMA 検出されず，全ヒ素 0.075 ± 0.043 と記載されている．DMA の小数点以下第3位の数値が異なる以外はヤマト論文とまったく同じ数値だ．全ヒ素濃度 0.075 から逆算すれば，DMA の 0.022 の 2 がミスプリだということは明らかだ．全ヒ素濃度は個別の分析値の和であって，山内グループでは全ヒ素を別途分析してはいなかった．0.020 のま

図表 17. 「正常値（100 名）」の分析値の比較（数値は頭髪 1 g 当たりに換算した $\mu$g ヒ素重量）.

| 正常値 100 名 | 全無機ヒ素 | 3 価無機ヒ素 | DMA | 全ヒ素 |
|---|---|---|---|---|
| 1988 年 Yamato 論文[1] | 0.056 ± 0.033 | 分析せず | 0.020 ± 0.021 | 0.075 ± 0.043 |
| 1997 年山内論文[2] | 0.056 ± 0.033 | 分析せず | 0.022 ± 0.021 | 0.075 ± 0.043 |
| 1998 年検甲 63[3] | 0.060 | 不検出 | 0.020 | 0.080 |

まなら DMA0.020 ± 0.021 のマイナス側の計算値は 0.020 － 0.021 ＝ － 0.001 という負の濃度になるから，山内助教授が Yamato 論文からの盗用に際して，0.020 から 0.022 に改ざんしたのだろうと考えられる．山内助教授の米国雑誌の論文[5] でもヤマトさんの論文の小数点以下第 3 位を勝手に改ざんして使っている例があるからだ[6]．1997 年の山内論文[2] には，健常者 100 名の数値の出典の記載はない．ヤマトさんの論文[1] から引用したことは書かれていない．Yamato 論文はヤマトさんの単著論文だから 1997 年の山内英語論文[2] はヤマトさんのデータの盗用に当たる．盗用した上，DMA の数値を改ざんまでしている．ミスプリではない．

　林真須美頭髪を鑑定した山内助教授の鑑定書[3] には「正常値（100 名）」として全無機ヒ素 0.060，3 価無機ヒ素「不検出」，DMA0.020，総ヒ素 0.080 という数値が記載されている．これらの数値の比較が図表 17 だ．図表 16，17 の「不検出」は，分析しても検出下限に達しない濃度だったことを意味する．1988 年の Yamato 論文[1] や 1997 年の山内論文[2] ではそもそも 3 価無機ヒ素は分析項目になかったから，図表 17 には「分析せず」と表示した．

　図表 17 の各行を見比べれば，山内鑑定書検甲 63 の「正常値（100 名）」はヤマトさんの論文の小数点以下第 3 位を四捨五入した後に，第 3 位を 0（ゼロ）としたものだということがわかる．ここでも山内鑑定書では，分析したけれど健常者の頭髪には 3 価無機ヒ素は検出されなかったという意味の「不検出」に改ざんされていることも明らかだ．

　Yamato 論文[1] と検甲 63[3] を比較して，山内鑑定書の「正常値（100 名）」のデータが捏造であることを和歌山地裁に対して指摘すると[7]，和歌山地裁

浅見健次郎裁判長らは 2017 年再審請求棄却決定で「山内の鑑定報告書（第
1 審甲 63）に「正常値（100 名）」として別表 6《本書図表 16》のとおり記
載された頭髪中の無機砒素，ジメチル化砒素《DMA》及び総砒素の濃度は，
日常的に行う頭髪中砒素濃度の検査で使用される参考値であると認められ
る．したがって，「正常値（100 名）」（第 1 審甲 63）の数値が，毛髪鑑定よ
り約 10 年も前である平成元年<sup>ママ</sup>に発表された Yamato 論文に掲載された正
常値を改ざんしたものとは認められない．」（p.124）と判示して河合の指摘
[7] を否定した．ここで「別表 6」は本書図表 16 そのものだ．なお浅見裁判
長らは Yamato 論文が「毛髪鑑定より約 10 年も前である平成元年に発表さ
れた」と書いたが，上述した通り，林真須美頭髪鑑定の 1 年前の 1997 年に
出版した山内論文[2] でも山内助教授は Yamato 論文の数値を盗用していた．
重要だからくり返すと，林真須美頭髪鑑定（1998 年）の前年に出版された
山内論文[2] にも，10 年も前の 1988 年の「正常値（100 名）」のデータを山
内助教授は盗用・改ざんして使っていた．だから，山内助教授が「日常的に
行う頭髪中砒素濃度の検査で使用される参考値であると認められる」と浅見
裁判長らが言う理由はない．Yamato 論文[1] は 1988 年の出版だから，浅見
裁判長らの再審請求棄却決定にある「平成元年」も「昭和 63 年」の間違いだ．
和歌山地裁決定は事実誤認だらけだ．

　山内鑑定書では林真須美頭髪を 50 ミリグラムしか分析しなかったから，
500 ミリグラムを分析した Yamato 論文の「正常値（100 名）」の分析値と
図表 16 で対比することも不正だ．林真須美頭髪 50 ミリグラムの分析値を，
500 ミリグラムの「正常値（100 名）」と比べるのは，10 倍高感度の分析と
比べたことになる．

註 ───────

[1]　N. Yamato: Concentration and chemical species of arsenic in human urine and
hair. Bulletin of Environmental Contamination and Toxicology, 40, 633-640 (1988).
https://doi.org/10.1007/BF01697507

[2]　H. Yamauchi, K. Chiba, K. Yoshida: Biological monitoring of arsenic exposure
in inorganic arsenic and gallium arsenide-exposed semiconductor workers,

"Arsenic, Exposure and health effects", Eds. C. O. Abernathy, R. L. Calderon, W. R. Chappell (Chapman & Hall, 1997) Chapter 25, pp. 322-329.

[3] 山内博:『鑑定報告書』検甲 63, 1999 年 3 月 29 日.

[4] 通常 MA, DMA, TMA などと略されるヒ素化合物は, 3 価と 5 価の一メチル化, 二メチル化, 三 (または四) メチル化ヒ素化合物類がある (三の場合 T=tri, 四の場合 T = tetra). 文献 [1,5] はメチルアルソン酸, ジメチルアルシン酸, トリメチルヒ素化合物類という意味で MAA, DMAA, TMA が使われているが, 文献 [2] では MA, DMA, TMA が使われていたので, 本書では, MAA = MA, DMAA = DMA と記号を統一した.

[5] H. Yamauchi, K. Takahashi, M. Mashiko, Y. Yamamura: Biological monitoring of arsenic exposure of gallium arsenide and inorganic arsenic-exposed workers by determination of inorganic arsenic and its metabolites in urine and hair, American Industrial Hygiene Association Journal, 50 (11), 606-612 (1989). https://doi.org/10.1080/15298668991375236

[6] 1989 年に山内助教授が発表した米国の雑誌の論文 [5] にはヤマトさんの論文から引用したことを明示したうえで小数点以下第 3 位が Yamato 論文 [1] とは違う数値が掲載されている. 山内助教授はヤマトさんの論文 [1] の数値の小数点以下第 3 位を勝手にいじって自分のデータであるかのようにいろいろな論文に使っていたのだ. 上の 1997 年の論文 [2] の 0.022 やカレーヒ素事件鑑定書 [3] の小数点以下第 3 位も同様だ. 山内助教授は様々な論文でヤマトさんの論文の数値を改ざんして自分のデータのごとく使ってきたことになる.

[7] 河合意見書(11), 2015 年 12 月 26 日.

## ● (iii) 3 価ヒ素は水酸化ナトリウムで 5 価に酸化された

　山内鑑定書[1] には, 「頭髪は約 50mg を耐熱性のプラスチック試験管に取り, これに 2N 水酸化ナトリウム溶液 2mℓを加え, 100℃で 3 時間加熱分解し, 測定試料とした.」と書いてある. 沸騰する湯に試験管を浸しておくと, 常に 100℃で加熱することができる. 蓋付の耐熱性プラスチック製試験管を使うと, 圧力は上がるが, 水分は蒸発せず, 頭髪は水酸化ナトリウム水溶液

に完全に溶けきる．「2N 水酸化ナトリウム溶液」は強アルカリ性だ．N は先述したように規定と読む．濃度を表す単位だ．ヒ素はアルカリ性で酸化されて As（Ⅲ）→ As（V）となる．化学の常識では 3 価ヒ素 As（Ⅲ）を常温の 2N 水酸化ナトリウム水溶液に入れると，すみやかに酸化されて 5 価 As（V）になる．100℃の高温なら，その反応は迅速かつ完全に進行する．この点を裁判所へ提出した意見書で指摘すると，和歌山地裁浅見健次郎裁判長らは，山内助教授が共著の Shraim 論文[2] に，山内助教授が用いた鑑定方法では「3 価砒素が 5 価砒素に部分的に酸化される旨指摘されている」ものの「頭髪中の 5 価砒素が 3 価砒素に還元されることはないのであって，毛髪鑑定において請求人《林真須美》の右側前頭部に付着していた 3 価砒素の一部が5 価砒素に酸化されたために 3 価砒素の濃度が実態よりも低く計測された可能性があったにすぎないから，一般人の毛髪からは検出されない 3 価砒素が請求人の頭髪から検出されたとする毛髪鑑定の信用性が減殺されることはない．」（p.129）と判示した．

このシュライム論文[2]を山内教授は，2018 年 6 月 1 日付の意見書[3] で「回答に先がけて断っておくが，河合氏の引用する Shraim 論文には，Shraim と私が共著と記載されているが，この論文作成に私は参加していない．そして，投稿に際しての承諾や内容の確認など無く，論文内容には私の学術的なヒ素学の知見と矛盾する記載も見られ，上記論文の内容は信用性が低い．」（pp.3-4）と反論した．しかし，山内助教授は，2002 年度科学研究費実績報告書にこのShraim 論文を自分の研究業績として記載し日本学術振興会へ届け出ている[4]．

山内講師は，かつて土呂久裁判第 1 陣第 1 審において被告鉱山側証人として土呂久鉱山坑内水のヒ素濃度分析値を基に証言したが，「被告主張の 1981年の米国砒素シンポジウムにおいても，癌原性物質そのものであるか単なる助癌原性物質ないし癌促進物質にすぎないかは見解が分かれたけれども，それが癌（ことに皮膚癌，肺癌）の発生に寄与すること自体は否定されていないものと認められる（これに反する証人山内の証言は採用しがたい）」と土呂久判決[5] で判示された．このときの土呂久鉱山坑内水の分析値が掲載された山内論文[6]には，林真須美頭髪鑑定に用いた NaOH に溶解する分析操

作手順を「NaOH 分解法」として書いている．「NaOH 分解法」では，総無機ヒ素「As（Ⅲ）＋ As（Ⅴ）」は正確に求められるが，As（Ⅲ）の個別濃度は正しく得られないことを報告している．

　和歌山地裁浅見健次郎裁判長らは，和歌山地裁決定後の 2018 年になって山内教授自身が「投稿に際しての承諾や内容の確認など無く，論文内容には私の学術的なヒ素学の知見と矛盾する記載も見られ，上記論文の内容は信用性が低い．」と主張するようになった 2001 年の Shraim 論文の内容に従って，「3 価砒素が 5 価砒素に部分的に酸化される旨指摘されている」だけであって完全に 5 価に酸化されるわけではないから，山内鑑定で 3 価ヒ素が検出されたからには，「3 価砒素の濃度が実態よりも低く計測された可能性があったにすぎない」と判示した．1984 年の土呂久鉱山坑内水のヒ素分析の論文以降，山内助教授は As（Ⅲ）を個別に分析しなくなった．1984 年の土呂久鉱山坑内水分析の論文以降，As（Ⅲ）を個別に定量したのは，唯一，林真須美の頭髪だけだ．

　次節で述べるように，図表 16 の林頭髪に検出した 3 価ヒ素定量値「0.090」は，山内鑑定の検出下限 0.6 マイクログラムにはるかに達しない濃度だったから，山内鑑定書の図表 16 の定量値はそのすべての数値が捏造だったことになる．山内助教授は，1998 年の林真須美頭髪鑑定において，本来検出できるはずのない As（Ⅲ）が林真須美頭髪に検出でき，その濃度が 0.090 だという虚偽記載をしたことになる．

註 ────────

[1]　山内博：『鑑定報告書』検甲 63，1999 年 3 月 29 日．

[2]　A. Shraim, S. Hirano, H. Yamauchi: Extraction and speciation of arsenic in hair using HPLC-ICPMS, Analytical Sciences, 17, Suppliment, i1729-i1732（2001）. https://doi.org/10.14891/analscisp.17icas.0.i1729.0

[3]　山内博（聖マリアンナ医科大学予防医学教室客員教授）：『意見書』検 6，2018 年 6 月 1 日．

[4]　聖マリアンナ医科大学山内博を研究代表者とする研究課題「中国における慢性砒素中毒の改善と予防対策に関する研究」の 2002 年度実績報告書．

https://kaken.nii.ac.jp/report/KAKENHI-PROJECT-13576018/135760182002jisseki

[5] 判例タイムズ，No.529，p.302（1984.8.25）.

[6] 山内博，山村行夫，原子昭：陸水中砒素の化学形態，日本公衛誌，26，357-362
（1984）.

## ● (iv) 鑑定書のヒ素濃度は検出下限に達していなかった

　山内助教授は，1970 年代から頭髪中のヒ素を分析してきたが，いつも 500
ミリグラムの頭髪を分析してきた．山内助教授は林真須美頭髪を水酸化ナト
リウム水溶液に溶解した検液を 2 液に分けて分析したが，そのことを鑑定書
には記載しなかった．検液を 2 液に分けず，500 ミリグラムの頭髪を分析し
たならば，山内鑑定方法では，頭髪 1g 当たり 0.03 マイクログラムのヒ素が
検出下限となる．

　検出下限が 0.03μg になることの計算は専門的になるから本書では省略す
るが，Yamato 論文の検出下限が 0.03 に近接した値となることは，Yamato
論文の「正常値（100 名）」（図表 17）の数値によって確認することができ
る．ヤマトさんは健常者の頭髪 500 ミリグラムを分析したが，検液を 2 液に
分けず，1 液のままで分析した．図表 17 の DMA の Yamato 論文の分析値
を見ると 0.020 ± 0.021 となっている．これはヒ素濃度±標準偏差の数値が，
－ 0.001 ～ + 0.041 の濃度範囲になることを意味する．濃度が負になること
はないから，せいぜい 0.02 が検出下限濃度だということがわかるのだ．有
効数字は 1 桁だから，0.02 は検出下限濃度として 0.03 と矛盾しない．

　山内鑑定書検甲 63 では検液を 2 液に分けたから（このことは 2020 年の民
事裁判の山内陳述書で初めてわかった），頭髪 500 ミリグラムを分析したと
して，頭髪 1g 当たりのヒ素の検出下限は 0.06 マイクログラムになる．頭髪
量は Yamato 論文の 500 ミリグラムではなく，山内鑑定書では 50 ミリグラ
ムだったから検出下限濃度はその 10 倍濃くなければ検出できない．すなわ
ち，0.6 マイクログラムに達しないヒ素は検出できない．

　したがって山内助教授が鑑定書に記した図表 16 の林真須美頭髪に検出し
た 0.090 マイクログラムの 3 価無機ヒ素濃度は，検出下限 0.6 の 1/6 という

低濃度だから，決して検出できることのない架空の濃度だったことがわかる．

　山内鑑定書では，林真須美頭髪から 0.029 ～ 0.122 の間のヒ素を検出したことになっており，その和の総ヒ素濃度の最大値でも 0.159 だったから，図表 16 に示された山内鑑定書のすべての数値は捏造値だったことがわかる．山内証言[1] によれば，実験ノートもつけず，チャートレコーダーからデータが「用紙で出てくる」(p.16) と「JIS 規格のプラスチックの物差し」(p.65) で「ピークの高さを測るという手法」(p.17) でコンピュータに直接キーボードから数値を入力して濃度を算出したという．山内鑑定では，チャート紙も存在しないし，実験ノートも存在しない．

註 ────────────────

[1]　山内博：第 51 回公判山内博証人尋問調書，2000 年 12 月 22 日．

## ● (v) 中井教授は鉛をヒ素だと間違えていた

　亜ヒ酸が林真須美頭髪に外部付着したことを立証したとする蛍光 X 線スペクトルは林頭髪の 48mm の位置で測定されており，そのスペクトルは中井鑑定書検甲 1232[1] に掲載された．この図を図表 18 に示す．「As」と示すピークが明瞭に出ている．事件から 4 か月後の 1998 年 12 月に採取した林真須美頭髪の一本の 48mm の位置に亜ヒ酸粒子が付着していたことを立証する決定的証拠となった．

　第 54 回 X 線分析討論会（予稿集 pp.161-162，2018 年 10 月東京理科大学開催）という 150 ～ 200 人の参加者を集める学会において，ヒ素 As K$\alpha$ （2p → 1s）と鉛 Pb L$\alpha$ （3d → 2p）はともに 10.5 keV で重なる上に，図表 18 には Pb L$\beta$ （12.6keV）も現れているから，図表 18 の「As」のピークはヒ素ではなく鉛の間違いだと河合が指摘した．本書「はじめに」に書いた通り，これには学会参加者もみな驚いた．鑑定書のスペクトルを見たことがなかったからだ．図表 18 のスペクトルを見れば，蛍光 X 線分析研究者なら，As ではなく鉛のピークだと即座に判定できる．ヒ素 As なら図表 3 に示したように，10.5keV（K$\alpha$ 線）と 11.7（K$\beta$ 線）に約 10：1 の高さの 2 本のピークが出現する．鉛 Pb なら 10.5keV（L$\alpha$ 線）と 12.6（L$\beta$ 線）に約 1：1 の高さのピークが出現する．

図表18. 林真須美頭髪 48mm 地点の蛍光 X 線スペクトル（検甲 1232）.

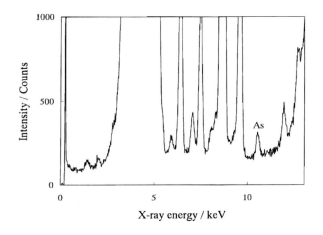

図表18のスペクトルは，鉛 L$\alpha$ と L$\beta$ が，およそ 1:1 で出現している.

したがって，図表18の「As（ヒ素）」は鉛 Pb の帰属ミスだ[2]. 中井教授は結論を急ぎすぎた.

この指摘に対して，中井教授は，選択励起を用いたから Pb を励起することなく As だけを検出できたと反論した. 選択励起は東大の私の卒論のテーマだったことを「シンクロトロン放射光」と題する節で述べた通り，私の十八番だ. 中井鑑定における選択励起が虚偽だったことは次節に続く.

註────────────

[1] 中井泉：『鑑定書』検甲 1232，1999 年 7 月 23 日.

[2] 帰属（assign）とは，ピークが何の元素に相当するかを決めること.

## ● 選択励起

シンクロトロン放射光蛍光 X 線分析（SR-XRF）では選択励起という手法を用いることによって，妨害元素（Pb）の信号を発生させることなく，分析元素（As）のみを検出できるとされている. As K$\alpha$ の敷居エネルギー（専門的には As K 吸収端と呼ぶ）は 11.9 keV であるのに対して，Pb L$\alpha$ の敷

居エネルギー（Pb L₃吸収端）は13.0 keVだ．敷居エネルギー以下のX線を照射してもその元素の蛍光X線は発生しない．だから，12.0 〜 12.9 keVのシンクロトロン放射光を試料に照射すれば，Pbを励起することなくAsのみを選択的に検出できる．

　林真須美が中井教授を被告として民事裁判を起こした．原告（林真須美）代理人弁護士は裁判所を通じて図表18の生データを提出するように中井教授に要求した．こんな要求を原告代理人がいつしていたのか知らなかったが，民事裁判の裁判官は原告の要求を認めていたのだ．刑事裁判ではありえないことだった．中井教授が裁判に提出した数値の解析をしてほしいと原告代理人から頼まれてプロットしたスペクトルが図表19だ．図表18の右端(13keV)を超えた右側全範囲を含むスペクトルだ．縦軸は対数でプロットしてある．弱いピークをはっきり見るためだ．だから縦軸の強度は，高さに比例しないので注意してほしい．

　中井教授は，図表19は15 keVを入射光とする選択励起スペクトルだから，Pb Lβが選択励起によって排除されていると反論した．入射光は15 keVだから，Pb Lαは排除できず，As Kαだけを選択励起したものではなかったことが判明した．Pb Lβを排除しても意味はない．選択励起が目的なら，先述した通り，12.0 〜 12.9 keVのX線を照射する必要がある．

　図表19を見ると．16 〜 20 keVには，決して無視できない面積強度の迷光(stray light)が混ざっていた．図表19にStrayと表示した幅広のX線だ．こんなに強い迷光が混ざっていたのでは，たとえ12.0 〜 12.9 keVの入射光で選択励起したとしても，Pb Lαは迷光によって励起される．だから頭髪に花粉大の亜ヒ酸粒子が付着していても，Asを選択的に検出することは不可能だ．迷光は入射光を15keVに合わせようが，12keVに合わせようが無関係に出現する．林真須美頭髪に外部付着した亜ヒ酸のAs重量濃度は山内鑑定によって頭髪1g当り0.090μg（90ppb）だと鑑定された．迷光によって励起されたX線遮蔽材（鉛100%の金属板だ）等のPb Lαの干渉を防ぐためには，選択励起単色入射光によって励起されるAs濃度よりも迷光によって遮蔽材の鉛の信号が弱くなるように迷光を低減させる必要がある[1]．その

図表 19. 民事裁判で開示された図表 18 の全測定領域の数値データを河合が片対数プロットしたスペクトルとピークの正しい帰属. Cr Kα より左側のピークの帰属は不明. Stray が迷光, Elastic は入射光 (15keV), 図表 18 の「As (ヒ素)」は鉛 Lα の間違いであることは, PbLβ の存在から確定できた.

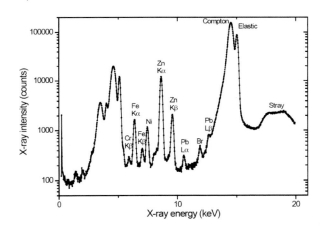

ためにはブランク測定によって鉛の干渉がないことを立証しておくことが必須だ. 図表 19 に示すように強い迷光があったのでは, 選択励起したことにならない.

　中井教授は図表 18 に示す通り 13keV 以下の部分だけを鑑定書検甲 1232 に示したが, 図表 19 に相当するデータが民事裁判で開示され, 都合の悪い 13keV より右側のスペクトルを鑑定書で隠蔽していたことが判明した. まえがきで X 線メーカーの研究者が「スペクトル全体を示すべきだ. 周辺の金属に X 線が当たっていたのではないか」とコメントしたことに触れたが, このコメントはまさしく核心をついたコメントだった. 周辺に置いた金属鉛に放射光が当たっていたのだ.

　前節の最後に, 図表 18 の「As」は鉛 Pb の帰属ミスだ, 中井教授は結論を急ぎすぎた, と書いたが, 図表 18 の「As」は中井教授の帰属ミスではなく, 都合の悪い 13keV より右側を図表 18 で隠蔽していたから, 故意だ. 中井教授

は鉛 L$\alpha$ 線だと知りながら「As」だと帰属したのだ．As はヒ素の元素記号だ．

　鑑定書では右端を 13keV で切り取ったスペクトル（図表 18）を示していたが，入射 X 線エネルギーは 15keV であって，12.0 〜 12.9 という選択励起ではないことも隠蔽していたのだ．そのうえ迷光の存在も隠蔽していた．民事裁判の大きな成果だ．

　頭髪の毛根側から 48mm の位置に検出されたヒ素の信号も，亜ヒ酸が外部付着したことを立証するものではなく，単に鉛のピークだったことになる．鉛板はシンクロトロン放射光実験では X 線の遮蔽に多用されている．1 審に提出された中井教授のホームビデオにも，通常は貼られていない鉛板が 1998年 12 月の実験では張り付けてあったことが写っている．鉛板は迷光が当たる位置に貼る．致死量の強度の鉛の蛍光 X 線が発生し，実験ハッチ内に充満した．

　こんなに杜撰な林真須美頭髪鑑定を根拠として最高裁は「② 被告人の頭髪からも高濃度の砒素が検出されており，その付着状況から被告人が亜砒酸等を取り扱っていたと推認できること」という死刑 3 理由の 1 つとした．

　鉛のピークをヒ素だと帰属したことを，13keV までしかプロットせずに隠蔽した中井教授の不正な鑑定を根拠として，最高裁第三小法廷那須弘平裁判長らは，2009 年に死刑を言い渡した．中井教授は，迷光の存在によって選択励起が不十分で鉛のピークが出ていることを知りながら，鉛のピークにヒ素「As」と記したのだ．中井教授は放射光分析の専門家だから，こんなに迷光があったのではとても鑑定などできたものではなかったことは当然認識していたはずだ．

註 ────────

[1] 河合潤：放射光蛍光 X 線分析における選択励起の問題点，第 56 回 X 線分析討論会 講演要旨集，2020 年 10 月 29 日，Zoom による遠隔会議．
https://www.researchgate.net/publication/344948053

# 第7章 職権鑑定

　検察や弁護人の提出した鑑定書だけでは不十分だと裁判官が考えた場合に，裁判官が職権によって命じて行なわせる鑑定が職権鑑定だという．職権鑑定を行うにあたって裁判官は，検察官と弁護人以外に鑑定人をも招集して，鑑定内容について四者で合意のうえで鑑定を命ずるということだ[1]．

　和歌山地裁1審の裁判官は，大阪電気通信大学谷口一雄教授と広島大学早川慎二郎助教授に，その職権によって再鑑定を命じた．書類上では2001年7月13日のことだ．これは判決の1年半前に当たる．鑑定を命じた事項は，谷口早川職権鑑定書[2]によれば，

1．鑑定資料A～G，中井教授がカレーから発見した亜ヒ酸の結晶I，カレー中にまだ残っている結晶，という9点「の各粉末ないし各付着物の亜砒酸の異同識別」．
2．「上記各鑑定資料中のモリブデン（Mo），スズ（Sn），アンチモン（Sb），ビスマス（Bi）の構成等から判明する事項」．
3．「上記各鑑定資料中のバリウム（Ba）の有無及びそこから判明する事項」．
4．「その他参考事項」．

の4項目だった．

註 ————————————

[1] 河合潤：連載鑑定不正の見抜き方(6)　職権鑑定，季刊刑事弁護，89，152-161（2017）.

[2] 谷口一雄（大阪電気通信大学工学部教授），早川慎二郎（広島大学大学院工学研

究科助教授）：『再鑑定書』職権 6，2001 年 11 月 5 日.

## ● 谷口早川職権鑑定の結論

　図表 14 にリストしたように，谷口早川職権鑑定書は，2001 年 11 月 5 日
付の『再鑑定書』（職権 6）と，10 日後の『補充』（職権 7），さらに 1 週間
後の『訂正』（職権 8）の 3 つからなる．亜ヒ酸の異同識別鑑定には，科警
研丸茂鑑定（検甲 1168），中井鑑定（検甲 1170），谷口早川鑑定（職権 6，7，
8）の 3 つの鑑定があるが，SPring-8 中井鑑定（検甲 1170）の再鑑定という
意味があったから『再鑑定書』（職権 6）と題したのだろう．

　北海道大学大学院法学研究科白取祐司教授は和歌山地裁判決直後の法律時
報誌 [1] で，「鑑定人谷口・早川両名は，2001 年 11 月 5 日に放射光分析によ
る鑑定書を提出したが，その後裁判所から両鑑定人に対して「補充要請」が
あった．そこで両名は改めて，同月 15 日付けで「鑑定書（補充）」，同 22 日
付けで「鑑定書（訂正）」を提出した．二つの「鑑定書」は，補充，訂正と
いうわりにはそれぞれ 65 頁，52 頁という詳細なもので，新たな作業を伴う
内容であり，結論部分も一部変更になっているという．弁護側の意見も聴か
ず，再度の鑑定を命じるに等しいやり方は，裁判所の公正を疑わせ，不透明
な印象を与えかねない．本判決は，本件「補充要請」は「形式的な点検にす
ぎない」と釈明するが，十分な説得力があるようには思われない．」（p.74）と，
『再鑑定書』（職権 6）以外に『鑑定書（補充）』（職権 7）と『鑑定書（訂正）』
（職権 8）があることに対して不信感を示したが，この直感は当たっている．

　職権 7 補充は「『『同種のもの』の範疇に含まれるかの考察及び結論」を追
加するように裁判官から補充要請がなされたことによる．職権 6 が「亜ヒ酸
は同種又は判定できない」とする逃げの鑑定書だったことを裁判官が見抜い
て補充要請をしたと考えられる．谷口教授は大阪電気通信大学の学生にデー
タ処理をさせたため，X 線スペクトルのバックグラウンドを過剰に引きすぎ
て，負の強度を示す X 線ピークが多数あったことに，職権 7 執筆中に早川
助教授が気付き，ピークのバックグラウンドを引き直して，ピークの正味の
強度（純ピーク強度）を算出しなおしたものが職権 8 訂正だ．

これら職権6〜8の谷口早川職権鑑定書は，一言で表現すれば，逃げの鑑定だ．結論も逃げの結論だ．結論部分は断定を避けた長文だ．結論はわかりづらいが，あえて結論を要約すれば以下のとおりとなる．

　1．亜ヒ酸A〜Gの異同識別の結論は「(i) 鑑定資料A〜Eの各粉末は，<u>考察に述べたごとく</u>，いずれも亜砒酸を主成分としたものである．」（職権8 p.14）．これは，いまさら再鑑定するまでもない結論だ．「(ii) 鑑定資料A〜Eの各粉末は，<u>考察に述べたごとく</u>，不純物であるビスマス，アンチモン及びスズの含有量などの考察より，<u>同種のものである</u>．」（職権8 p.14）．この結論を導いた検量線は，後述する図表20のとおり「外れ値」が多数あるから，異同が識別できるような鑑定ではなかった．

　2．モリブデン，スズ，アンチモン，ビスマスの構成等から判明する事項は，「(i) 鑑定資料A〜Eの各粉末中のスズ，アンチモン及びビスマスの<u>含有量はそれぞれの不純物についてほぼ一定である</u>と考えられるために鑑定資料A〜Eは<u>同種</u>であると判断する．」（職権8 p.16）と結論したが，図表5に示すとおりスズ，アンチモン，ビスマスはA〜Eでそれぞれ濃度が異なるから，Sn, Sb, Biの「含有量はそれぞれの不純物についてほぼ一定である」という結論は間違いだ．谷口早川鑑定はヒ素に対する相対的なX線強度がわかるだけなので，「含有量は」Asに対して「ほぼ一定」であることしかわからない．そのうえ濃度に多少の違いがあっても，測定誤差が大きいから何も結論できない．しかしこの結論の文章から，早川助教授が科警研鑑定書を読むことなく鑑定書を執筆したことはわかる．早川助教授は公正な鑑定のために科警研鑑定書や中井鑑定書を見ることなく鑑定書を書いたと主張しているが，それが本当だとわかる．

　「(ii) 鑑定資料Fについては鑑定資料A〜Eと<u>同種</u>のものであるかどうかを判断することを控えた．」（職権8 p.17）

　「(iii) 鑑定資料Gについては，スズ，アンチモン，ビマス，モリブデンが検出され，それらの不純物の含有量が鑑定資料A〜Eとほぼ同じであると認められることから<u>鑑定資料A〜Eと同種である</u>．」（職権8 p.17）

　(ii)と(iii)の「同種」については，「同種」と題する節で論ずるが，(iii)を文章

通り取れば，紙コップ付着亜ヒ酸 G は林真須美関連亜ヒ酸 A ～ E と同種だという結論になる．「同種」をどう解釈するかによって，谷口早川鑑定書の意味が全く変わる．谷口早川鑑定の不正は「同種」にある．

　3．バリウムの有無及びそこから判明する事項は，職権鑑定書の半年後に提出された検察の論告要旨（2002 年 6 月 5 日）にも関係する．検察の論告は後述するが，論告は谷口早川鑑定に矛盾しており，検察はかなり雑に論告を執筆したことがわかる．谷口早川鑑定のバリウムに関する結論は「鑑定資料 D 及び E に含まれるバリウムは異なった化学的形態である．すなわち鑑定資料 D のバリウムは酸不溶成分中に存在し，亜砒酸に含有されている二酸化ケイ素（石英）の中に微量成分として存在すると考えられる．これに対して，鑑定資料 E のバリウムは酸に溶解する成分中に存在し，亜ヒ酸に含有されているカルシウム化合物の中に微量成分として存在すると考えられる.」（職権 6 p.6）というものだ．このバリウム Ba の可溶・不溶性とモリブデン Mo の ICP-AES 定量値が谷口早川鑑定書では数少ないまともな鑑定だ．バリウムもモリブデンも，兵庫県警科捜研が行った鑑定だ．谷口早川両鑑定人は実質的な鑑定を行っていない．

　4．「その他参考事項」は特になかった．

　註

[1]　白取祐司：和歌山毒入りカレー事件第一審判決，事実認定上の論点について，法律時報，75（3），72-75（2003）．

## ● 職権鑑定人はどのようにして選定されたのか

　大阪電気通信大学谷口教授と広島大学早川助教授がどのような経緯で職権鑑定人に選任されたのか，そのプロセスには謎が多い．「河合さんに頼もうと思って京大の研究室へ何度も電話したが，海外出張中で連絡がとれなかったので早川先生に頼んだ」という趣旨の話を谷口教授から 2014 年ごろに聞いた．河合は，2014 年は 4 回（ロシア，イタリア各 1 回，米国 2 回），2015 年も複数の国際会議で合計 6 回の Plenary talk，Keynote lecture，Invited talk と呼ぶ招待講演をした．国際会議の前後には海外の大学（2015 年はア

ラブ首長国連邦と中国の大学）でも講演した．私の研究室で2008年に特許
出願したポータブルX線分析装置がSPring-8などより高感度なことが，出
願から数年経って認められたり，手のひらサイズの超小型電子線プローブX
線マイクロアナライザを作ったり，氷砂糖をハンマーでたたくとX線が発
生することを発見するなどして，あちこちから招待講演に呼ばれたから，河
合は海外出張が多いという印象がX線研究者に広がっていた．

　谷口教授の話に戻る．このように河合は海外出張が多いから，その間，不
在転送しておいた研究室の電話に出た誰かが，河合は海外出張中だと谷口教
授に答えたのかもしれないが，職権鑑定が行われた2001年は，8月に早稲
田大学で分析科学国際会議（ICAS2001）という千人規模の国際会議があっ
て河合はX線のセッションを担当したからその準備に忙しく，7月の第1週
にウィーンへ出張した以外はずっと国内にいた．だから，谷口教授の話はつ
じつまが合わない．ウィーンの会議はX線マイクロ分析の国際会議だった
が，私は研究発表のみならず，この会議の国際諮問委員として日本招致のた
めにも出席した．X線マイクロ分析国際会議は2007年に京大時計台記念館
で実現した．ウィーンの会議の最終日には，ウィーン工科大の教授夫妻が
夕食に招待してくれた．その教授の奥さんも研究者だ．1990年に米国で開
催された国際会議で私が人生初の招待講演をしたときに座長をしてくれた
のが，その奥さんだ．「質問が聞き取れないから助けてほしい」と発表前に
頼んでおいたらちゃんと助けてくれた．教授夫妻との夕食の翌朝，ウィーン
市内のホテルから空港まで乗ったタクシーの運転手が，アウトバーン（高速
道路）を運転中ずっと，「何曜日の何時は？」などと歯科予約の電話をして
いたのでチップを払わなかったことも憶えている．空港に着いても歯科の予
約日はまだ決まってなかった．谷口教授が河合に電話したのが7月のこの週
だったことは否定できないが，7月13日には和歌山地裁から職権鑑定命令
が出されたから，鑑定を私に頼もうと何度も電話したが海外出張中だったと
いう谷口教授の話は不自然だ．

　谷口教授によれば，谷口早川両名を鑑定人として推薦する旨の推薦状を，
日本学術会議，日本分析化学会，日本放射光学会等の会長名で書いてもらい，

裁判所に提出したという．その推薦状の通りに和歌山地裁は職権鑑定人を決めたという．それなら最初に谷口教授に職権鑑定人選出を依頼したのは誰なのか．各学会会長名で推薦状を書いてもらうためには，鑑定人を確定させた上で各学会へ依頼したはずだ．

弁護人は自分たちが強く要請して職権鑑定が実現したと思っているが，書類上は，日本学術会議会長や日本分析化学会会長などの複数の学会のトップが，お互いに打ち合わせもしないのに，一致して谷口早川両名を鑑定人として裁判所へ推薦し，その推薦にしたがって，和歌山地裁は職権鑑定人を決めたことになる．もし，谷口教授の話が真実ならば．

## ● 弁護人の強い要請による職権鑑定

検察側の鑑定を行った東京理科大学中井泉教授と聖マリアンナ医科大学山内博助教授に対する証人尋問が，2000年7〜12月の第34，37，43〜45，51回公判で行われた．中井鑑定書と山内鑑定書に対する検察官の証拠請求に対して，泉谷恭史弁護人はこれらの鑑定書は信用できず証拠能力は認められないので却下すべきだとする意見書を裁判所に提出した（2001年1月26日と2月5日）．本書で述べているように，鑑定受託者の中井教授と山内助教授の鑑定書はひどいものだったから，当時そのひどさを指摘した泉谷弁護士の直感は，分析化学を専門とする私よりも正しかったことになる．

和歌山地裁は当然のように中井・山内両鑑定書を証拠として採用した．それに対して一審の弁護団は，中井教授のSPring-8鑑定書の生データを解析しなおすべきだとして2001年2月28日に『鑑定請求書』を提出した．3月9日には放射光施設で測定しなおすべきだとする『鑑定請求書（二）』を提出した．検察官からは，再鑑定は不要だとする意見書の提出などがあって，先述したとおり，2001年7月13日に谷口教授と早川助教授に対して鑑定命令が出された．

弁護人は鑑定人の選定を「裁判所に一任する．ただし，フォトンファクトリーやスプリングエイトという最新の大型放射光施設を使った『放射光を励起X線に用いる蛍光X線分析』に習熟している研究者に嘱託すべきであろ

う」〔2001 年 3 月 9 日付鑑定請求書（二）〕などと記載して裁判官に一任した．次節で述べるように，鑑定人の選定のみならず鑑定補助者の選定についても弁護人は十分にチェックすべきだった．ただし，この時期に鑑定を引き受ける研究者は，谷口早川両鑑定人以外にまずいなかった．私は海外出張をしていなかったはずだが，もしも谷口教授からの電話に出ていたら，断る口実を必死になって探していたはずだ．

　職権鑑定人に対して 1 審右陪席の遠藤裁判官から判決を説明する機会が設けられたという．説明の時期は，1 審判決（2002 年 12 月）の前か後かはわからない．弁護人はこの説明会には呼ばれなかった．判決の分厚い製本冊子が配られたらしいから，判決後だったのだろう．説明が終わった後，職権鑑定人は，遠藤裁判官から，どうです，判決は良く書けているでしょう，などと感想を求められたという．

## ● 鑑定補助者の重複

　谷口早川再鑑定書（職権 6）によれば，職権鑑定人は，大阪電気通信大学工学部谷口一雄教授と広島大学大学院工学研究科早川慎二郎助教授の 2 名だが，鑑定補助者として 6 名が併記されている．6 名の鑑定補助者の内訳は，大阪電気通信大学講師，SPring-8 の 2 名，兵庫県警科捜研からは所長を含め 3 名だ．6 名のうち，少なくとも 2 名は 1998 年 12 月の中井鑑定にも加わっていた．6 名のうち 2 名は中井研究室出身者だった．

　谷口教授によれば [1]「裁判所から鑑定を引き受けるとき，資料の前処理であるとか，資料の保存等のために，資料の前処理について知識のある人を鑑定補助者として選任してほしいと考え，その能力のある兵庫県警科捜研の二宮先生を推薦しました．そして，裁判所から，二宮先生を鑑定補助者として選任してもらい，兵庫県警の科捜研で資料の前処理などを行ってもらったのですが，その一環として，赤外分光分析や ICP-AES での分析をお願いしたことがありました．鑑定書にも記載してあるとおり，私と早川先生の鑑定は，スプリングエイトだけを使用して鑑定したものではなく，スプリングエイトを使用するための前処理段階で，兵庫県警の科捜研にお願いして，赤外線分

光などの前段階の計測をお願いしました.」(p.2) という. SPring-8 のビームラインで測定する以外の分析操作の大部分は,兵庫県警科捜研が担当した.「二宮先生」とは兵庫県警科捜研所長のことで,職権 5 の鑑定人[2]だった上に,中井鑑定と谷口早川鑑定の両方にも参加した. したがって,早川助教授がたとえ中井鑑定書や科警研鑑定書を読まなかったとしても,検察側鑑定に矛盾する結果が職権鑑定で出るはずがないことは,職権鑑定を行う前からすでに決まっていたと言わざるを得ない. なお,中井鑑定書には鑑定補助者の氏名は記載されておらず,裁判官にも弁護人にも,中井鑑定と谷口早川鑑定で少なくとも 2 名が共通して鑑定に携わっていたことを鑑定書から知る手掛かりはない. 1 審で証拠として提出された中井鑑定の様子を撮影したホームビデオ[3]の動画には兵庫県警科捜研所長などが写っており,ビデオ画像から人物を特定して判明した事実だ. このホームビデオは中井教授のナレーション入りで,中井教授自身によって撮影されたものだ.

註 ————————

[1]　谷口一雄:『回答書』検 4,2018 年 3 月 4 日.

[2]　二宮利男,中西俊雄(兵庫県警科捜研):『鑑定書』職権 5,2001 年 9 月 26 日.

[3]　1 審に証拠として提出された中井泉教授撮影のホームビデオ. SPring-8 と KEK-PF の 1998 年 12 月の鑑定の様子を撮影したもの.

## ● 鑑定前から結論を「同種」と決めていた谷口早川職権鑑定

　谷口早川職権鑑定(職権 6)では,鑑定前に鑑定人や鑑定補助者が兵庫県警科捜研に集まり,「このような鑑定では亜ヒ酸を同一物だと結論することは不可能だから,同一物とはせずに,同種又は判定できない」と結論することに決めていた. このことは 2017 年和歌山地裁決定においても「河合は,新弁 59[1]において,早川が,2015 年 10 月 29 日から同月 30 日まで開催された第 51 回 X 線分析討論会において,講演の合間に,異同識別鑑定を実行する前から,同一物とはせずに,同種又は判定できないという結論にすることを決めていた旨話したなどとも指摘している.」(p.110) と河合の指摘[1]を引用している.

広島大学早川慎二郎教授は大阪高検北英知検事から「鑑定を始める前から，鑑定結果を「同種」と決めていたという事実はあるか」と質されると，2018年4月2日付回答書（検5）[2]において「河合先生は，2015年10月29，30日に姫路市で行われた第51回X線分析検討会で，早川から『谷口早川鑑定を実行する前に予め兵庫県科捜研の二宮氏と打ち合わせを行い，このような鑑定では一般に同一物と結論するのは不可能であるから，同一物とは結論しないで，同種，判定できないという結論にすることに鑑定前から決めていた.』と聞いた旨主張する.」が「私《早川》が，鑑定を始める前から，鑑定結果を「同種」と決めていたことはない.」と回答した.

　河合は，谷口早川鑑定が亜ヒ酸は「同種，判定できないという結論」に決めていた旨を指摘したが，北検事の質問は「「同種」と決めていたという事実はあるか」であり，早川教授の回答は「「同種」と決めていたことはない」だ.「A（同種）or B（判定できない）」という河合の指摘を，「Aか？」と北検事が質問して早川教授は「not A」と否定しただけだから，北検事の質問も早川教授の回答も，河合の指摘とずれており，河合の指摘を否定したふりだけであって，否定していない.

　早川教授は回答書で続けて「私は，2001年12月25日に和歌山地裁で証言したとおり，液体や粉末など組成を調整できるものについて元素組成による異同識別を行う場合，『同一』という判断を下すことは難しいと考えていた.」「刑事事件の鑑定は経験がなかったため，事前に，兵庫県科捜研の二宮所長から，科捜研における鑑定主文を決める際の考え方を説明していただいたが，その際，『同一という鑑定主文は，殺人事件で使用された可能性のある刃こぼれのある刃物と，現場に残された刃先のかけらを鑑定するような場合，材質だけでなく形状も一致するという材質以外の要素も考慮した場合にのみ用いる.』と教えてもらい，材質以外のほかの要素も一致しない場合には同一と結論できないという話を聞いたので，元素組成による異同識別を行う場合，材質以外の要素について分析ができない以上，元素組成が一致しても同一と結論することが難しいという印象を持っていた.」（pp.1-2）と述べて河合の指摘どおりの経過を説明しているから，2017年和歌山地裁浅見裁

判長らが決定で「谷口及び早川において，鑑定前にあらかじめ鑑定資料が<u>同種であると結論づけることを決めていた</u>とは認められず，河合異同識別論文等の指摘は採用できない．」(pp.109-110)とする判示は失当だ．この判示も「notA」にすり替えている．裁判官がこんなごまかしをするとは驚きだ．

SPring-8 の谷口早川鑑定の精度は極めて粗悪だから，何も結論できない．谷口早川鑑定の精度ではモリブデンの定量さえ満足にできなかったことを図表 21 で後述する．「材質以外の要素について分析ができない以上，元素組成が一致しても同一と結論することが難しいという印象を持っていた．」という早川回答書の言い訳は，元素組成が一致したことを暗に主張するものだが，SPring-8 谷口早川鑑定には，元素組成が一致することを断定できるような精度はなかった．

註 ————————————————

[1] 河合意見書(10)，2015 年 11 月 23 日．

[2] 早川慎二郎：『回答書』検 5，2018 年 4 月 2 日．

## ● 外れ値

「外れ値（outlier）」とは統計学の用語だ．一般の英和辞書には適訳がない．マルコム・グラッドウェルの本の原題 "Outliers" を『天才』と和訳したのはわかりやすい [1]．このマルコム・グラッドウェルの Penguin 文庫本はヨーロッパの場末の飛行場でも売っていたほど話題になった．この本にはその後有名になった「1 万時間の法則」や，プロスポーツ選手には学年の前半生まれ（日本なら 4 〜 9 月生まれ）が多いことなども書かれている．

図表 20 は谷口早川職権鑑定書（職権 6）から抜粋した検量線だ．スズにもビスマスにも破線の長方形で囲った外れ値がある．こんなに外れ値があったのでは，異同識別鑑定は不可能だ．

谷口早川鑑定に外れ値が多い理由は複数考えられる．ビスマスは入射 X 線の散乱強度で規格化し，スズとアンチモンはヒ素の蛍光 X 線強度で規格化したから，ヒ素濃度が濃いか薄いかは谷口早川鑑定からはわからない．だから本章冒頭で引用したように谷口早川鑑定では「スズ，アンチモン及びビ

図表20. 谷口早川職権鑑定における検量線の外れ値. 明らかな外れ値を破線で囲った. スズは 0 〜 25ppm（＝ mg/kg）に 3 点，ビスマスでも 30 〜 60ppm の間に 4 点外れ値が存在する.

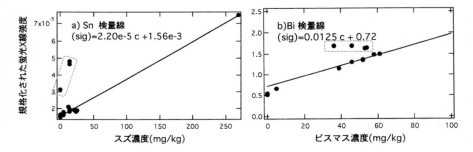

スマスの含有量はそれぞれの不純物についてほぼ一定である」という間違った結論に達した. 図表 5 に示すように，F を除く A 〜 G のヒ素濃度は 49 〜 78％まで変化するから，外れ値が出やすい. スズの含有量は，図表 5 に示した科警研鑑定によれば，最大値は G の 25ppm に対して最小は E の 14ppm だ. これが SPring-8 の BL08W ビームラインを用いた谷口早川職権鑑定では G 15ppm, E 23ppm となって逆転する. 谷口早川鑑定は 15ppm も 23ppm も「ほぼ一定」としか結論できない精度だった. こんな精度では異同識別鑑定はできない.

註 ─────

[1] Malcom Gladwell: "Outliers, The Story of Success", Penguin（2009）；和訳は，マルコム・グラッドウェル：『天才！ 成功する人々の法則』勝間和代訳，講談社（2009），文庫版（2014）.

## ● 谷口早川鑑定における Mo の定量値

谷口早川鑑定書（職権 6）には，兵庫県警科捜研渡辺誠也研究員がパーキンエルマー社の ICP-AES 装置を用いて，亜ヒ酸 A 〜 E を分析し 39 〜 65ppm という範囲のモリブデン Mo 濃度を定量した数値が表として報告されている. ところがこの谷口早川鑑定書には渡辺鑑定についてほとんど記載

がない．渡辺誠也研究員は鑑定補助者にリストされてさえいない．定量は「内部標準としてイットリウム標準溶液を $250\mu g/\ell$ になるように加えた．」（職権 6p.25）と書いてある程度だ．イットリウム Y のような希少元素（これを内標準元素という）の既知量を検液にわざと混ぜて分析し，Y と Mo のピーク強度比を測定して Mo 濃度を定量したことがわかる．各鑑定資料からのサンプル採取量は 250mg だが，サンプル採取回数の記載もない．渡辺 Mo 鑑定には標準偏差が併記されているから 3 回以上測定したことはわかる．

職権 6 には，SPring-8 ビームライン BL39XU に設置した波長分散（WD, Wavelength Dispersive）型蛍光 X 線（XRF, X-Ray Fluorescence）装置[1]を用いて分析した亜ヒ酸 A ～ E と紙コップ G の Mo 濃度定量値も記載されている．この WD-XRF 装置は早川助教授自身が設計製作した装置だから，早川助教授はその使用に熟達している．図表 2，3，18，19 に示した蛍光 X 線スペクトルは中井教授が測定したものだが，中井教授はエネルギー分散（ED, Energy Dispersive）型という蛍光 X 線装置を使った．中井教授が使った ED 装置より，早川助教授が使った WD 装置の方が高精度だ．前節の図表 20 の検量線も谷口教授と二宮所長が SPring-8 の BL08W で ED 装置によって定量した結果だ．

科警研鑑定書検甲 1168 では，亜ヒ酸 A ～ E のヒ素濃度を分析して，図表 5 に示したヒ素濃度を得ていたので，図表 5 のヒ素濃度に対して，兵庫県警科捜研渡辺研究員が ICP-AES 装置で定量した Mo 濃度と早川助教授が WD 装置で定量した Mo 濃度とをプロットしたものが図表 21[2]だ．重記載缶 C のプロットは科警研鈴木真一証言によって訂正した後の As 濃度値を用いた．ICP-AES の Mo 濃度は標準偏差も得られているので，±標準偏差をエラーバーで示した．兵庫県警の Mo 定量値から計算した回帰直線も図表 21 には示した．前にも説明したが，回帰直線とは，横軸の科警研のヒ素濃度には誤差がないと仮定し，縦軸の兵庫県警の Mo 濃度には誤差があるとして，最小 2 乗フィッティングした直線のことだ．

図表 21 から兵庫県警の Mo 定量値が，科警研の As 定量値と良好な直性関係を示すことがわかる．しかし早川鑑定の Mo 濃度は，図表 21 に示すと

図表21. 谷口早川鑑定における ICP-AES 定量結果○とシンクロトロン蛍光
X 線定量結果■の，科警研鑑定 As 濃度に対するプロット．

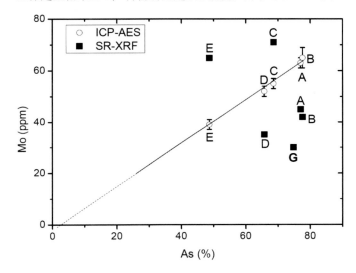

おり，その精度は渡辺鑑定に比べて悪すぎる．■のプロット（早川鑑定）に
は異同識別できる精度はない．こういうバラツキを「満天の星のようだ」と
形容する．中井鑑定で用いた ED 装置より精度が良いはずの WD 装置で分
析しても，満天の星のような結果しか得られなかった．

註 ─────────────

[1] S. Hayakawa, A. Yamaguchi, W. Hong, Y. Gohshi, T. Yamamoto, K. Hayashi,
J. Kawai, S. Goto: A wavelength dispersive X-ray spectrometer for small area
X-ray fluorescence spectroscopy at SPring-8 BL39XU, Spectrochimica Acta,
B54, 171-177（1999）. https://doi.org/10.1016/S0584-8547(98)00206-7（論 文 の
Abstract まで無料閲覧可）.

　　河合を含めて 3 名の論文共著者は河合研メンバー．

[2] 河合意見書(22)，2017 年 4 月 23 日．

## ● Mo のグラフから結論できること

　図表 21 に示したモリブデン Mo のグラフから以下の 6 点が結論できる.

　(i)　兵庫県警科捜研が定量した Mo 濃度は, パーキンエルマー製の ICP-AES 装置で分析し 39 ～ 65ppm を得た. 科警研はセイコー製の装置でヒ素 As を分析し, 48 ～ 78％という濃度を得た. サンプリングした時期 (2001年と 1998 年) も場所も人 (兵庫県警と科警研) も異なり, 分析装置も異なり (パーキンエルマー社製とセイコー社製), 分析した元素も異なり (Moと As), 濃度範囲も異なる (数十 ppm と数十％). 亜ヒ酸 ABCDE を独立にサンプリング (試料採取) して分析した結果だ. それにもかかわらず, 兵庫県警渡辺研究員の Mo と科警研の As という 2 組の分析値は, 図表 21 に示す通り, エラーバーの範囲内で 5 点を通る極めて良好な直線関係を示した.

　(ii)　独立した 2 組の分析値が直線関係を示したということは, 兵庫県警 (谷口早川職権 6 鑑定書, ただし渡辺誠也研究員が分析) と科警研 (検甲 1168 丸茂鑑定書) の分析値がともに正しいことを相互に補強し合っている.

　(iii)　兵庫県警と科警研の分析値には標準偏差 (＝誤差) もともに示されているが, 測定誤差は十分に小さく, それぞれの定量値は異同識別鑑定の目的に適する精度をもつ.

　(iv)　科警研と兵庫県警が異なる機会にサンプリングした亜ヒ酸は, ランダムな (無作為な) サンプリングだとみなせるが, A ～ E の分析値が良好な直線を示したことから, A ～ E はどの部分をとっても 250mg を採取すれば As も Mo も均一だと考えてよいことを意味する.

　一方で, 1998 年 12 月の中井鑑定 (検甲 1170) の Mo スペクトルがバラツキすぎることは, 2013 年 3 月に出版した河合論文 [1] で, 「Mo を定量的に議論するとつじつまが合わないので中井鑑定では「パターン認識」としたのではないかと思われる.」(p.178) と指摘したことが正しかったことを示している. 兵庫県警渡辺鑑定 (図表 21) と, シンクロトロン放射光を用いた中井鑑定 (図表 4) や早川鑑定 (図表 21) とを比べれば, 放射光蛍光 X 線 (XRF) 鑑定は ED 装置でも WD 装置でも, その精度は粗悪すぎて異同識別に適さ

ない鑑定だったことは明らかだ.

中井鑑定では, 蛍光 X 線スペクトルがバラツキすぎて Mo と As との直線関係さえ見いだせなかった. だから中井パターン認識鑑定は「Mo が含まれている」という指標にとどまった. 兵庫県警の渡辺鑑定によって Mo もアンチモン Sb などと同様に, 亜ヒ酸に均一に混ざった先天的不純物元素だったことが判明した.

(v) セメントやメリケン粉を大量に混ぜた亜ヒ酸 CDE の Mo も直線に載るから, 科警研鑑定書をもとに描いた図表 12 の正六角形のレーダーチャートの As, Se, Sn, Sb, Pb, Bi の 6 元素が各容器内でマダラではなかったことが, 兵庫県警の Mo 分析によっても再確認できたことになる. セメントやメリケン粉が混ざっても, As, Se, Sn, Sb, Pb, Bi の 6 元素に Mo を加えた 7 元素は, 林真須美関連亜ヒ酸 A 〜 E のどの部分を採取しても, 250mg というバルク量を採取すれば, マダラではなかったことが図表 21 からわかるのだ.

中井鑑定で Mo がマダラに見えたのは, 中井教授が, フォトンファクトリーで 2 台のエネルギー分散(ED)型 X 線検出器を混用して A 〜 G 等を測定したからだ. ED 検出器は, 同じ型番でも, 検出器それぞれに個性があって, 使用履歴によっても特性が変化する[2]. 例えばナイトン社のハンドヘルド型蛍光 X 線分析装置に使われている ED 検出器は, 故障して入れ替えると, 工場で約 1 週間かけて新しい検出器の癖をコンピュータに覚えこませることが知られている[3]. 中井教授は, 紙コップ G を PGT 社製 ED 検出器で, 台所プラスチック容器 F を CANBERRA 社製 ED 検出器で同時測定したフォトンファクトリーでの鑑定の様子をホームビデオに撮影して裁判に提出した.

こんな測定をしたのでは, スペクトルがバラツいても不思議ではない. キログラムの体重計とポンド目盛りの体重計で, 日本人と英国人の体重を日本と英国で量り, 体重計の校正(同じ錘を英国まで運んで目盛りをチェックすること)もせずに, 同一の体重だと断定するようなものだ. 無茶苦茶な鑑定だ. 他の亜ヒ酸 ABCDE はそれぞれ PGT 社製と CANBERRA 社製でどの

ように割り振って測定したのかも鑑定書には書いてない．中井教授が用いた
PGT 社製も CANBERRA 社製も液体窒素冷却型だが，液体窒素冷却型は横
軸のエネルギー値もずれやすいので，12 時間おきに標準試料を測定して校
正する必要がある．図表3はほぼ100％の亜ヒ酸25点を測定した結果だから，
X 線管型の蛍光 X 線分析装置で測定すれば，25 本のスペクトルはほぼ重な
るが，図表3はピーク位置がシフトし，形状もゆがんだ．こんな粗悪なスペ
クトルは，通常は分析には使わない．学術論文に掲載すれば，測定者の技量
が疑われる．図表3のヒ素のピークは 10.5keV であるところ，10.1 までずれ
ているし，測定中にも低エネルギー側にずれたことを示す裾がある．

(vi) 兵庫県警は紙コップ G の Mo 濃度を分析しておらず，A 緑色ドラム
缶をルーツとする亜ヒ酸か，別の緑色ドラム缶をルーツとするものかの判定
はできない．中途半端な鑑定だ．まるで G が A 〜 F とは異なるという結果
が出ることを避けた鑑定だ．SPring-8 は偶然誤差（バラツキ）が大きすぎ
て何も結論できないが，図表 21 には G 紙コップの Mo 濃度値が１点だけプ
ロットされているので，敢えて着目してみる．ドラム缶 A をルーツとする
亜ヒ酸 A 〜 E のどの Mo 濃度よりも G の Mo 濃度は低く，直線から最も離
れて，低い Mo 濃度値を示している．これは青色紙コップ付着亜ヒ酸 G が
緑色ドラム缶 A とは別の緑色ドラム缶をルーツとするとした本書の結論と
矛盾しないばかりか，むしろ本書の結論を支持するものである．

註 ————————

[1] 河合潤：和歌山カレーヒ素事件鑑定資料の軽元素組成の解析，X 線分析の進歩，
44，165-184 (2013)．

[2] T. Papp, A. T. Papp, J. A. Maxwell: Quality assurance challenges in X-ray
emission based analysis, the advantage of digital signal processing, Analytical
Sciences, 21, 737-745 (2005). https://doi.org/10.2116/analsci.21.737

[3] 遠山惠夫，河合潤：『ハンドヘルド蛍光 X 線分析の裏技』金属，臨時増刊号（2014
年 9 月号），アグネ技術センター (2014)．

## ● 放射光蛍光 X 線分析は従来の蛍光 X 線分析の精度を飛躍的に向上させたものではなかった

　図表 21 は，ICP-AES によってモリブデン濃度が得られている試料 A 〜 E を用いて，SPring-8 谷口早川鑑定の定量精度をテストしたものだと解することもできる．テストの結果は，谷口早川鑑定には妥当性がなかったことが結論できる．

　2002 年和歌山地裁判決には，シンクロトロン放射光蛍光 X 線分析の原理と特徴が「放射光とは，光に近い速度まで加速された電子が，電磁石により軌道を曲げられる際に，その電子の持っているエネルギーの一部を光として放出するが，その光のことである．放射光は，(1) 強度が強い，(2) 極めて明るい高輝度光源である，(3) 連続スペクトルであって分析に適した波長の X 線を取り出すことができる，(4) 高い指向性を持つ等，従来の X 線にはなかった特徴を持っていることから，従来の蛍光 X 線分析の精度，感度を飛躍的に向上させ，これまでの蛍光 X 線分析では分析できなかった非常に微量な資料の分析や，励起エネルギーの高い重元素の分析ができるようになった．」(p.125) と書いてある．しかし私が読んだ限りでは，中井教授の証言や鑑定書には，放射光蛍光 X 線分析が，従来の X 線管を用いた蛍光 X 線分析に比べて，「精度が飛躍的に向上した」という趣旨の文言は無い．「感度が飛躍的に向上した」という趣旨の文言があるに過ぎない．「従来の蛍光 X 線分析の精度」「を飛躍的に向上させ」たとする 2002 年の和歌山地裁判決は，裁判官の独りよがりな解釈だ．確かに山内助教授の林真須美頭髪鑑定書検甲 63 には，原子吸光と放射光蛍光 X 線という「二つの高精度な砒素分析において，異常な砒素を共通して検出し一致した」(p.5) と記載されているが，山内鑑定書に掲載されている放射光蛍光 X 線のデータは中井教授が測定して山内助教授に提供したものだ．山内助教授はフォトンファクトリーでの分析には慣れていないから，山内鑑定書に記載の「高精度な砒素分析」に理由はない．

　満天の星のように散らばっている図表 21 の■は，WD と ED という 2 方式の蛍光 X 線分析の中でも精度が良い方の WD の結果だ．中井鑑定は ED

だから，WD より精度はさらに悪い．シンクロトロン放射光蛍光 X 線分析は，WD も ED も精度が悪すぎる．本件の異同識別鑑定には適さない．

　シンクロトロン放射光を用いない X 線管方式の通常の蛍光 X 線分析では，中でも図表 21 の Mo 濃度を求めた波長分散型蛍光 X 線装置（WD-XRF）は，極めて高精度の定量分析方法だと位置づけられている．X 線管方式の WD-XRF は鉄鋼業，窯業，鉱業などで用いられている．製鋼プロセスでは WD が使われ，ED は精度が不足するため使わない．谷口早川職権鑑定で Mo 定量に用いた WD は，X 線管装置で用いれば，本来は高精度のはずだ．

　一方で，中井教授が鑑定に用いた ED 装置も金属工業分野で分析に使われてはいるが，スクラップ業者が金属スクラップの買取価格を査定する目的などに使われているにすぎない．製鋼プロセスでは，その要求する許容誤差よりも ED の分析誤差の方が大きいから使われない．

　ED-XRF の精度が悪い理由は，先述したように ED 検出器ごとに個性があること，12 時間というような短い時間でも経時変化があること，少し強い X 線を検出するとすぐ飽和してしばらく不安定になること，などを挙げることができる．製鋼プロセスではまだ冷えていない 200℃ 以上の高温試料を測定しなければならない場面があるが，ED-XRF は赤外線によって見かけの強度が無視できないほど変化することは，数年前に河合研の研究で示したこともある．シンクロトロン放射光の場合には，X 線が強すぎるから，ちょっと油断すると検出器が飽和して不安定になる．シンクロトロン入射光が時々刻々変化したり，光学系の熱膨張によってビームが動いたり，などの欠点が重なる．このうちのいくつかの問題は，シンクロトロン放射光を使う限り，WD でも免れない．ビームが動き回る欠点や，入射光が不規則に変動する欠点は，カレーヒ素事件鑑定当時から現在までの 20 年間に改善されたが，ほかの欠点は改善されないままだ．

　SPring-8 の分析精度は，金属スクラップ業者が，スクラップ買い取り価格の査定などのために，1 日当たり数千回以上も使うハンドヘルド蛍光 X 線装置（片手で持って分析できるヘアドライヤー型の蛍光 X 線分析装置）の精度にさえ遠く及ばない．

図表21は，「従来の蛍光 X 線分析の精度，感度を飛躍的に向上させ」たはずの放射光 WD-XRF（早川鑑定）を，ICP-AES（兵庫県警渡辺鑑定）と比較したものだ．シンクロトロン放射光蛍光 X 線分析はあまりにも精度が悪すぎることを示したのが図表21だ．放射光蛍光 X 線分析は「従来の蛍光 X 線分析の精度，感度を飛躍的に向上させ」（p.125）たとする2002年和歌山地裁判決の判示が間違いだったことを図表21は立証している．谷口教授，早川助教授は，同一の証拠亜ヒ酸を定量した場合「ビスマス，スズ，アンチモンの定量値は資料の形状によらず20％の範囲で一致しており，微小な結晶についても20％程度の精度で定量分析が実現されていると考えた．」（職権6, p.33）と述べた．20％という定量誤差は異同識別ができる精度ではない．谷口早川両鑑定人は SPring-8 の定量精度が悪いことを認識したうえで職権鑑定を引き受けたから，鑑定前から「同種又は判定できないという結論にすることを決めていた」のだ．あいまいな逃げの結論が判決に与えた職権鑑定人の責任は重い．

## ● 同 種

谷口早川職権鑑定ではその実行前に鑑定関係者が集まって，このような鑑定では一般に同一物と結論することは不可能だから，同一物とは結論しないで，「同種」または「判定できない」という結論にすることに決めていたことは先述した．

この点を河合意見書(10)[1]で和歌山地裁に対して指摘すると，2017年和歌山地裁再審請求棄却決定において，浅見健次郎裁判長らは，「早川が，2015年10月29日から同月30日まで開催された第51回 X 線分析討論会において，講演の合間に，異同識別鑑定を実行する前から，同一物とはせずに，同種又は判定できないという結論にすることを決めていた旨話したなどとも《河合は》指摘している．しかし，関係証拠（第1審84回公判谷口証言15, 24頁，第1審職6等）によれば，早川及び谷口が，異同識別鑑定を行うために鑑定資料 A ないし G 等を受け取った段階で，その形状及び色彩が異なっていたことは目視でも容易に判別できたことが認められる．したがって，早

川及び谷口がSPring-8による放射光分析を実行する前に，受け取った鑑定資料について前記のとおり判断していたとしても，早川及び谷口の分析能力及び分析手法の相当性に疑いを生じさせるものではない．河合の前記指摘は，谷口早川鑑定の信用性を左右するものではない．」(p.110) と判示した．ここで引用した文章の前半は「鑑定前から結論を「同種」と決めていた谷口早川職権鑑定」と題する節でも引用したが，本節ではもう数行先まで引用してある．ところが，この数行にもまた間違いがある．

　谷口一雄元教授は「青色紙コップ付着亜ヒ酸Gやプラスチック製小物入れ付着亜ヒ酸Fは，肉眼で見えない程度の量しかなかったので，WDXで測定することができませんでした．」(pp.4-5)と大阪高裁へ回答[3]した．したがって，浅見健次郎裁判長らが決定で「その形状及び色彩が異なっていたことは目視でも容易に判別できたことが認められる．」とした判示は，谷口元教授が，和歌山地裁の決定後に大阪高裁へ提出した回答書に矛盾する．目で見えない物体の色が，和歌山地裁決定では，目視でも容易に判別できたと判示したからだ．

　谷口早川鑑定が「異同識別鑑定を実行する前から，同一物とはせずに，同種又は判定できないという結論にすることを決めていた」(2017年決定p.110)という河合の指摘を，和歌山地裁浅見健次郎裁判長らは「AないしG等を受け取った段階で，その形状及び色彩が異なっていたことは目視でも容易に判別できたことが認められる」と述べて話をそらしたが，台所プラスチック容器付着亜ヒ酸Fは「目視でも容易に判別できた」はずがない．裁判所の決定とはこのように杜撰なものだ．こういうのを裁判官の心証というのだろう．いや心眼というべきか．

　谷口早川鑑定書に記載された「同種」はその意味が重要だ．「亜ヒ酸が希少ではなかった事実」と題する節で「N商店からの注文は，1978年ころが最も多かったと思うのですが，その当時は，ひと月に1トンの注文を受けたり，一回に50キログラム缶10本の注文を受けたこともあったように覚えています．」というK薬品工業㈱の社長の供述を紹介したが「50キログラム缶10本」の個々の缶は図表21のような精度でしかない放射光蛍光X線分析で

は見分けることはできず，せいぜい同じ会社製という事しか結論できないからだ．浅見健次郎裁判長らは「したがって，早川及び谷口がSPring-8による放射光分析を実行する前に，受け取った鑑定資料について前記のとおり判断していたとしても，早川及び谷口の分析能力及び分析手法の相当性に疑いを生じさせるものではない．」（p.110）と判示するが，「早川及び谷口」鑑定に相当性はないし，浅見裁判長らの判示にも相当性はない．

　2018年の早川回答書[4]で早川教授は「SPring-8での測定は，<u>十分な分析精度を持っており，微小な亜ヒ酸の異同識別に利用できる数少ない分析方法である．</u>」（p.3）と断言した．慎重に言葉を選んできた早川教授でさえも，ついにSPring-8が鑑定に十分な精度を持つと断言するまでに至ってしまった．早川教授のようにまともな研究者でさえも，図表21の満天の星のような粗悪な実験精度の■印のデータを，2001年の職権鑑定の段階で「十分な分析精度を持っており」それでよしとしてきたから，その時点でこの分野の分析化学の発展が止まってしまったのだ．2001年の時点で「十分な分析精度を持って」いるなら，もうその改善は不要だということになる．事実，2001年から2018年に早川教授が回答書を提出するまでのスプリングエイト分析に本質的な進展がなかったことは次節へ続く．

註 ──────────

[1]　河合意見書(10)，2015年11月23日．次の[2]も参照．

[2]　河合意見書(38)，2018年6月16日，p.486．

[3]　谷口一雄（大阪電気通信大学元教授）：『回答書』検4，2018年3月4日．

[4]　早川慎二郎（広島大学大学院工学研究科教授）：『回答書』検5，2018年4月2日．

## ● スプリング8分析に本質的な進歩はなかった

　日本経済新聞2013年10月2日Web版には「一度に20以上の証拠鑑定，放射光施設スプリング8，捜査活用を」という記事が見つかる[1]．「和歌山の毒物カレー事件で混入されたヒ素を鑑定し，捜査への活用が注目された兵庫県佐用町の大型放射光施設『スプリング8』を運営する高輝度光科学研究センターのグループが，事件の証拠物を一度に20個以上鑑定できる新たな

分析装置を開発したことが 2 日，分かった」「スプリング 8 の捜査への活用は警察庁が呼び掛けるが，2013 年 4 月までの約 12 年間で 45 件と低迷．新しい装置は鑑定時間を短縮でき，経費の削減も見込めるため，グループの高田昌樹リーダーは『利用法を周知し，犯罪捜査の限界を押し広げたい』と意気込む」「スプリング 8 は，10 億分の 1 グラムの毒物を鑑定できるなど優れた性能を持つが，8 時間の利用で費用が 48 万円．2011 年に神戸市で死後約 10 年経過した遺体が見つかった事件では，首が絞められた痕を確認しようと数百万円をかけて皮膚を鑑定したが特定できず，捜査現場からは『求める結果が出るか，やってみないと分からないようでは使いにくい』などの意見が出ていた．」

　39 〜 65ppm という分析化学的には高濃度の元素分析で図表 21 の■印の満天の星のような結果しか得られない谷口早川職権鑑定の分析精度は，2021 年の本書執筆中でも同じ状況だ．データがバラツク根本的な原因が解決されていないからだ．2013 年の日経紙 Web 版にある改善点は「一度に 20 以上の証拠鑑定」ができるようになったことだけだ．「10 億分の 1 グラムの毒物を鑑定できる」というが，感度と精度のうちカレーヒ素事件鑑定で重要なのは精度だった．感度が必要な鑑定もあるが，SPring-8 より高感度な鑑定方法はほかにいくらでもある．鑑定は 1 つの分析方法に限るべきでないことは「科警研副所長であった瀬田季茂博士」（2017 年和歌山地裁決定 p.86）が「単一の分析データだけではまず解決できることはほとんどありません．一つの分析データだけでこの物件の異同性を決めてしまおうとすると無理が生じますから，色々な学問領域のデータを総合させて答えを導き出す必要があります．」と言う通りだ（第 2 章「中井鑑定の結論」と題する節を参照）．河合研で開発したポータブル型蛍光 X 線分析装置の検出感度は一千億分の 3 グラム[2] だ．

註 ────────────────

[1]　https://r.nikkei.com/article/DGXNASDG02027_S3A001C1CR8000 （2021 年 7 月 4 日アクセス）.

[2]　S. Kunimura, J. Kawai: Polychromatic excitation improves detection limits in

total reflection X-ray fluorescence analysis compared with monochromatic excitation, Analyst, 58, 1909-1911（2010）. https://doi.org/10.1039/C0AN00009D

## ● 同種と類似

公判の証言で裁判官職権鑑定を行った谷口教授が「同種」と証言するはずのところで「類似」と証言してしまい，次の公判で「同種」に訂正した．このことから，鑑定書で用いられる同種と類似には重大な意味の相違があることが明らかとなった．検察側鑑定書で同種と類似に意味の違いがあることを，刑事弁護をする弁護士は知っているだろうか？　違法薬物や放火助燃剤の鑑定書などでも同種や類似は使われているはずだ．

「同種」と題する節で「同種の意味が重要だ」と述べたことを本節では説明する．

第 84 回公判（2001 年 12 月 3 日）で，谷口教授は以下のように証言した．

北英知検事「では，確認なんですが，先生の概念設定によると，後から混ぜ物を加えた場合は，それだけで同一とは言えなくなるということになるわけですね.」

谷口教授「はい.」

北「では，仮に，全く同じ亜砒酸を 3 つに取り分けて，1 つに混ぜ物をして，もう 1 つは放置することによって変色し，最後のものは冷暗所で，保管してたので変色しなかったというような例があった場合，この 3 つの亜砒酸は同一とは言えないということになるんでしょうか.」

谷口「少なくとも同一であるための確証が得られない限り，同一と我々は判断しませんでした.」（p.16）

谷口教授は SPring-8 鑑定には異同識別能力がないことを認識していたから，屁理屈を述べたうえで「同種」と結論したことがよくわかる証言だ．本件のような鑑定では，同じドラム缶をルーツとするかどうかが重要となるが，この証言は「同一と我々は判断しません」などど的を外した証言だ．

第 85 回公判（12 月 11 日）で検察官の尋問に対して，山口健一弁護士が「尋問の途中ですが，前回その同じ質問をされて……改めて同じことを又聞かれるわけですか．」（p.5）と割り込むと，動揺した谷口教授は「いえ，この段階では我々自身の考察の中では，亜ヒ酸 A ないし E が類似として，なおそれを絞り込んだ場合に，《紙コップ G が》鑑定資料 D 又は E と類似するというようにしたわけでございます．」（p.8）と答えた．「A ないし E」という言い方は，我々一般人の日常会話では「A または E」という意味に使うが，法律関係者は「A から E に至るまで」という意味にだけ使って，「又は」という意味には使わない．谷口教授は「乃至」と「又は」とに意識を集中しすぎたあまり，「同種」というべきところを「類似」と言い間違えたようだ．検察官が書いたシナリオがあったのだろう．

第 87 回公判（2002 年 1 月 17 日）で谷口教授は「「A ないし E が類似」という部分を，「A ないし E が同種」とお願いしたいと思います．」と証言の訂正を申し出た[1]．

平岡義博講師が 2014 年 8 月 9 日京都化学者クラブ例会で「埋めがたい科学と法学の間」と題する講演で示したスライドの内容を図表 22[2] に示す．京都化学者クラブ例会での平岡講師の講演内容は後に海洋化学研究誌[3] に掲載された．ただし海洋化学研究誌[3] には図表 22 は出ていないので，当日のパワーポイントを送ってもらったものが図表 22 だ．平岡講師は科捜研鑑定の限界や改革の方向を示す書[4] も出版しているが，もともとは京都府警察本部科学捜査研究所で化学科長，調査官，主席研究員等を歴任し，講演当時，京都産業大学非常勤講師だった．

図表 22. 異同識別における類似性の表現[2].

| 表現 | 意味 |
|---|---|
| 一致 | 100％合致 |
| 同種 | 80％の類似性，誤判別の確率 20％ |
| 類似 | 60％の類似性，誤判別の確率 40％ |
| 不明 | 50％，どちらともいえない |
| 異種 | 0％，別の物 |

図表22によれば，鑑定書では「同種」と「類似」の意味が明確に違うことがわかる．「同種」のほうが「類似」より一致の度合いが高いという序列が厳然として存在する．谷口教授ら職権鑑定人が鑑定前に兵庫県警に集まって「同種」等という結論にすると決めた際に，図表22の「同種」と「類似」の違いを認識していたかどうかは明らかではない．第84回公判で谷口教授が「類似」と言い間違えた時点でその違いを認識していたか否かも明らかではない．たぶん谷口早川両鑑定人とも違いを認識してはいなかったのだろう．しかし，「類似」から「同種」への訂正を申し出た第87回公判では，谷口教授がその違いをはっきりと認識していたことは明らかだ．

　図表22の％数値については，当然ながら異論がある．ヒトとチンパンジーのDNAは99％一致しているといわれる．1％の違いは人間とチンパンジーを分かつから，1％の違いでもアリバイが成立する[1]．

　「同種」等と結論することに鑑定前から決めていたという早川教授の告白を裏付けるデータが，モリブデン濃度をプロットした図表21だ．図表21のSR-XRFの精度では同一と結論するのは不可能だ．無視できない外れ値が存在することを示す図表20も，谷口早川鑑定によっては異同識別が不可能なことを立証している．

　私は再審請求弁護団から分析化学における同種と類似の定義を質問されたことがある．分析化学では同種や類似の定義があることやその序列の存在を聞いたことはない．科警研や科捜研鑑定書などの検察が提出する鑑定書に見られる独特な用語だ．しかし平岡講師が図表22にその序列を数値化して日本法科学技術学会の会員に講演で注意を促していた事実からすると（図表22の出典は2015年8月7日に福島で開催された日本法科学技術学会微細天然物研究会の平岡講師の講演のパワーポイント），同種や類似の序列には裁判上重要な意味があること，刑事事件鑑定書の同種と類似の違いに注意して慎重に扱う必要があることがわかるはずだ．

　なお日本法科学技術学会は，もともと日本鑑識科学技術学会という名称だったが，2005年に現在の日本法科学技術学会という名称に変更した[5]．日本法科学技術学会事務局は柏市の警察庁科学警察研究所と同じ番地だ．

註 ————————————

[1] 河合潤：鑑定不正の見抜き方連載(4) 微物や繊維片の同一性，同種と類似，季刊刑事弁護，87，187-196（2016）p.191.

[2] 平岡義博：日本法科学技術学会微細天然物研究会（福島，2015年8月7日）講演パワーポイント.

[3] 平岡義博：埋めがたい科学と法学の間——科捜研で思ったこと，海洋化学研究，28，17-23（2015）．http://www.oceanochemistry.org/publications/TRIOC/PDF/trioc_2015_28_17.pdf

[4] 平岡義博：『法律家のための科学捜査ガイド——その現状と限界』法律文化社（2014）．

[5] 日本法科学技術学会ホームページ，https://www.houkagaku.org/

## ● 職権鑑定の費用

8時間のスプリングエイト利用料が48万円だという日経新聞の記事について先述したが，谷口早川職権鑑定の費用は和歌山地方裁判所が支出した．職権鑑定書に記載の鑑定時間を積算すると77時間35分になる．BL08WとBL39XUというSPring-8の2つのビームラインを使った．両ビームラインを同時に使っていた時間も積算した延べ時間は，77時間35分の最大2倍になる．

谷口教授は白金ルツボなどの実験機材を立て替えて購入した上，兵庫県警科捜研に謝礼の意味で寄贈し，白金ルツボ代金等の領収書を和歌山地裁へ提出し，代金を和歌山地裁から受け取った．亜ヒ酸鑑定に使う必要のない高額な高純度白金ルツボを，職権鑑定に必要だとして購入した上，兵庫県警へ譲渡するのは問題だと河合に指摘された谷口元教授 [1] は「白金製のルツボについては，私の鑑定に必要だったので，私が兵庫県警科捜研のために購入したことは間違いありません．」「亜ヒ酸の資料を数百度に熱して溶解ママしてから機械にかけるに当たり，科捜研の所長から磁器製のルツボではコンタミ《contamination 汚染》が起きる可能性があり，白金製のルツボが必要なので，購入してほしいと言われたことがありました．」（p.2）と大阪高等検察庁を通

じて大阪高裁に回答した．

　谷口元教授は融解と書くべきところを溶解だと書いている．砂糖が水に溶けることを溶解と言い，氷が水になることを融解と言って区別する．

　亜ヒ酸 $As_2O_3$ をルツボで数百度に加熱しても融解せず，亜ヒ酸は昇華して揮散する．だから「亜ヒ酸の資料を数百度に熱して溶解してから機械にかける」という方法では主成分ヒ素も微量不純物元素も分析できない．

　九州の土呂久[2,3] は，江戸時代には銀山だった．その廃鉱石を採掘し，窯による亜ヒ焼きによって亜ヒ酸が製造され始めたのが大正9年だ．当時，亜ヒ酸は，米国の綿花栽培用の殺虫剤としての需要があった．亜ヒ焼きの煙によって土呂久一帯がまっ白な煙に覆われるようになった．$H_2O$ のように，昇温につれて，固体（氷）から液体（水）を経て気体（水蒸気）になるのではなく，固体から直接に気体になる現象を昇華と言う．鉱石を焼いて亜ヒ酸を昇華（気化）させ，昇華点温度以下の集ヒ室で凝集させて99％以上の純度の亜ヒ酸を採取する方法を亜ヒ焼きと呼んだ．集ヒされなかった亜ヒ酸は窯の外へ排出され鉱害となった．廃鉱石も浸出水もヒ素を含み有害だ．1990年10月31日に最高裁第3小法廷で土呂久訴訟第1陣，第2陣原告と住友鉱との間で一括和解が成立するまで，またその後も，土呂久の亜ヒ酸による健康被害は大きな鉱害問題だった．カレーヒ素事件の頭髪鑑定を行った山内博聖マリアンナ医大助教授は，土呂久裁判では被告側証人として，亜ヒ酸は体内で速やかに5価へ酸化されて無毒化するという趣旨の証言をした[4]．

　白金ルツボ購入理由として谷口元教授が回答した「亜ヒ酸の資料を数百度に熱して溶解《融解》」させるという分析操作手順はあり得ない．科捜研では普段の実験に必要な白金ルツボをなかなか買うことができないから職権鑑定のお礼として寄贈したと谷口教授が私を含めた複数のX線研究者に話した内容とは異なる．たとえヒ素鑑定に使わなかったとしても，科捜研が他の事件の鑑定に白金ルツボを必要としたなら，正直に述べればよいはずで，「科捜研の所長から磁器製のルツボではコンタミが起きる可能性があり，白金製のルツボが必要なので，購入してほしいと言われた」などというウソを大阪高裁に回答する必要はなかったはずだ．兵庫県警科捜研所長なら白金ルツボ

で亜ヒ酸を加熱しても分析できないことは熟知していたはずだ．その職務で行なった鑑定補助者としての謝礼を科捜研所長が白金ルツボで要求することなど，常識的に考えてもあり得ない．亜ヒ酸を数百度に加熱して分析することも分析化学的にあり得ない．谷口元教授の回答書は虚偽の回答書だ．

註

[1] 谷口一雄：『回答書』検 4，2018 年 3 月 4 日．

[2] 井出孫六：『ルポルタージュ戦後史（下）』岩波書店（1991）pp.59-77．

[3] 土呂久を記録する会編：『記録・土呂久』本田企画（1993）．

[4] 土呂久鉱害訴訟第 1 陣一審『判決』宮崎地裁延岡支部，昭和 59 年 3 月 28 日；
　　LEX/DB27490782；判例タイムズ，No.529，p.289（1984.8.25）．

## ● 職権鑑定への検察の干渉

　職権鑑定書が出来上がって裁判所に提出する直前に，兵庫県警科捜研所長のところへ和歌山地検の検事が訪ねて来て，同一物と書け，いや書けない，と大声で怒鳴り合っているのが，科捜研研究員に丸聞こえだったそうだ．最後まで同一物とは書かず同種とした，という話は，兵庫県警内でも誇るべきこととして言い伝えられている．検察が鑑定書で「同一物」と結論するように要求したという話は，カレーヒ素事件にかかわるようになって，私は偶然にも 2 度聞いた．早川教授からも検察官に同一物と書けと言われたという話を聞いた[1]．

　第 2 章「中井放射光鑑定は実質 1 日と 6 時間だけだった」と題する節で，中井教授が 1998 年 12 月 13 日に SPring-8 から東京への帰途に和歌山地検に立ち寄って，異同識別鑑定結果を報告したことを述べた．12 月 13 日の報告と比べて，中井鑑定書の最後の文章「鑑定資料 A 〜鑑定資料 G，鑑定資料 I は同一物，すなわち，同一の工場が同一の原料を用いて同一の時期に製造した亜ヒ酸であると結論づけられた．」という結論の同一物という単語は不自然だ．この文脈的に不自然な「同一物」が検察の圧力によって後に付け加えられたことを感じるのは私だけだろうか．

註 ————————————

[1] 河合意見書(9)，2015 年 10 月 31 日，p.107.

## ● バリウムの意味

バリウムが二酸化ケイ素（要するに砂）に含まれている場合には，酸に溶解しないが，カルシウムに含まれている場合には，バリウムは酸に溶け出す．日本の砂岩や頁岩には通常 300 〜 700ppm のバリウムが含まれている．砂にバリウムが含まれる理由だ．バリウム Ba とカルシウム Ca は周期表上で縦に位置し(図表6)アルカリ土類金属といわれる．互いに似た化学的性質を持つから，セメント中のカルシウムはバリウムも少し含んでいる．谷口早川職権鑑定は「D のバリウムは酸不溶成分中に存在し，亜砒酸に含有されている二酸化ケイ素（石英）の中に微量成分として存在する」「E のバリウムは酸に溶解する成分中に存在し，亜ヒ酸に含有されているカルシウム化合物の中に微量成分として存在する」（職権 6 p.6）と結論した．ところが紙コップ G のバリウムは，酸に可溶か不溶かは調べなかった．谷口早川鑑定は，何かにつけて中途半端だ．結論を出したくないように見える鑑定だ．

1 審裁判官は，職権鑑定を命ずるに当たって，「鑑定資料中のバリウム（Ba）の有無及びそこから判明する事項」を鑑定するように谷口教授らに命じていたから，裁判官はバリウムの意味をよく理解していた．だから 1 審判決では「A 〜 F のいずれかの亜ヒ酸を，G 本件青色紙コップに入れてガレージに持ち込んだ上，東カレー鍋に混入したという事実」を認定するにとどめ，次節で述べる検察の論告のように，A 緑色ドラム缶→E 旧宅ミルク缶→F 新宅台所プラスチック製小物入れ→G 紙コップ→I 東カレー鍋を一本の線で結ぶことはしなかった．

バリウムは異同識別にとっては，役に立たないが，後述するように，鑑定を開始して 1 日半で「一つの線で結ばれたわけです」とバリウムによって即断した中井鑑定の早とちりはいつまでも影響した．

## ●検察の論告

　論告とは検察官が事実や法律の適用について意見を述べたものだそうだ．論告要旨[1]からバリウムに関係する部分を抜き出せば「Fのプラスチック製容器付着の亜砒酸及びEの雪印ミルク缶入り亜砒酸からもバリウムが検出されたことから，それらの鑑定結果によって，被告人が旧宅ガレージ内の棚上に残しておいたEの雪印ミルク缶から亜砒酸を取り出し，これを園部の被告人方に持ち込んで，自分が管理していたFのプラスチック製容器内に入れて隠し持っていたとする事実が，科学鑑定によって裏付けられたことになるが，さらに，Gの青色紙コップ付着の亜砒酸並びにカレー中から取り出された各亜砒酸からもバリウムが検出されたとする鑑定結果が加わったことにより，被告人が，犯行現場に近い自宅で隠し持っていたFのプラスチック製容器内の亜砒酸をGの青色紙コップに入れて犯行現場に運び，これを東鍋のカレー中に混入した事実も科学鑑定の側面から裏付けられたといえる．すなわち，Eの雪印ミルク缶入り亜砒酸，Fのプラスチック製容器付着の亜砒酸，Gの青色紙コップ付着の亜砒酸，東鍋のカレー中から取り出された亜砒酸Iが，いずれもバリウムを含有するという科学鑑定によって，1本の線で結ばれたことになるのである．」（p.246）と書かれている．

　林健治はシロアリ駆除業をしていたので，本件緑色ドラム缶Aから小分けした亜ヒ酸にセメントやメリケン粉などを混ぜてミルク缶などの容器に入れて持ち運び，シロアリ駆除剤として使っていた．後天的に混ぜたセメントのカルシウムや砂に不純物として含まれるバリウムが検出された．検察が一審に提出した論告要旨[1]はバリウムの有無によって，A緑色ドラム缶→E旧宅ミルク缶→F新宅台所プラスチック製小物入れ→G青色紙コップ→I東カレー鍋という亜ヒ酸の経路を「いずれもバリウムを含有するという科学鑑定によって，1本の線で結」んだ．中井教授が1審へ提出した12月13日午前5時ごろに撮影したホームビデオにも亜ヒ酸がバリウムによって「一つの線で結ばれたわけです」[2]という中井教授自身によるナレーションが入っている．ここに林真須美を起訴した刑事裁判の間違いの端緒を見出すことが

できる．中井鑑定が，バリウムによって，亜ヒ酸を間違った1本の線で結んだことだ．SPring-8でデータが出始めてまだ18時間しか経っていない頃の中井教授の第一印象をずっと引きずったまま最高裁まで行った．SPring-8中井鑑定はヒ素ピークの強度が時々刻々変化するため，1本の線で結ぶと薄いヒ素濃度（ミルク缶Eのヒ素濃度は49%）が濃くなること（紙コップGのヒ素濃度は75%，図表5参照）に気付かなかった．

職権鑑定で「鑑定資料中のバリウム（Ba）の有無及びそこから判明する事項」が書かれた谷口早川鑑定書が提出されていたにもかかわらず，検察は，その半年後に，谷口早川鑑定書を無視して論告要旨を書いたことになる．

検察は，主成分ヒ素濃度が明確に記載された検甲1168という科警研鑑定書を証拠として裁判に提出しておきながら（図表5），ヒ素濃度が逆転する論告要旨を書いたことにもなる．

検察の論告は，バリウムが酸に可溶か不溶かも吟味せず，紙コップGのヒ素濃度が逆転する論告を提出したのだ．随分と雑な論告だ．

裁判官も検察官も弁護士も，紙コップGのヒ素濃度のほうがCDEFより濃いという主成分ヒ素濃度の逆転の矛盾に気付かなかった．裁判官も検察官も弁護士の誰一人として，まともに鑑定書を理解できないままに裁判が進行して，最高裁まで進んで死刑が決まってしまったという杜撰な裁判が，カレーヒ素事件裁判だ．

註 ─────────

[1] 和歌山地方検察庁 検察官事務取扱検事 小寺哲夫，検察官検事 北英知：『論告要旨』2002年6月5日．

[2] SPring-8ホームビデオ，VTS_01_2.VOB，約8分の位置．

## ● 裁判官の居眠り

職権鑑定を行った広島大学早川慎二郎助教授が，和歌山地裁で証言し始めると，裁判官は居眠りを始め，早川助教授の証言の間中ずっと居眠りしていたそうだ．早川助教授の親戚には裁判官もいるそうだから，裁判官は身近な存在だ．この当時早川助教授は学務で多忙を極めていたから，広島からわざ

わざ和歌山まで出向いて証言したのに居眠りされたのでは，つい，あちこち で言いふらしたくなる気持ちもわかる．早川教授は東大助手のころから歯に 衣を着せぬ毒舌で学会でも有名だ．

　インターネットで検索すると，黒木亮の小説『貸し込み』にも裁判官の居 眠りが書いてあるのが見つかる[1]．黒木亮自身が裁判に巻き込まれた時の経 験だという．　Webには裁判官の居眠りに関する投稿が多いので，裁判官の 居眠りは希ではないらしい．居眠りでもしていないかぎり，濃度が逆転する 判決を書くことは不可能だ．

　濃度の逆転に気付いたのは私が最初ではない．毎日放送報道局の岡山美彦 プロデューサーから取材を受けたとき，本事件を当初から追いかけてきた岡山プ ロデューサーを含むMBS報道局内でも，濃度が逆転する矛盾に気付いたそうだ． 忙しい日々の報道に紛れて掘り下げることはしなかったという．　インタビュー の後，注意してテレビを見ると岡山さんはニュース番組によく出ている人だっ た．忙しいテレビの人たちでも気付くほど，判決には矛盾があった．

　1審和歌山地裁3名，2審大阪高裁3名，3審最高裁5名の裁判官の誰一 人として濃度が逆転する矛盾に気付かなかったというのは驚きだ．　1審が居 眠りしていて，2審，3審は鑑定書を読んでも何のことか理解できないままに， 約千ページある1審判決から適当な文章をコピー＆ペーストしていたとでも 考えなければ，こんな判決がまかり通っていることの説明はつかない．再審 請求審になってこの矛盾を突き付けられた裁判官は，不可知論などのエビデン スに基づかない珍妙なスペキュレーションを決定に書くようになった．

　不可知論はたとえば2020年大阪高裁決定では，「G本件青色紙コップから 採取された資料を測定した結果が，G本件青色紙コップを介し東カレー鍋に 実際に混入された亜砒酸（混合物等がある場合にはそれを含む．）の組成比 や成分比をそのまま表すものとみることはできない．」（p.25）と書かれてい ることだ．

　「裁判所」は厳格な証拠調べ手続きも，極めて慎重な審理も経ることなく， 忙しいテレビの報道局の人でさえ気付いたヒ素濃度が濃くなるという矛盾を 残したまま，死刑の判決を，確定審の3審で3度言い渡したことになる．再

審請求審では，その矛盾を合理化するために，亜ヒ酸はマダラだったから，G紙コップ付着亜ヒ酸の分析値はその本来の「組成比や成分比をそのまま表すものとみることはできない」と言い始めた．この言い訳は，図表12で紙コップGだけが正六角形にならなかったことや，判決が正しいなら，亜ヒ酸が高純度化してしまう矛盾の言い訳だ．「合理的な疑いを入れる余地がないほど高度の蓋然性を持って認められる」という1審判決は，有史以来起こることがないほど低い確率の事象が起こったことを認定した判決だったが，それを言い逃れる滑稽なスペキュレーション（speculation）を大阪高裁は言い始めた．この裁判にかかわった裁判官は，判決に名前があるだけでも，確定審で11名，再審請求審では本書執筆の時点までで，和歌山地裁と大阪高裁決定の小計6名，総計17名にのぼる．特異な1名や2名ではなく，これだけバルク（bulk）な人数の裁判官がそろって間違った判示をしたということは，裁判制度の構造的な欠陥を示している．しかも裁判官は独立しているはずだ．

註 ────────────

[1] 黒木亮：『法服の王国──小説裁判官』上・下の黒木亮さん，新刊ニュース，2013年9月号．石川淳志映画監督のインタビューを受けて「かつて，旧三和銀行が脳梗塞で痴呆状態になった資産家に立会人もつけずに二十四億円以上を貸した過剰融資事件があり，僕自身がその裁判に巻き込まれたことがきっかけでした．平成十五年に僕は債務者側－いわゆる被害者側の証人として東京地方裁判所に出廷して証言したのですが，裁判官は居眠りするし，判決は銀行の主張を丸写しだし，奥さんの署名捺印が偽造されていたのに保証債務を認定した判決が出るというめちゃくちゃな裁判だった．この顛末は角川文庫の『貸し込み』という小説に書いています．その裁判官は東大法学部を出て裁判所の中でエリートコースを歩み，司法試験の考査委員もやっていた．そんな高給取りの秀才が何でこんな判決を下すのか，裁判官の世界はどうなっているのか，一度徹底的に解明してみて小説にしたいと考えたことが執筆の動機です．」Web版新刊ニュース（全国書店ネットワーク），https://www1.e-hon.ne.jp/content/sp_0031_i1_201309.html（2021年7月4日アクセス）

　前章までは，カレーヒ素事件に関する鑑定不正の指摘や，その指摘に対する裁判所の決定について述べてきた．本章では鑑定と鑑定不正が世界ではどのようにとらえられているか，日本との違いなどについて述べた後，非専門家としての河合から見て裁判における鑑定がどうあるべきかについての考えを述べてみたい．河合は法律の専門家ではないから，河合の指摘には間違いや不可能なことも多いだろうし，単なる理想論かも知れないが，たとえ実現不可能であっても，理想がどんなものであるべきかを述べることは，全く意味のないことではないと思う．

## ● 分析化学とは

　本節ではカレーヒ素事件の鑑定に使われた分析化学／化学分析とはどういうものかを駆け足で概観する．

　化学分析（chemical analysis）とは，化学反応や機器分析装置を用いて，どんな元素（ヒ素）や化学物質（$As_2O_3$）が含まれているか，またその濃度はどのくらいかを分離・計測することを指す．分析化学（analytical chemistry）は，そうした分析方法を新しく開発したり，ある分析方法の応用範囲を広げたり，なぜ分析できるのかを研究する一つの学問分野だ．

　X線分析は元素の種類や濃度を分析する元素分析の一手法だ．例えば鉱山で試掘された鉱石の中にどんな元素がどのくらい含まれているかを分析する．そうすると，その鉱山の採算性も判定できる．貨物船で輸入されてヤード（埠頭）に積み上げられた石炭は一度に大量に輸入するから，わずかの分析誤差があっても損益に大きくかかわる．かつて日本の鉄鋼メーカーが貨物船で輸入した石炭の分析値に間違いがあって，石炭を一船輸入するごとに，

マンション一戸分に相当する数千万円の水を石炭の代金として支払っていたことがあった[1]. 売買契約では石炭を乾燥させて分析することになっていたが, 輸出国側が乾燥させずに分析した数値で代金を請求していたからだ. 飲み水や輸入農産物に有害物質が含まれていないことをチェックするのも化学分析だ. これらの例からわかるように, 化学分析では, 全量を分析することはまずしない. わずかの「サンプル」を採取して分析するだけで, 全体像を正しく把握することが, 化学分析では重要とされる. 分析化学研究者の多くは, 蛍光 X 線分析や ICP-AES のような手法や装置を専門とするが, サンプリングが実は分析化学の盲点だ[2]. 輸入した食品の全量を分析すれば正確な分析値は得られるかもしれないが, 分析に全量消費し尽くしてしまっては, 費用が莫大となり食べる分もなくなる. 意外なことだが, 少量を適切にサンプリングして分析する方が, 全量を分析するよりも正確な値が得られることも経験上わかっている[2,3].

本書で主役の一つとした蛍光 X 線分析が実用化されたのは, 第 2 次世界大戦中のワシントン DC 近郊のネービーヤード（海軍工廠）にある海軍研究所だった[4]. だから開発当時の科学論文は発表されず, 米海軍が開発したこともあまり知られていない. 1 次 X 線を試料に照射し, 2 次的に発生する蛍光 X 線の波長と強度とから, 試料に含まれる元素とその濃度を定量する. 第 2 次世界大戦後, 鉄鋼業に使われ出すと, 蛍光 X 線分析の定量精度は飛躍的に向上した. 日本の研究者の貢献も大きい.

大学の分析化学研究者が高校などへ出向いて生徒の質問に答える行事が最近は高大連携などと呼んで盛んだが, 昔も行われていた. かつて中学高校生を対象に分析化学の質問会を開いたところ, 新鮮な卵を見分けるにはどうしたらよいかという質問が出たそうだ. 卵を割って, 大学の研究室の分析装置にかければタマゴが新鮮かどうかすぐにわかる, とある偉い教授が答えた. 質問の趣旨は, 新鮮な卵を店でどのように選んだらよいかという質問だった. 昔は卵を個売りしていたからだ. 店で売っている卵が新鮮かどうか調べるために卵を割ることはできない. 大学でしか使えない高価な装置が必要な分析は実生活の役に立たない. 大学で専門研究をするうちに, 日常から乖離する

ことがないようにという教訓として、分析化学研究者の間で言い伝えられている実話だ。

　1998 年のカレー事件では、化学分析は 1998 年 7 月 26 日の事件直後の和歌山県警科捜研の毒物検査から 2001 年 11 月 22 日に終わった谷口早川職権鑑定まで続いた。これらの鑑定で使われた化学分析の重要な部分で、その実力を超えた鑑定ができたとする不正があった。第 2 章で述べたように、対数計算等によって亜ヒ酸を同一であるかのように見せた不正もあった。不可能な鑑定を嘱託されたことを認識した上で、鑑定前から鑑定人が集まって亜ヒ酸は「同種または判定できない」と結論することに決めていた鑑定もあった。同種が刑事鑑定書で何を意味するかも知らずに。裁判では同種は同一物という中井鑑定に矛盾するものではないと判示された。検察は、亜ヒ酸を「同一物」だと結論するように鑑定人に圧力をかけた。第 3 章で述べた 10.5 ピコグラムのように、現在（2021 年）でも未だ不可能な化学分析さえある。現在でも不可能な分析を 1998 年の事件当時に「パターン認識」などと称してできたことにしていたのだ。事件当時、完成したばかりのスプリングエイトという世界最高強度の X 線だから、最先端の科学技術だから、などという理由で可能だとされた鑑定の多くに不正があった。

　分析化学専門家に限らず、科学研究者には、「再審請求中の事件の鑑定に関することは、公判の場以外で発言すべきではない」「法律的に禁止されている」と誤解している人も多い。日本学術振興会のある研究会で SPring-8 が如何に役に立っているか、という招待講演をした研究者があった。再審請求で SPring-8 鑑定が最近問題になっているが、その点はどうか？ と質問したところ、再審請求中の裁判に関することなので回答は控えさせていただく、とその招待講演者は答えた。研究会後の懇親会では「学問の場では裁判内容に関しても自由に議論すべきだ」という意見が出たのは当然だ。分析化学研究者に限らず、科学研究者の多くは、重要な問題にかかわることを意図的に避けて、毒にも薬にもならない研究を行っている人も多い[5]。分析化学研究者のこの態度は、かつての公害問題のころと似ている[6]。

註 ————————————

[1] 河合潤：分析科学と社会，資源と素材，117，627-629（2001）.

[2] 河合潤，田中亮平，今宿晋，国村伸祐：『物理科学計測のための統計入門』アグネ技術センター（2019）§9 サンプリングと測定精度.

[3] 河合潤：『蛍光 X 線分析』共立出版（2012）p.29.

[4] 河合潤：鉄鋼用蛍光 X 線分析の将来，ふぇらむ，23（7），352-357（2018）.

[5] 河合潤：直感的化学分析のすすめ7，ガラパゴス化とルーブ・ゴールドバーグ化，現代化学，2014 年 7 月号，pp.64-66. ルーブ・ゴールドバーグは，NHK E テレの「ピタゴラスイッチ」のような装置を描き続けた米国の漫画家（www.rubegoldberg.com）. 米国の学会で「ルーブ・ゴールドバーグ装置のようだ」というと，わざわざそんなことをしなくても，もっと簡単にできる，という批判になるそうだ.「わざわざ複雑にした」という訳が出ている辞書もある. 学会で発表される機器分析装置には「ピタゴラスイッチ」のような分析装置が多い.

[6] 河合潤：蛍光 X 線分析の精度について──和歌山カレーヒ素事件の呪縛，X 線分析の進歩，50，17-22（2019）. https://www.researchgate.net/publication/332466247

## ● CSI シンドローム

「CSI：科学捜査班」というアメリカの連続テレビドラマは，鑑識や科学捜査を通して犯人を追い詰めてゆくドラマだ. 物語の舞台はラスベガスで，2000 ～ 2015 年まで 15 シーズンにわたって放送された長寿番組だ. WOWOW などの有料衛星チャネルで放送され，最近は地上波でも放送されている. 私もこのドラマのファンとして，多くの回を視聴した. このテレビドラマは世界中で人気があり，各国語でも放送されている. CSI マイアミや CSI ニューヨークなどのスピンオフドラマも制作され，いずれも人気を博した. DNA 型鑑定に限らず，様々な科学的手法で犯人を追い詰めてゆくドラマであり，巧妙に逃げた犯罪者を科学の力で追い詰めるという話も多い. CSI は Crime Scene Investigation の略だ.

　このテレビドラマは，分析装置の見本市のような存在でもある. 米国の分析機器メーカーは，自社の装置をこのテレビドラマのプロデューサーに売り

込んでいたそうだ．分析機器メーカーの米国人研究者の講演後に雑談をしている時に教えてくれた．ピッツコン（Pittcon）と呼ばれる巨大な分析機器展示会が毎年 3 月に米国各地で開催されているがそこでも似た話を聞いた．私の研究室で開発して特許を取得し，X 線メーカーから市販した小型 X 線分析装置の展示のためにオーランド（フロリダ州）かシカゴで開催されたピッツコンで聞いた．展示した小型 X 線分析装置は科学技術振興機構（JST）の助成金で開発した．この装置の感度は，1 元素だけでは SPring-8 に僅差で負けるが，SPring-8 は選択励起のために 1 元素しか高感度化できない．我々が開発した装置は多数の有害元素が同時分析できる．ほぼすべての有害元素の同時検出という点では SPring-8 よりも高感度化を実現した．しかも X 線管は懐中電灯並みの 1 ワットだ．こういう装置を開発したことも，本書では SPring-8 を神格化しない根拠となっている．As と Pb の同時高感度化ができないという限界があったからこそ，中井教授がヒ素と鉛を取り違えていたこと（第 6 章）にも気付いた．

テレビドラマ CSI を見ていると，同じ機能の分析装置でも，毎回違うメーカーの機種が出てきたりする．メーカー名のラベルを大きく貼った装置が出てくることもある．上述した米国人研究者の講演では，彼の会社の装置がドラマ CSI に出てきた部分の動画をパワーポイントに埋め込んで講演に使っていた．

分析化学は普段は目立たないが，そこにスポットライトを当てるドラマとして歓迎する分析化学研究者も多い．このテレビドラマは最新鋭の分析機器を使えば，たちどころに犯人がわかるという印象を視聴者に与えがちな問題があることにも，CSI ファンとして気になっていた．科学鑑定によって犯人が確定できると思い込む社会現象を指して「CSI シンドローム」とか「CSI エフェクト」と呼ぶようになった[1]．ドラマ CSI は，犯罪抑止効果はあったかもしれない．しかし，カレーヒ素事件における SPring-8 鑑定は CSI シンドロームや CSI エフェクトの典型例だ．

CSI シンドロームは分析化学研究者よりも法学研究者の方がむしろ問題視している．米国の事情に詳しい甲南大学法学部笹倉香奈教授は，「CSI：科

学捜査班」の影響で，非現実的な科学捜査・科学的証拠の存在を陪審員が信じた結果として，そういう証拠が裁判で提示されない場合には検察官に不利な評決をする効果のこと[2]だと説明している．カレーヒ素事件の場合は，SPring-8鑑定が被告に不利な方向へ働くというCSIエフェクトがあった．

指紋照合が確実だという思い込みは誤認逮捕にもつながった．スペインのマドリードの列車爆破テロ事件の犯人の指紋が米国ポートランドの弁護士ブランドン・メイフィールドの指紋に一致し，爆破犯として逮捕した例を挙げることができる（2004年，ブランドン・メイフィールド事件）．のちに誤認逮捕だったことが判明した[2]．米国へ入国する人は誰であれ，パスポートと結びつけて指紋を登録するから，たまたまポートランドのメイフィールドが誤認逮捕されたが，ハワイへ旅行したときに入国審査で指紋登録した日本人が誤認逮捕されても不思議ではない．犯罪現場で採取される指紋は歪んだり不完全なものがあることが指紋照合で間違う原因だ．

註 ────────

[1] 河合潤：CSIシンドロームという落とし穴，現代化学，2014年3月号，pp.61-63.

[2] 笹倉加奈：科学的証拠の「科学化」に向けて——米国科学アカデミー報告書から何を学ぶべきか，『改革期の刑事法理論——福井厚先生古稀記念祝賀論文集』浅田和茂・葛野博之・後藤昭・高田昭正・中川孝博編，法律文化社（2013）pp.321-346.

## ● 米国イノセンス・プロジェクトとNRCレポート

米国ではBarry ScheckとPeter Neufeldの2人の弁護士が1990年代に「イノセンス・プロジェクト」を立ち上げ，従来の鑑定で死刑囚となった130人以上が冤罪だったことをDNA型鑑定で立証した[1]．日本ではこんなに冤罪は多くないだろうと，この件数を聞いたとき，私は思ったが，本書をここまで読んできた読者はどう思うだろうか？　少なくともカレーヒ素事件では，そのほとんどの鑑定書に不正があった．複数の大学の教授や准教授（助教授）や科警研技官は真実を巧妙に隠蔽していたことを本書で知った読者は，そん

な鑑定不正はカレーヒ素事件に限られると言い切れるか不安になったはずだ．2020年大阪高裁決定では，樋口裕晃裁判長らは，ブランク試験は不要だと判示した．カレーヒ素事件鑑定ではブランク試験が行われていないことを私が指摘したことに対する大阪高裁の判示だ．理由として「現に，本件における他の多くの鑑定においても，ブランク（値）データは示されていない」と述べている．ブランク試験は必ず行うべきものだ．すなわち「本件における他の多くの鑑定」に不正があったことを樋口裁判長らは気付いたことになる．

　多数の冤罪が発生していたことが，バリー・シェックとピーター・ニューフェルドのイノセンス・プロジェクトで明らかとなったことを契機として，米国上下院議会が米国科学アカデミー（NRC）に命じて作成させたレポートが，「NRCレポート」[2]だ．NRCは日本の学術会議に相当する．

　科学鑑定の多くが，実際は科学的ではなかった，という衝撃的な指摘がNRCレポートには書かれている．NRCレポートの冤罪の指摘は多岐にわたる[3]．放火鑑定にも多くのページが割かれている．

　日本の民事裁判に提出される放火鑑定書は，GC-MS（ガスクロマトグラフ質量分析計）[4]が導入されて高感度化した1995年ごろから2003年まで，火災現場で採取した木材等をゴミ袋や写真フィルムケースに入れて分析会社に持ち帰っていた．そうした木片をGC-MSで分析すると，ゴミ袋やフィルムケースのプラスチック可塑剤の成分が検出される．可塑剤とは塩化ビニルなどに加えて柔らかくする薬品で，新しいプラスチック製品からプラスチック臭がする原因の一つだ．GC-MSで分析すると，ちょうど高濃度の灯油のように見えるから，裁判では大量の灯油をまいて放火したと判示され，保険金がもらえなかったばかりか放火犯にされた人もいたはずだ．可塑剤が移り香のように炭化した木材に吸着されて高濃度の灯油と誤認された．炭化した木片は，冷蔵庫に入れる脱臭用活性炭吸着剤のように吸着力が強い．分析会社の多くは2003年になってようやく可塑剤に気付き，テフロンで内部を覆ったプラスチック瓶を使うようになった[5]．火災とは関係ない木炭をフィルムケースに入れて持ち帰り分析するというようなブランク試験をしていなかっ

たのだ．私は，複数の弁護士から異なる裁判の放火鑑定書を見せてもらって
このことに気付いた．

　2003年の「放火現場における畳中の油性成分検出量と燃焼性状」と題す
る論文[6]には「テフロンコートされた樹脂製容器では炭化水素は検出され
なかったが，ナイロン袋，東京都推奨のゴミ袋，カメラのフィルムケース
を用いた場合，いずれも炭素数10〜18のうち炭素数偶数の飽和脂肪族炭化
水素が検出されており，灯油濃度に換算して2.5〜19$\mu$g/gであることがわ
かった．これは，標準焼残物中に容器材質の可塑剤が混入したためであると
考えられる．」「可塑剤による汚染で$C_8$〜$C_{17}$の灯油ピークに影響を与える
ので，焼残物試料の採取容器にはテフロンコートされたものを使用する必要
があることがわかった．以下の実験の試料採取容器にはすべてテフロンコー
トされたものを使用した．」（p.210）と書かれている．この論文の著者は放
火鑑定をすることが多い民間分析会社の研究者だ．「灯油濃度に換算して2.5
〜19$\mu$g/g」は放火だと鑑定書で結論する灯油濃度に匹敵する．灯油放火に
匹敵する可塑剤成分が「ナイロン袋，東京都推奨のゴミ袋，カメラのフィル
ムケース」から焼残物へ移り香として吸着していることが2003年のこの論
文で初めてわかったのだ．GC-MSを使い始めた1995年ごろから2003年の
論文[6]までに誤鑑定があったかどうかに関して，多くの鑑定会社は沈黙し
ている．

　テレビドラマCSIに対抗して，Barry Scheckは冤罪死刑囚を救う本人役
として米国テレビドラマThe Good Wifeに出演するなどした．科学鑑定を
過大に評価しすぎれば冤罪を生むことが一般にも広く知られるようになっ
た．テレビドラマCSIが突如打ち切られた理由の一つと考えられる．

　National Geographic誌は「科学で迫る真犯人 − 指紋は信頼できる証拠
か？」という特集を2016年7月号で組んだ[7]．英語版の原題は「The Real
CSI, The New Science of Solving Crime」だ．科学鑑定が犯人逮捕につな
がった成功例をレポートした特集ではなく，放火犯やレイプ犯などとして誤
認逮捕された人たちの実名と写真を示してレポートした特集だ．写真を見る
と誤認逮捕の理由が有色人種差別にあるだろうことが容易に推認できる記事

だ．ナショナル・ジオグラフィック誌の記事は NRC レポート[2] を高く評価している．「ここ 10 年ほどで，鑑識の手法の多くはドラマで描かれるよりもはるかに信頼性が低いことがわかってきた．法廷で鑑定結果が過大に評価されれば，罪のない人が刑務所に送られるなど，不幸な冤罪事件が起こりうる．」と米国テレビドラマシリーズ CSI の内容が行き過ぎだったことを批判してもいる．

註 ─────────

[1] 笹倉加奈：科学的証拠の「科学化」に向けて──米国科学アカデミー報告書から何を学ぶべきか，『改革期の刑事法理論──福井厚先生古稀記念祝賀論文集』浅田和茂・葛野博之・後藤昭・高田昭正・中川孝博編，法律文化社（2013）pp.321-346.

[2] National Research Council："Strengthening Forensic Science in the United States: A Path Forward", The National Academy Press, Washington DC（2009）.
https://doi.org/10.17226/12589
https://www.nap.edu/catalog/12589 から無料でダウンロード可．

[3] 笹倉加奈：科学的証拠と誤判，法律時報，85（11），103-108（2013）.

[4] GC-MS は，タバコを吸うときに使うキセルと原理が似ている．煙の中の刺激の強い化学成分は，化学反応性が高く，キセルのパイプが長いほど，パイプ内壁表面に吸着されて，タバコの味が柔らかくなる．パイプを昇温すると吸着成分が内壁から遊離し出てくる．煙の成分をパイプ内壁への吸着力の差で分離できたことになる．MS は質量分析と検出部分を指す．煙の成分を電離するときに分子が壊れるが，その壊れた分子イオンを検知して，元の分子の形を推測することができる．GC/MS とも書く．GC/MS は方法，GC-MS は装置だと区別する人もあるが，本書は区別しない．

[5] 河合潤：鑑定不正の見抜き方連載(5) 放火鑑定，季刊刑事弁護，88，124-136（2016）.

[6] 小林良夫，能美隆，下池洋一，上野浩志，前川麻弥，鈴木克裕，川本範之，山地松夫，佐藤隆：放火現場における畳中の油性成分検出量と燃焼性状，Journal of the Mass Spectrometry Society of Japan，51(1)，205-215（2003）.
https://www.jstage.jst.go.jp/article/massspec/51/1/51_1_205/_pdf/-char/en

[7] ナショナル・ジオグラフィック日本版，2016 年 7 月号．英語版も同月号．

## ●『科学的証拠とこれを用いた裁判の在り方』

日本では，司法研修所編『科学的証拠とこれを用いた裁判の在り方』[1]（以下「在り方」と略す）という冊子が 2013 年に出版された．

この「在り方」は，前節で取り上げた 2009 年の NRC レポートが契機になったと言われたり，「司法研修所が，足利事件を直接的な契機として，委嘱した司法研究である」[2]（佐藤博史 p.101）と言われる．

NRC レポートは 3 つの委員会の委員が執筆し，各委員会の名簿はそれぞれ各 1 頁を要するほど多人数からなる．また委員会に対してプレゼンをした専門家の氏名を 2 頁にわたって列挙し謝辞としている．さらに NRC レポートのドラフト段階で査読（review）した個人名を 1 頁にわたって列挙している．NRC レポートは約 350 頁の冊子だ．一方「在り方」はワープロのプリントアウトをそのまま印刷した約 150 頁の冊子で，「執筆にあたったのは岡田雄一，遠藤邦彦，前田巌の各判事であり，協力者として黒崎久仁彦教授」[2]（指宿信，p.82）ということだ．「資料の収集や本研究報告書の作成について御尽力頂いた司法研修所第一部の教官各位，最高裁判所事務総局刑事局の各位，そして，協力研究員として，DNA 型鑑定の現状や課題，最新の知見等について分かりやすく説明して頂くなど多大なご協力を頂いた黒崎久仁彦教授には，この機会に改めて厚く御礼を申し上げたい．」（岡田記「はじめに」の p.2）と謝辞があるのみだ．執筆者の数でも査読者の数でも，米国の NRC レポートからの落差は大きい．「在り方」には失敗例に学んでいる部分はない．カレーヒ素事件を成功例としている．季刊刑事弁護誌には，この「在り方」に対する批判特集号もある[2]．

註 ────────

[1] 司法研修所編：『科学的証拠とこれを用いた裁判の在り方』法曹会（2013）．

[2] 指宿信（成城大），徳永光（独協大），田淵浩二（九大），佐藤博史（弁護士），本田克也（筑波大）による 5 編の批判が，季刊刑事弁護，76（2013）に特集された．

## ● 分析化学専門家から見た「在り方」の問題点

　本書をここまで読んできた読者なら間違いだとわかる部分を,「在り方」から抜粋してみる.

　「例えば, 和歌山カレー毒物混入事件のように, 関係箇所から収集された亜砒酸を放射光分析や ICP-AES 等の方法で分析したところ, それらの亜ヒ酸中の微量元素の種類が一致し, その割合もおおむね一致したから, それらの亜ヒ酸は, いずれも同一工場で同一機会に製造されたものであるとされる例であれば, その微量元素の種類や割合が一致したという部分は, 放射光分析なり ICP-AES なりの科学的分析に関する知見が必要になるが, その一致から関係亜ヒ酸が同一工場で同一機会に製造されたものといえるという部分は, 当該微量元素がどのような経緯で亜ヒ酸に混入するかという観点から, 亜ヒ酸そのものやその製造工程に関する知見が必要となる. これは, 全く異なる科学領域といってよい.」(「在り方」pp.3-4)

　「在り方」の著者の大阪地方裁判所遠藤邦彦判事はカレーヒ素事件裁判で1審右陪席だった. その成功体験に基づき, 上で引用したように「同一工場で同一機会に製造されたものであるとされる例」などと他人事のように書いている. 証拠「亜ヒ酸中の微量元素の種類が一致し, その割合」が「おおむね一致した」から「それらの亜ヒ酸は, いずれも同一工場で同一機会に製造されたものである」とも述べている. しかし遠藤裁判官は, 濃度比を100万倍して対数を計算して「おおむね一致」するかのように見せかけた不正な科警研鑑定書に騙された裁判官だ. 100万倍を100倍だと騙された裁判官だ. カレーヒ素事件の SPring-8 鑑定は, 中井教授が科警研鑑定書をカンニングしたものに過ぎなかった. 「放射光分析なり ICP-AES なりの科学的分析に関する知見が必要になる」というが, 裁判で遠藤邦彦裁判官が「放射光分析なり」で得た「従来の蛍光 X 線分析の精度, 感度を飛躍的に向上させ, これまでの蛍光 X 線分析では分析できなかった非常に微量な資料の分析や, 励起エネルギーの高い重元素の分析ができるようになった.」(2002年和歌山地裁判決 p.125) という知見のうち,「精度」に関する知見が間違っているこ

とは図表 21 等を用いて説明した.

　鉛 Pb は SPring-8 で測定する際に，不要な X 線を遮蔽するために使われたので，Pb の強いピークが測定のたびに出てきて，微量な Pb の有無さえわからない状況だった．フォトンファクトリーで林真須美頭髪を鑑定したときにもヒ素のピーク位置に強い鉛のピークが出てきたが，それが鉛であることを，13keV までしかプロットせずに 2020 年の民事裁判まで中井教授は隠してきた．その隠蔽に気付くことなく「被告人の毛髪からは通常では付着するはずのない無機の 3 価砒素の外部付着が認められ，被告人が亜砒酸に接触していた蓋然性は高いことが判明した.」（2002 年和歌山地裁判決 p.889）などと間違った判示をしたのが遠藤判事だ．「在り方」にはまだまだ問題がある[1].

　　註 ─────────────

[1]　河合潤：鑑定不正の見抜き方(6) 職権鑑定，季刊刑事弁護，89，152-161（2017）にはここで指摘した以外の「在り方」の問題点を指摘した．

## ● IAEA 主催の科学鑑定テクニカルミーティング

　2016 年 9 月 5 〜 9 日に英国ギルフォード市のサリー（Surrey）大学で開催された国際原子力機関（IAEA）主催の「科学鑑定の要請に応えるための核技術強化に関するテクニカルミーティング」に出席した．ロンドンのウォータールー駅から電車でウインブルドンを通過してしばらくすると大学町のギルフォードに着く．世界各国から約 50 名の参加者を集めた会議だった．オーストラリアなどからのテレビ会議システムによる発表も数件あった．このテクニカルミーティングは，X 線分析を用いて刑事鑑定を行うことが主題の会議だ．サリー大学のこんな小さな会議情報が私に来たのは，「英国ワイリー社の中井英語論文」という節で触れた 2014 年 1 月の鑑定特集号のゲスト編集者がサリー大学に所属していたからだ．

　この会議では，刑事事件の鑑定が業務だという英国の民間会社の研究者が講演して，鑑定書には査読制度があると話したことが印象的だった．日本では，鑑定人がどんなにひどい鑑定書を書いても，弁護士も裁判官もそのひど

さがわからない．専門家がちょっと聞けば偽証だとわかる証言やブランクテストもしていない鑑定書が，死刑判決の根拠として通ってしまう例は，本書でも紹介した．

　裁判の鑑定不正を本書のように自由に批判できるのは秘密裁判制度を採用していない日本の良いところだ．ところが，私のように裁判を批判することは，法的に禁じられているとナイーブに信じている科学研究者は多い．学術論文では，先行論文の間違い等を指摘する場合，その批判対象の論文と著者名を明示する．学術論文の著者名を匿名にして「某氏は某論文で……」などと書けば，反証可能性[1,2]を奪うことになる．本書も鑑定書や決定に責任を持つ人は，科学論文と同様に実名で批判した．鑑定人等の反論を期待している．

　日本でも公判に先立って，あるいは公判と並行して査読者あるいはピア・レビュアー（批評者）が科学鑑定書や証言をチェックする制度が必要だ．ピア（peer）とは同じ分野の同格の研究者を指す．複数の査読者が匿名で査読するという条件（もちろん査読者が承諾すれば名前を明かしてもよい）も必要だ．

　私がサリー大学でどんな発表をしたかは本書では割愛するが，私の発表に対して，「たとえ科学的に不十分な鑑定であろうとも，卑劣なテロ犯を逮捕するためには許容できる」と質疑応答時にコメントした人があった．この人はテロの対象となりやすい国からの参加者だったから，その立場を思うとこのコメントも一概には無視できない．この人は科学鑑定によって多くの犯罪者の逮捕に貢献し，日本の科警研のアドバイザーも務めているということだった．帰国後に科警研に確認すると，科警研を何度か訪問したことがあると聞いた．科警研がそういう実績のある研究者のアドバイスによって科学鑑定していることは，留意しておくべきだ．疑わしきは罰せよという方針だ．

　「テロとは関係ない人を杜撰な鑑定で誤認逮捕して安心しているようでは，真のテロ犯を野放しにしておくことになりはしないか」と私はそのコメントに対して反論したところ，科警研のアドバイザーは何も反論しなかった．

註 ───────────

[1] 科学的な結論とは，反証できるように記述したものでなければならない，とする考え方．K. R. Popper : "Conjectures and Refutations: The Growth of Scientific Knowledge", Routledge & Keagan Paul Ltd., London（1963）pp. 33-39．鑑定書や判決も同様だ．判決を読むと，反証できない文章がわざと書かれていると感じるのは私だけだろうか？

[2] 河合潤：分析の失敗はヒューマン・エラーから，現代化学，2014年5月号，pp.63-65.

## ● 鑑定不正を容認し続ける裁判官

　2017年和歌山地裁と2020年大阪高裁の再審請求棄却決定は，鑑定不正を容認し続けている．これらの決定を読むと，裁判官はJudge AsamiやJudge Higuchiとしての立場を自ら降りて検察側鑑定人を弁護する弁護人になったように見える．そのいくつかは本書でも引用した．裁判をなめきって回答書で嘘を書く鑑定人を，裁判官は決定で弁護している．パターナリズム（paternalism）と言うものだろう．一方で，大阪高検の「北さん」のように鑑定人に不利となる回答書を出し続ける検察官もいる．再審請求審の裁判官は検察官以上に不正をなした鑑定人を弁護し，当事者化している．そのうえ裁判官は裁判資料を読むことなく，心眼によるスペキュレーションを決定に書いている．このような状況で日本の裁判は大丈夫だろうか.

　分析化学ではシンクロトロン放射光分析に限らず，どんな場合でもブランク測定は鉄則だ．ブランクテスト（空試験）とは，何も入れずに分析することだ．ところが2020年即時抗告棄却決定で，大阪高裁樋口裕晃裁判長らは先にも引用したように「所論《弁護士が提出した再審請求の申立書》のいうブランク値（データ）は，予試験（機器の正常動作確認）レベルで行われるものであって，通常鑑定書に示すことやそのデータを開示したり，保存して保持することは求められておらず，現に，本件における他の多くの鑑定においても，ブランク（値）データは示されていない．また，鑑定の際に得られた測定結果やスペクトル図については，鑑定書中に記載したり，開示したり

することが望ましいとはいえるものの，鑑定書の作成方法は一律ではなく，記載の要否等については，作成者の裁量的判断が許容される性格のものであることから，それらの記載等がないことが直ちに，当該鑑定の信頼性を失わせるものともいえない．」「その他種々主張する諸点を含め，毛髪鑑定を争う所論はいずれも採用できない．」(pp.51-52) とする決定を書いた．失当だ．中井教授や山内教授でさえも，ブランク試験が不要だとはどこにも書いていない．分析化学専門家が，ブランクテストは不要だ，などと書けば，研究者としてそれまでに出版したすべての論文の信用を失うことを自覚しているからだ．

　山内鑑定人は，1985 年までヒ素の分析にガラス製試験管を使っていたことが，本件再審請求審の間に明らかになった．山内鑑定人がガラス製試験管を使ってきたことはうまく隠してきた．1997 年の山内論文 [1] では，1984 年のガラス製試験管を使った山内助教授の論文 [2] を引用するに際して，「ポリプロピレン製試験管を用いた．」と引用したほどだ．再審請求審になって 1985 年までのほとんどの山内論文はゴミ同然になった．論文に掲載されたヒ素濃度値はガラス製試験管から溶け出たヒ素だったことが明らかになったからだ．このことを知った研究者は，もう誰も山内論文を信用しないはずだ．山内教授をヒ素の世界的権威だなどと断言する人はもういないはずだ．ヒ素分析専門家なら水素化物生成方法によってヒ素分析感度が向上した 1970 年代初頭には，ガラス製試験管を使ってはならないことは常識化していた．しかし山内鑑定人は，ブランクテストをする習慣がなかったから 1985 年まで気付けなかったのだ．ガラス製試験管をヒ素分析に使ってはならない理由は，「亜ヒ酸が希少ではなかった事実」と題する節で説明したとおり，ガラスの製造工程でヒ素を消泡剤として使っているからだ．

　本書の第 2 章の「中井鑑定の結論」と題する節の註 [2] で，針金に食塩水をつけてガスレンジにかざす実験を ICP-AES の原理として説明した．誰でも自宅で簡単にできる実験だ．そこでは食塩水に浸けてない針金もかざしてみなければならないことに言及した．樋口裁判長らが「ブランク値（データ）は，予試験（機器の正常動作確認）レベルで行われるものであって，通常鑑

定書に示すことやそのデータを開示したり，保存して保持することは求められておらず」などと鑑定人を弁護するのは，失当だ。「現に，本件における他の多くの鑑定においても，ブランク（値）データは示されていない。」と樋口裁判長は続けるが，カレーヒ素事件の鑑定書の多くでブランク試験さえ行わずに鑑定されたことに，樋口裁判長もようやく気付いたことは先述した。図表18の林真須美頭髪のX線スペクトルは，ブランクスペクトルに相当する13keVから右側を隠してあった。それが図表19で開示されて，鉛を排除してヒ素だけを選択的に励起する測定ではなかったばかりか，強い迷光が存在して，このビームラインを使うことの妥当性さえなかったことを示すデータを隠蔽していたことが明らかになった。

　反科学的な判決を，裁判官より一段上の立場から理系分野としてジャッジする制度が必要だという意見も最近聞くようになった。産業・科学技術分野では，原発差し止め訴訟判決で裁判の非科学性に反感を持ち始めた人たちに多い意見だ。原発は高度に科学技術的であり，カレーヒ素事件の比ではない。だから科学を理解しない裁判官に，原発を差し止めさせるわけにはゆかないと原発推進派の人たちが考えても無理はない。カレーヒ素事件判決は，本書で明らかにしたとおり，メリケン粉が半分混ざった亜ヒ酸C〜E（Fも）を紙コップGに汲むと亜ヒ酸が高純度化するというような，わかりやすい反科学現象を，総合判断と称して，「合理的な疑いを入れる余地がないほど高度の蓋然性を持って認められる」と判示したから，判決の非科学性がわかりやすい。産業・科学技術分野が司法を従属させる絶好の機会だととらえているのだ。カレーヒ素事件裁判で鑑定人は判決を不正に誘導し鑑定人自らが犯人を裁くための道具として化学分析を悪用した。その程度の不正を見抜くことができない裁判官に司法を任せておくわけにはゆかないと考える人が多くなっても不思議ではない。しかし，はたしてそれで良いのだろうか？

　今世紀に入って大学から教養（リベラルアーツ）教育が消滅した[3]。大学の教養教育の重要性を見直す動きも出てきた。リベラルアーツを学ぶことが重要だと説く元裁判官もいるが，「自然科学とその関連書から，人間と世界の成り立ちを知る」（瀬木の本[4]の第3部第1章のタイトル）という程度の

リベラルアーツでは，鑑定不正に立ち向かうには力不足だ．しかし，本書で鑑定不正をあばくために用いてきた科学的な知識は，高等学校検定済文系向け教科書『化学基礎』の内容で十分な知識ばかりだ．

　私が京都大学工学部4回生の「工学倫理」の講義で使う『考える力をつける哲学問題集』[5] から，私が考えるリベラルアーツを引用すれば，「ナチのドイツからルワンダの悲劇まで，ぼくたちは何も考えずに，押し流されてしまう人々を目撃してきた」が「哲学的なトレーニングを積むと，自分だけの力で考えるために必要な技能が手にはいる．そしてほかの人々が自明のこととして考えていることを，疑ってみることができるようになる．勇気をもって，道徳的な見解を主張できるようになる．」「ナチ体制において，ユダヤ人をかくまう勇気を示した人々」のように「自立した批判的な思考をする人々」が真の教養を持つ人だと言えるだろうが，これを実践するのは容易ではない．ナチス時代は「ユダヤ人をかくまう」という真の教養を実践するのは違法行為だったから，法を遵守する私にはとてもまねのできることではない．現代はナチ時代ではないが，せいぜいこの本を出版するくらいのことしか私にはできない．

註 ————————————

[1] H. Yamauchi, K. Chiba, K. Yoshida: Biological monitoring of arsenic exposure in inorganic arsenic and gallium arsenide-exposed semiconductor workers, "Arsenic, Exposure and health effects", Eds. C. O. Abernathy, R. L. Calderon, W. R. Chappell (Chapman & Hall, 1997) Chapter 25, pp. 322-329. この論文で山内助教授は，註 [2] の論文を引用して "To prepare samples for the speciation of arsenic, 0.5 g of hair or 0.5 mL of urine were transferred into <u>polypropylene tubes</u> containing 3mL of 2N NaOH and heated in a heating block at 95℃ for 3h." と書いてある．しかし註 [2] の論文は以下の通りガラス製試験管を用いた論文だ．

[2] H. Yamauchi, Y. Yamamura: Metabolism and excretion of orally administrated dimethylarsinic acid in the hamster, Toxicology and Applied Phermacology, 74, 134-140 (1984). この論文には，"These materials were transferred into 50-mL

glass-stopped test tubes, and after the addition of 5 mL of 2 N NaOH, were heated in a water bath at 85℃ for 3 hr"という記述がある．この英語論文は，第37回公判山内博証人尋問調書，pp.35-36で「これは，1984年米国毒学会の機関誌であります『トキシコロジーアンドアプライド・パーマ<sup>ママ</sup>コロジー，ボリューム74』でございます．そして論文のタイトルですけども，『Metabolism and Excretion of Orally Administered Dimethylarsinic Acid in the Hamster』，このようなタイトルで論文を書きまして，当時この論文に，この分析法の内容を十分に記載しております．」と証言し，第37回公判証人尋問調書にも添付されている．

[3] 益川敏英, 河合潤, 佐伯啓思, 酒井敏, 阪上雅昭, 菅原和孝, 杉原真晃, 高橋由典, 戸田剛文, 橋本勝, 毛利嘉孝, 山極寿一, 山根寛, 吉川左紀子 他著, 安達千李, 新井翔太, 大久保杏奈, 竹内彩帆, 萩原広道, 柳田真弘 編集：『ゆとり京大生の大学論，教員のホンネ，学生のギモン』ナカニシヤ出版（2013）．帯には「京都大学の突然の教養教育改革を受けて，学生たちは何を考え，そして，議論したのか？」とある．

[4] 瀬木比呂志：『リベラルアーツの学び方』ディスカヴァー・トゥエンティワン（2015）．同著者には『絶望の裁判所』講談社（2014）もある．

[5] スティーブン・ロー：『考える力をつける哲学問題集』中山元訳，ちくま学芸文庫（2013）．

## ● 学界の反応

再審請求弁護団の一員でもある龍谷大学石塚伸一教授が2015年3月1日に龍谷大学で「科学鑑定と裁判——あるべき科学鑑定を求めて」と題する公開シンポジウムを開催した．講演者は勝又義直名古屋大学名誉教授（科警研元所長でもある），科警研丸茂鑑定書を書いた丸茂義輝科警研元副所長，安田好弘弁護士，井上嘉則日本分析化学会理事，本書末の謝辞に書いたコロラド州立大学杜祖健名誉教授と河合だった．このシンポジウムは文部科学省科学研究費新学術領域「法と人間科学」の一環として石塚伸一教授が主催した．

科警研元所長と元副所長の2名がこのシンポジウムで講演したことは，特

筆に値する．濃度比を100万倍して対数を計算したことを，わかりづらいとはいえ，鑑定書に述べたうえで，亜ヒ酸が「同一のものに由来するとしても矛盾はないものと考えられる」と低い推認力で結論した鑑定書を提出したことに，丸茂元副所長はやましさを感じていないはずだ．それを「合理的な疑いを入れる余地がないほど高度の蓋然性を持って認められる」と勝手に判示したのは裁判官だからだ．

シンポジウム主催者は，職権鑑定を行った広島大学早川慎二郎准教授にも，講演を依頼した．その返事が2014年12月にCcメールで河合にも送られてきた．「私はSPring-8の客員研究員でもあるので，SPring-8にも相談をしましたが，講演を引き受けないでもらいたいとの回答がありました．大変申し訳ありませんが，お引き受けすることができません．」というのが早川准教授からの回答だ．科警研でさえ講演を引き受けたのに，SPring-8は早川准教授に講演されてはなにか都合が悪いことがあったのだろう．先述した通り早川准教授は誰をも恐れぬ毒舌で有名だ．

日本分析化学会にこの公開シンポジウムの協賛依頼をしたところ，理事会の審議で協賛すべきでないという強い意見が出たそうだ．科研費のシンポジウムだから協賛してもよいのではないかと分析化学会会長が意見を述べて協賛が決まったが，会長の発言がなければ，協賛は否決されていた．日本分析化学会が決める協賛とは，シンポジウムが開催されることやそのプログラムのWebアドレス等を，分析化学会の会報などでアナウンスしてよいか否かを審議することに相当する．費用は一切負担しない．費用を負担するのは共催などというらしく否決される場合もあるが，協賛が否決されることはまずない．日本分析化学会の理事会の議論の詳細が，私のような末端の会員まで筒抜けで伝わるのは，シンポジウムの開催情報さえ会員に隠そうとする理事がいることへの反発だ．理事会の様子は，講演者の井上嘉則理事とは別のルートで伝わってきた．井上理事へは分析化学会理事という肩書を使うなという連絡があったという．

都内のホテルで開催されたある財団の研究成果発表会の懇親会で，旧知のある大学教授に懇親会場の外に呼び出されて「中井鑑定が正しく，河合は間

違っていたと言え」と命じられたことがある．私が学生のころ，東大では学部3年生が15人くらいのグループに分かれて日本各地の化学工場を見学する工場見学という行事があった．私のグループは，広島県内の国鉄の駅に集合して，広島県，山口県，北九州市，大分県の化学工場を数泊かけて回った．河合が間違っていたと言えと命じた教授はそのとき引率した先生だった．大学3年の工場見学以来，親しくしてきた．その先生は東大から転出してある大学の教授になった．正しいのは私だから，それはできないと，その場ではっきり断った．もし私が間違っているというなら，陰でこそこそせずに，堂々と公式の場で反論すればよい．その教授と中井教授とは大きな研究プロジェクトの研究代表者と共同研究者の関係らしいが，河合中井論争が有名になって中井さんが外されたからだろう，と教えてくれた人があった．数十億規模の研究プロジェクトらしいが，真相は確かめようがない．図表19のようなデータを隠蔽してきた中井教授に研究費を出しても無駄だ．何か成果があったという噂は聞かない．

　私のようなことをすると学界から干されるのではないかと心配する人もいる．残念ながらその可能性は小さくない．若い研究者は専門の研究に専念する方がよいとアドバイスしたい．鑑定書批判をするようになっても，私が学界から信頼されているのは，それなりの研究業績があるからだ．

## ● 銑鉄一千万円事件，白鳥事件，ナイロンザイル事件

　かつて分析化学がかかわった事件として，銑鉄一千万円事件[1]，白鳥事件[2]，ナイロンザイル事件[3]を挙げることができる．

　銑鉄一千万円事件は，第一次世界大戦中の米国鉄材禁輸令等で鉄材価格が高騰した時期に大倉鉱業株式会社と川崎造船所との間の銑鉄売買契約に関する民事裁判だ．第一次世界大戦後の大正9年（1920年）に提訴された．京都帝国大学足田輝雄副手，八幡製鉄，造幣局の三者が銑鉄の化学分析を行った．銑鉄の純度を正しく分析したのは最新の分析方法を用いた足田輝雄副手で，銑鉄は契約値を満たしていなかった．一方，八幡製鉄と造幣局は古い分析方法を用いたために実際より低すぎる不純物イオウ濃度値しか検出でき

ず，そのため，契約値を満たしているとする分析結果を報告した．イオウを多量に含む鉄材で軍艦を建造すると，鉄が割れて沈没する．実際の裁判はもっと複雑な経過をたどったが，要するに正しくない分析値が正しいと判示されて川崎造船所が敗訴した裁判だった．この事件を契機として，日本産業規格JISのもととなったJESに化学分析方法が制定されて，売買契約ではJESの定量分析方法を用いることとなった．

　白鳥事件は「疑わしきは被告人の利益に」という団藤重光裁判長の白鳥決定で有名だが，一方で化学分析はないがしろにされた[2]．ナイロンザイル事件は学術会議議員の阪大教授がX線鑑定を悪用したうえ，鑑定の捏造がばれて大騒ぎになった事件だ[3]．

　分析化学に問題があれば，それをオープンに議論すれば分析化学という学問は発展する．銑鉄一千万円事件は裁判の間違いが，標準分析方法制定のきっかけとなった[4]．戦艦大和の造船技術につながった．

　カレーヒ素事件では，鑑定不正を隠蔽しようとしているから，シンクロトロン放射光研究や分析化学研究が停滞している．私は，2000年代初めに何か妙な空気を感じてシンクロトロン放射光と縁を切った．カレーヒ素事件にかかわるようになって，放射光研究と縁を切ったのが正解だったという確信を強めた．2017年ごろからシンクロトロン放射光を使わなくてもX線分光実験ができるという研究発表が欧米（米ワシントン州，英，独など）で同時・独立的に出始めた．もう4年ほどたつが，日本の研究者はこの動きをほとんど知らない．

　註

[1] 古谷圭一：大正前期の工業分析化学，いわゆる銑鉄一千万円事件について，化学史研究，1979年2月号（9号），pp.9-18．

[2] 長崎誠三：『作られた証拠——白鳥事件と弾丸鑑定』アグネ技術センター（2003）．

[3] 石岡繁雄，相田武男：『石岡繁雄が語る氷壁・ナイロンザイル事件の真実』あるむ（2009）．この事件は井上靖：『氷壁』新潮文庫（1957）という小説になった．

[4] 河合潤：分析と科学鑑定——白鳥事件，ナイロンザイル事件，銑鉄一千万円事件，和歌山カレー事件，龍谷法学，48(1)，648-661（2015）．

## ●国松警察庁長官狙撃事件

　国松警察庁長官狙撃事件（1995 年 3 月 30 日）では，「コートのすそに付着していた微粒物を兵庫県内の大型放射光施設「スプリング－8」で鑑定したところ，2003 年 4 月になって，現場のマンションの壁に付いていた銃弾の一部と同一成分ということも判明した」（読売新聞東京版朝刊 2004 年 7 月 29 日，ヨミダス歴史館）という新聞記事がある．スプリング 8 鑑定に基づき 2004 年 7 月 7 日にオウム信者 3 名を殺人未遂容疑で逮捕したが，7 月 28 日に処分保留で釈放した翌朝の新聞記事から逮捕理由を抜き出したものが上の引用だ．逮捕直後の 7 月 9 日の Nature 誌[1]には「X-ray evidence points to Japanese cult（X 線の証拠は日本のカルト集団の犯行だと指し示した）」「Forensic work leads to new arrests in 1995 shooting case（科学鑑定が 1995 年の銃撃事件を新たな逮捕者へ導いた）」と題する記事が出た．中井教授は，1995 年の長官狙撃事件の鑑定を 2003 年 4 月になって SPring-8 で行い，2004 年 7 月のオウム信者逮捕につながった，として記者会見したのが Nature 誌の記事だ．しかし 2004 年 9 月 17 日に不起訴になった事実が示す通り，スプリング 8 鑑定にはミスがあった．この鑑定ミスが，警察庁長官狙撃事件の捜査を攪乱した．長官狙撃事件鑑定に使われた手法はカレーヒ素事件と同じ放射光蛍光 X 線分析だ．鑑定人は中井泉教授だ．中井教授はコートに銃弾であいた穴の写真などを示してこの鑑定を研究会で報告したことがあるが，鑑定ミスがあったという報告はいまだにない．鑑定ミスを認めればカレーヒ素事件におけるスプリング 8 鑑定の信頼性も失われるからだ．スプリング 8 国松長官狙撃事件鑑定（2003 年 4 月）はカレーヒ素事件鑑定（1998 年 12 月）の 4 年後だったから，カレーヒ素鑑定に比べれば，相当まともな測定データが得られていたはずだ．それにもかかわらず，鑑定は間違った．鑑定に用いた元素は，GSR（銃発射残さ，gunshot residue）に含まれるアンチモンや鉛やビスマスなどだったはずだ．カレーヒ素事件の五角形のレーダーチャート図表 7 と共通の元素だ．

警察庁長官狙撃事件は中井教授の鑑定を重視した故に未解決に終わった. 中井教授が鑑定にかかわらなければ真犯人にたどり着くことができたはずだ. Nature 誌にまで発表したから, 引っ込みがつかなくなり, 真犯人が自白したにもかかわらず, SPring-8 鑑定結果に矛盾するとして未解決で終わった. 現場の捜査員は残念がっていることだろう. 中井鑑定を否定すれば, カレーヒ素事件に影響すると考えたから警察庁長官狙撃事件という警察にとって重要な事件で, かつ犯人がわかっていたにもかかわらず未解決にしたのだ. カレーヒ素事件鑑定不正の影響は大きい.

　中井教授は尾形光琳の紅白梅図屏風（国宝）の鑑定も行ったが, その中井鑑定も間違いだと言われている[2,3]. しかしそれを証明するためには国宝を分解しなければならない.

　国松長官狙撃事件の中井 GSR 鑑定の間違いを指摘したのは警察庁科警研だ. 国松長官狙撃事件の中井 GSR 鑑定以来, 警察庁は中井鑑定が間違っていることを知っている.

註 ─────────────

[1] D. Cyranoski: X-ray evidence points to Japanese cult, Forensic work leads to new arrests in 1995 shooting case, Nature（9 July 2004）.

https://doi.org/10.1038/news040705-6

https://www.nature.com/news/2004/040705/full/040705-6.html

[2] 野口康：尾形光琳作国宝《紅白梅図屏風》の蛍光 X 線分析による解析の問題点と制作技法の解明, X 線分析の進歩, 46, 97-110（2015）.

[3] 野口康：金碧の真実 光琳の紅白梅図, 海洋化学研究, 29(2), 59-78（2016）.

https://www.oceanochemistry.org/publications/TRIOC/TRIOC_contents.html

## ●絶対判定とディスカバリー制度

　捜査では, 容疑者 P, Q, R, …の中から犯人を絞ってゆくはずだ. 科学鑑定や様々な証拠に基づいて P ＞ Q ＞ R ＞…などと犯人らしさの等級をつけてゆくのが人間の思考様式だ. ところがこれは警察の捜査というブラックボックスの中ですでに終わっていて, 裁判では, P を犯人として起訴した上

で，それを立証する証拠だけが示される．それを見た裁判官（Judge）は，Pが犯人か犯人でないかだけをjudgeする．三択や五択問題で誰が犯人かを判示するのではなく，「Pは犯人」という単独命題Pを提示された裁判官はその真偽だけを判示する．我々が行う自然科学の研究では，P，Q，R，…等の可能性を熟慮した上で，一つ一つ可能性を潰してゆく．この過程の思考が書かれているのが，科学論文における「考察（Discussion）」だ．P，Q，R，…の中から最終的に残ったものが真理に最も近いと結論する．ところが，裁判は，命題「Pは犯人」が真か真でないかという絶対判定だ．こういう絶対判定は誤導させやすい．Pが犯人だという心証を裁判官に与える証拠だけを裁判で示せばよいからだ．科学論文でも，「Pが真」というデータだけを提示すれば，自分に都合の良い結論が出せる．ブランク試験値がヒ素の信号の何十倍も強くても，ブランクスペクトルを提示しなければ，鉛の信号をヒ素だと思わせることができる．検察にとって不利な証拠，例えば本書で述べた証拠亜ヒ酸Qやブランク試験結果に相当する図表19を隠して裁判に出さなければ，裁判を誤導させるのは容易だ．私のように自然科学の分野で生きてきた人間が判決を読むと，自然科学と裁判との最も大きな違いが，この部分だと気付く．弁護士など法律の専門家は，疑問を持たないらしいが，これこそが裁判制度の欠陥だ．多くの可能性の中から順に選択肢を潰してゆくべきところ，不自然な一択問題にしているという欠陥だ．

　絶対判定では，検察が，被告に不利な証拠を隠していたことが判明した場合，刑事裁判そのものを無効にするくらいの厳しさが裁判に要求されるはずだ [1-3]．再審請求審において，河合はすでにいくつものこうした隠蔽を指摘してきた．しかし裁判官の反応は鈍い．例えば浅見健次郎裁判長らの2017年和歌山地裁決定では「毛髪鑑定で使用された計測機器について，すべてマニュアルで操作されるとはいえ，その依拠する科学的原理及び使用実績に特段問題はないと認められ，頭髪中砒素濃度を計測するのに不適切なものであったとはいえない．したがって，この点に関する河合毛髪論文等の指摘も理由がない．」（pp.129-130）などという焦点を外した判示が決定には書かれている．1998年当時，原子吸光装置はデジタル化され，マニュアルで操作

する装置はほとんど廃棄され，使われていたとしても大学3年生の学生実験用に使われていたに過ぎないことを指摘した．老朽化して研究に使われなくなった装置が鑑定に使われたことを指摘したのだ．ところが老朽化はどこかに追いやって，マニュアルかデジタルかという問題にすり替えた判示になった．鑑定に用いた紙のチャートレコーダー式装置は1970年代製造の装置であって，鑑定書には装置の型番さえ記載がなかった．1998年にデータがちゃんと出ていたかどうかも怪しい．1990年ころからまともなデータが論文には掲載されていない装置だった．マニュアル装置のチャート紙は裁判に提出されなかったから，チャート紙が本当に存在したかどうかさえ怪しい．装置の検出下限が1液なら300ppb（＝頭髪1g当たりヒ素0.3$\mu$g），2液に分けて600ppb（＝頭髪1g当たりヒ素0.6$\mu$g）を超えなければ検出できないはずのところ，鑑定書に記載されたヒ素の濃度は，20〜159ppb（＝頭髪1g当たりヒ素0.020〜0.159$\mu$g）（図表16）だった．

　私は裁判制度には素人だから，検察が不利な証拠を隠していたことが判明した場合，刑事裁判自体を無効にするくらいの厳しさが裁判に要求されるべきだと素人的な言葉で上では述べた．これに相当するのがディスカバリー（全面証拠開示）制度だということを最近知った．ディス・カバリーはカバーを剥がすことだから発見と訳すことが多いが，ここでの適訳は開示だ．作家黒木亮 [3] は「効率的で公正な裁判の実現のためにも，また裁判官の負担軽減のためにも，ディスカバリーという強制的な証拠開示制度を導入してほしい．アメリカやイギリスでは，訴訟を提起すれば，当事者は相手方がもつ文書を広範囲に閲覧できる．これは，稟議書その他の企業内文書にかぎらず，たとえば従業員が別途保管する文書やEメール，会議の非公式メモなど，関連するすべての記録が対象とされます．裁判が始まる前に1年〜1年半かけてこうした証拠開示を行ない，証人尋問は比較的短時間で集中的に済ませている．」（pp.196-197），「ディスカバリーの制度があれば，個人でも，銀行や大企業に太刀打ちできる．しかもこれは裁判所外の手続きですから，マンパワー不足の日本の裁判所にも負担がかかりません．」（p.197）と述べている．

　職権鑑定人や鑑定受託者は，亜ヒ酸Qの隠蔽のみならず，シンクロトロ

ン放射光鑑定では測定精度が異同識別に不足すること，本来分析できない頭髪量だったこと，3価無機ヒ素が分析できない分析手順だったこと，選択励起ではなかったことなど，多数の重要な事実を隠蔽していた．検察が鑑定人の隠蔽のどこまでを1審で把握していたのかはわからないが，それも含めて明らかにすべきだ．

作家黒木亮の講演録[3]には，「私が日本の裁判を経験してみて驚いたのは，日本の裁判は嘘のつき放題であるということです．」(p.198)．伊方原発訴訟の「右陪席の方への取材からはっきり分かったのは，裁判所が，原発の危険性や安全審査の経緯を十分に理解できないまま，判決を書いていたということです．」取材をした右陪席の方は「原告・被告双方から論文のような書面が山ほど出てきて，目を通すのがやっとだった．左陪席の判事補も週に一回くらい手伝ってくれたが，東大の物理学教室の論文みたいなものばかりで，自分には理解できなかった．」（pp.192-193）などと当時の裁判が十分ではなかったことを示す事実が挙げられている．1977年の伊方原発裁判でまともに裁判をしていたなら，福島第一原発の稼働は伊方原発裁判より前だとはいえ，福島の惨事を防ぐことができた可能性は高い．

黒木亮は講演録[3]で「木谷明さんとか原田國男さんのような，無罪判決を30件くらい出された著名な裁判官がおられますが，お二人だけに無罪の事件が行っているわけではないはずです．とすると本来，無罪になってしかるべき事件の数は，裁判官の数にたとえば30件を乗じた数のはずで，膨大な数の冤罪事件が生み出されている可能性もある．」(p.196)とも書いている．原田國男裁判官の著書[4]には，原田裁判官が検察官に叱られた話がそれとなく何度も出てくる．裁判官は検察官に日常的に叱られているんだ，裁判官というのはそういう立場なんだ，ということを原田裁判官はそれとなく著書で明かしている．

カレーヒ素事件のように小さな事件の裁判であっても，裁判を軽々しく扱えば，科学技術の進歩は止まる．原発は安全だということにすれば，安全のための研究がおろそかになって原発事故が起こるのと同じだ．不可能な化学分析を可能だということにしたから，分析化学は20年間以上停止したままだ．

註 ————————————

[1] かつて河合研の若い助教が書いて英国王立化学会の論文誌 Journal of Analytical Atomic Spectrometry 誌に投稿した論文が査読を経て校正刷りが Web に公開された．その校正刷りを河合がチェックすると，標準偏差の値がおかしかったので助教が計算しなおして数値を訂正した校正刷りを英国化学会へ返送したところ，既に Web 公開された原稿を訂正することはできない，というので，この論文は英国化学会によって retract（取り下げ）され，校正刷りのまま Web にさらしものになっている（https://doi.org/10.1039/C2JA10380J）．不正をしたわけではなく，計算間違いが原因だ．校正刷りの段階で Web 公開を選択しなかったなら，retract にならなかった，と Web 出版に詳しい人から聞いた．研究論文にはこのような厳しさがある．裁判では不正を行ってもナアナアで許されている例を本書では何例も指摘した．証拠を隠蔽していたことが発覚したら，裁判自体を無効にするような厳しさがない．英国の裁判を取り上げた『否定と肯定』[2] を読むと英国の裁判にはこの厳しさがあることがわかる．Retract になったこの論文は，標準偏差以外はなかなか良い内容だから，多くの研究者がタダで読んで参考にしてくれているようだが，引用されないから，著者たちの業績にはならない．

[2] デボラ・E・リップシュタット：『否定と肯定，ホロコーストの真実をめぐる闘い』山本やよい訳，ハーパーコリンズ・ジャパン（2017）．原題は "Denial, Holocaust History on Trial" by Deborah E. Lipstadt, HarperCollins (2005)．この本には，アウシュビッツとビルケナウ収容所のナチスによる大量虐殺はなかったと主張する英国人歴史家アービングを，米国エモリー大学のリップシュタット教授が「史実を歪曲した」と断じたところ，アービングが英国で名誉棄損裁判を起こした顛末が書かれている．映画化もされたということだ．e-mail 等も含めてすべての関連文書の開示が求められた．

[3] 黒木亮：講演録「法服の王国」を生きた人たち，裁判官の戦後史を描いて，世界，2014 年 5 月号，pp.189-199.

[4] 原田國男：『裁判の非常と人情』岩波新書（2017）．

# おわりに

　本書は，2012 年 3 月 31 日出版の X 線分析の進歩誌の論文をはじめとして，現代化学誌，季刊刑事弁護誌等の河合の論文，論考，河合鑑定書，河合意見書(1)〜(53)等を基に全面的に書き下ろしたものだ．和歌山地裁に提出した意見書(1)〜(20)は全 258 ページ，大阪高裁や最高裁へ提出した意見書(21)〜(53)は全 1200 ページに達する．その内容をまとめたから，本書に書けなかった鑑定不正のほうが実は多い．本書では鑑定不正の中からわかりやすいものを選りすぐった．

　カレーヒ素事件鑑定の不自然さを指摘する場合には，私は分析化学の専門家だから，どうしても専門的に指摘してしまうが，弁護士はもっとわかりやすい説明方法を見つけているので，それも参考にした．細部に詳しい専門家しか指摘できない問題点には限界がある．そもそもカレーヒ素事件は，世界最先端技術の SPring-8 を隠れ蓑に使った鑑定不正だ．

　カレーヒ素事件で林真須美は無実だ．冤罪だ．亜ヒ酸は別物だった．家族の苦しみは大きいはずだがインターネット動画に出る「長男」は立派に成長した．長男の本（林眞須美死刑囚長男：『もう逃げない』ビジネス社，2019 年）もよく書けている．母親はカレーヒ素事件の犯人ではないから誇りをもって生きてほしい．

　本書で明らかにした鑑定不正や判決・決定の問題点は，大部分がすでに裁判所へ提出済みだ．本書のゲラ刷りを待つあいだ，再審を請求してきた安田好弘・本田兆司弁護士とは独立に，生田暉雄弁護士が別途無実の新証拠を見つけて和歌山地裁に再審を請求（2021 年 5 月 31 日）し「受理」されたという新聞報道があった．一方，林真須美の娘と孫娘が関空連絡橋から海へ飛び込み，もう一人の孫娘も自宅で亡くなっていた（6 月 9 日）という知らせを聞いた（6 月 10 日の毎日新聞）．6 月 24 日には，安田・本田弁護士たちを代理人とする最高裁への特別抗告を林真須美が取り下げ，死刑が確定したと

いうニュースまで飛び込んできた．林真須美が特別抗告を取り下げると，最高裁は一件記録（裁判の一切の資料）を検察庁へ移す手続きを即座に始めたそうだ．確定判決にホコロビが出てきたから，最高裁はもうこの件にかかわりたくないはずだ．だから，生田弁護士の再審請求の有無にかかわらず，オリンピック・パラリンピック後に死刑が執行されるという見方も出てきた．新聞記事やテレビ局からの電話取材では詳しいことはわからなかったが，7月19日のNHKクローズアップ現代「カレー事件の子どもたち，闇に追われた23年（https://www.nhk.or.jp/gendai/articles/4573/index.html）では，「事件から23年，突然命をたった林死刑囚の長女」のことなどが「長男」や森達也映画監督のコメントとともに放送された．この番組によってこの2か月の断片的な報道がつながった．

　本書に書いた通り，鑑定不正はもう隠しようがない．特別抗告取下げで一番ホッとしているのは1審の鑑定人たちのはずだ．カレーヒ素事件の鑑定不正は，死刑執行を待つ真須美より前にその娘と2人の孫を犠牲にした．真須美もそれに続くかもしれない．もちろんカレーヒ素事件犠牲者と被害者は気の毒だが，それは真犯人の犯行だ．それにしても不正を行なった鑑定人の責任は重い．真犯人を逃したうえ，無関係の人たちを犠牲にしたからだ．

　本書執筆中にも鑑定不正や決定の間違いがいくつか見つかった．カレーヒ素事件の鑑定不正はネタ切れになることはまずなさそうだ．

　2017年和歌山地裁浅見健次郎裁判長らの決定は河合論文等を否定するものだったが，一方で，河合が気付かなかった1審中井鑑定書（住友金属鉱山製亜ヒ酸25缶の鑑定，検甲1300）等が間違っていることや中井異同識別鑑定に妥当性がないことを見抜き，異同識別3鑑定を否定した．これは河合にもっと徹底的にやれという趣旨だったと解して感謝している．大阪高裁に即時抗告後も鑑定書の解析を進めたところ，さらに重大な鑑定不正を次々に見

つけ，河合意見書(21)〜(51)を大阪高裁へ提出することができた．上述した特別抗告取り下げまで，意見書(52)以降を最高裁へ提出中だった．

　明らかに間違った判示を（おそらく故意に）書いてくれた和歌山地裁浅見健次郎裁判長らに感謝する．河合が1審鑑定書の問題点を指摘したところ，大阪高検北英知検事，通称「北さん」は，河合の指摘を質す質問状を2018年ごろから1審鑑定人へ送り，鑑定人たちの回答書を次々に大阪高裁へ提出し始めた．ところが鑑定人のこれらの回答書は，鑑定人が鑑定不正をしたことを立証する極めて貴重な証拠文書となっている．北さんの検察官としてのさりげない正義感に感謝する．どうやら大阪高検は1審鑑定人たちを切り捨てることに決めていたらしい．大阪高裁樋口裕晃裁判長らは，確定審の鑑定書とは明らかに矛盾する即時抗告棄却決定を書いてくれた．例えば，山内助教授の「還元気化」鑑定はヒ素を還元していないと判示したことなどだ．「還元」という名前の鑑定方法なのに，還元していないという判示はすごい判示だ．3人の高裁裁判官がこれだけ1審の鑑定書と矛盾した決定を書いたということは，樋口裕晃裁判長らも林真須美の冤罪を確信し，故意に間違った内容を決定に書いて，最高裁に迅速に先送りしてくれたと考える以外に理由はない．感謝する．再審を開始する決定を出す勇気がなかったのは残念だ．

　再審請求審の検察官や裁判官たちは，1審で鑑定不正を行った鑑定人たちに比べると健全だ．

　化学分析のゴマカシをあばく過程では，名前は挙げないが大学・研究所に属する多数のシャイな教授・准教授・助教，企業や公的研究機関の研究者の協力を得た．そういう人たちは，自分の寄与が書かれた部分がわかるはずだ．許諾をもらえば誰の貢献かを明示したいと思う．今回はあえて連絡することなく本書を出版することにした．Wiley社の雑誌の論文出版で経験したような妨害を避けるためだ．再審請求弁護団や林真須美支援者には，裁判用語の

意味や，専門家が見逃しやすい視点や，新聞記事の切り抜きなどの協力を得た．裁判所へ英語論文を提出するために支援者が作成した翻訳文を河合が少し修正して本書に使った．決定のコピーから文字起こしを正確にしてくれた人にも感謝する．決定の誤字や矛盾点も内容に踏み込んで指摘してあった．本田兆司弁護士は，本書の最初の原稿を書いた段階で裁判用語の間違いなどを指摘してくれた．プロボノという言葉を知ったのも最近だが，プロボノに頼りすぎるのはよくないと思う．再審請求弁護団の大堀晃生弁護士が突然亡くなったのはショックだった．次世代を担う優秀な弁護士を失った影響は大きい．本文で述べたとおり虚偽鑑定を「鑑定不正」と呼ぼうと提案したのは安田好弘弁護士だ．本書のタイトルに使わせてもらった．

コロラド大学杜祖健（Anthony T. Tu）名誉教授はラマン分光と毒物学の権威で『サリン事件死刑囚中川智正との対話』（角川書店，2018 年）などの本を出版している．東京化学同人編集室を通じて知り合い，オウム死刑囚や地下鉄サリン事件被害者，さらには取材記者に対しても，誠実かつオープンに接する Tu 先生を見て，研究者としてカレーヒ素事件にどう向き合うべきかを学んだ．2013 年と 2015 年にコロラド州で X 線分析国際会議が開催されたので，コロラド大学の Tu 先生の研究室を訪問した．Tu 先生のコロラド州の自宅に 3 年を隔てて 2 回，カリフォルニア州に引っ越した後にも泊めてもらった．ロッキー山脈の山荘にも連れて行ってもらった．

日本評論社の串崎浩さんには本書出版の機会をいただき感謝している．同社の武田彩さんと岩崎多加世さんには不統一な原稿にご苦労かけたはずだ．

林真須美という存在は，司法・マスコミ・学会などの健全さを示す「リトマス試験紙」となっている．

2021 年 7 月 25 日

【著者紹介】

河合　潤（かわい・じゅん）
1957 年生まれ，東京大学工学部工業化学科卒，東大工博
現在，京都大学大学院工学研究科教授（材料工学専攻）
主な著書：
『熱・物質移動の基礎』（丸善出版，2005 年）
『蛍光 X 線分析』（共立出版，2012 年）
『西暦 536 年の謎の大噴火と地球寒冷期の到来』（ディスカヴァー・トゥエンティワン，2014 年）
『量子分光化学』（アグネ技術センター，2008 年，増補改訂 2015 年）
『物理科学計測のための統計入門』（共著，アグネ技術センター，2019 年）

鑑定不正 ── カレー ヒ素事件

2021 年 8 月 31 日　第 1 版第 1 刷発行
2024 年 8 月 30 日　第 1 版第 4 刷発行


著　　　者──河合　潤
発　行　所──株式会社 日本評論社
　　　　　　〒 170-8474　東京都豊島区南大塚 3-12-4
　　　　　　電話 03-3987-8621（販売：FAX － 8590）
　　　　　　　　　03-3987-8592（編集）
　　　　　　https://www.nippyo.co.jp/　振替 00100-3-16
印刷・製本──真興社
装丁・DTP──ギンゾウ工房

検印省略　©2021 Jun Kawai
ISBN 978-4-535-52598-6　　Printed in Japan